Mathias Hein – Theo Vollmer (Hrsg.)
Bay Networks ATM LAN Guide
Zweite, erweiterte und aktualisierte Auflage

Mathias Hein – Theo Vollmer (Hrsg.)

Bay Networks ATM LAN Guide

Zweite, erweiterte und aktualisierte Auflage

Die Deutsche Bibliothek – CIP-Einheitsaufnahme

Mathias Hein/Theo Vollmer [Hrsg.]

Bay Networks ATM LAN Guide (dt.)
2., erweiterte und aktualisierte Aufl;–
Köln: FOSSIL-Verlag 1998
(Fossil Edition Netze)
ISBN 3-931959-16-3
BVK DM 89,50

© FOSSIL-Verlag GmbH
D-50733 Köln
Hartwichstraße 101
Telefax +49(0)0221 72 60 67
Telefon +49(0)0221 72 62 96

Bay Networks Deutschland GmbH
Hagenauer Straße 44
D-65203 Wiesbaden
Telefon +49(0)0611 9243-0
Telefax +49(0)0611 9243-101
http://www.baynetworks.com

Textredaktion und deutsche Bearbeitung:

Liane Schmiederer, Korntal

Die Informationen in diesem Produkt wurden mit größtmöglicher Sorgfalt erarbeitet. Verlag, Herausgeber und Redaktion übernehmen jedoch keine juristische Verantwortung oder irgendeine Haftung für evtl. verbliebene fehlerhafte Angaben und deren Folgen.

Alle Rechte, auch die der Übersetzung, vorbehalten. Kein Teil des Werkes darf in irgendeiner Form (Druck, Fotokopie, Mikrofilm oder einem anderen Verfahren) ohne schriftliche Genehmigung reproduziert oder unter Verwendung elektronischer Systeme verarbeitet, vervielfältigt oder verbreitet werden.

Inhaltsverzeichnis

Teil 1
Theoretische Grundlagen

I Einführung
Netzsituation heute 17
ATM-Grundprinzip 17
    Informationstransport 18
    Einheitliche Technologie im LAN und WAN 18
    Übertragungsgeschwindigkeit 20
    Verbindungsorientierte Übertragung 21
    Verbindungsarten 23
Internationale Akzeptanz 24
Topologie 24
ATM-Anwendungen 25

II ATM-Koppelnetz-Architekturen
Architekturtypen 27
    Zeitmultiplex-Architekturen 28
        Zentraler Speicher 29
        Zentraler Bus 29
    Raummultiplex-Architekturen 29
        Banyan-Architektur 30
        Batcher-Banyan-Architektur 31
        Delta-Architektur 32
        Rezirkulations-Architektur 33

III ATM-Netzarchitektur
ATM-Referenzmodell 35
    Nutzerebene (User Plane) 36
    Steuerebene (Control Plane) 36
    Managementebene (Management Plane) 36

Inhaltsverzeichnis

ATM-Teil (ATM Facilities) 36
ATM-Adaptionsschicht (ATM Adaptation Layer/AAL) 36
Convergence Sublayer 37
Segmentation and Reassembly Sublayer 37
ATM-Schicht 37
Bitübertragungsschicht 38
ATM-Adaptionsschicht 38
ATM-Komponenten 40
ATM-Systeme 40
Teilnehmer-Netz-Schnittstelle 41
Netz-Netz-Schnittstelle 42
Verbindungen 42
Virtuelle Festverbindungen 42
Virtuelle Wählverbindungen 42
Virtuelle Pfade und virtuelle Kanäle 43

IV ATM-Bitübertragungsschicht

Internationale Normung der Schnittstellen 54
Synchrones optisches Netz 56
STS-1-Hierarchieebene 57
STS-1-Rahmenformat 58
Section Overhead 65
Line Overhead 66
Path Overhead 66
STS-3c-Hierarchieebene 72
STS-3c-Rahmenstruktur 73
Die wesentlichen Unterschiede zwischen SONET und SDH 79
DS-3-Schnittstelle 82
E3-Schnittstelle 86
ATM-Anpassung im E3-Rahmenformat 87
PLCP-Zellenanpassung für E3-Schnittstellen 87
Direkte Zellenübertragung über E3-Schnittstellen 88
4B/5B-Schnittstelle 88
8B/10B-Schnittstelle 92

V ATM-Schicht

- Allgemeine Charakteristika 95
  - Flußkontrolle 97
  - Generierung des Zellkopfes 97
  - Generic Flow Control 101
  - Virtual Path Identifier 102
  - Virtual Channel Identifier 102
  - Nutzlasttyp 104
  - Cell Loss Priority 105
  - Header Error Control 106
  - Entfernung des Zellkopfes 107
  - Übersetzung des Zellkopfes 107
  - Multiplexen und Demultiplexen von Zellen 107
  - Entkopplung der Zellenrate 107
  - Überlastkontrolle 108
  - Zellverlust 109
  - Traffic Shaping 109
  - Traffic Policing 110
- UNI-Signalisierung 111
  - UNI 3.0 111
  - UNI 3.1 112
  - Signalisierungsfunktionen 112
  - Verbindungsauf-/-abbau 113
    - Verbindungsaufbauprozedur 114
    - Client-Registrierung 114
    - ATM-Port-Adresse 115
  - Informationsfluß durch das ATM-Netz 118
    - AAL-Verbindung 118
    - Zellenfluß 118
  - Managementfunktionen der ATM-Schicht 125
    - ATM-Verkehrsmanagement 128
    - Interim Local Management Interface 129
- Erweiterung durch UNI-Version 4.0 131
  - Verbindungsteilnahme einer Leave-Station 131
  - ABR-Signalisierung 131

Inhaltsverzeichnis

ATM Anycast 131
Proxy-Signalisierung 132
ATM-Gruppenadressierung 132
Virtuelle UNIs 132
Verkehrsmanagement für UNI 4.0 132
ABR in 4.0 133
Services und QoS in UNI 4.0 134
    Constant Bit Rate (CBR) 134
    Real-Time Variable Bit Rate (rt-VBR) 134
    Non Real-time VBR-Services (nrt-VBR) 134
    Unspecified Bit Rate (UBR) 134
    Available Bit Rate (ABR) 134
Private Network-Network Interface (PNNI) 135
    PNNI-Charakteristika 135
    Funktionsweise von PNNI 136
    Quality-of-Service 140
    Verbindungsaufbau zum Transport der Benutzerdaten...............140
    Skalierbarkeit 141

VI ATM-Adaptionsschicht

Allgemeine Charakteristika 143
    Verkehrscharakteristika 144
AAL-Diensttyp 1 144
    Convergence Sublayer 145
    Segmentation and Reassembly Sublayer (SAR) 146
AAL-Diensttyp 2 147
AAL-Diensttyp 3/4 148
    Dienstspezifischer Teil 148
    Genereller Teil 148
    Convergence Sublayer 148
        Message Mode Service 149
        Streaming Mode Service 150
    Segmentation and Reassembly Sublayer 150
AAL-Diensttyp 5 152
    Zellenfluß in ATM-Netzen 154

Teil 2
LAN-ATM-Migration

VII LAN-ATM-Internetworking-Ansätze heute
    Generelle Aspekte 159
    Multiprotocol Encapsulation over ATM 159
        LLC-Encapsulation 160
        VC-basierendes Multiplexen 161
        ATM-Bridging 161
    Classical IP over ATM 162
        IP-Subnetzanforderungen 162
        Ergänzende RFCs 163
    LAN-Emulation, Version 1.0 163
        Generelle Vorteile der LAN-Emulation 163
        LANE-Spezifikation des ATM-Forums 165
        LANE-Basiskonzept 165
        Architekturprinzipien 166
            Schichtenmodell 167
            LAN Emulation User to Network Interface (LUNI) 168
        LANE-Dienste 169
            Initialisierung 170
            Registrierung 170
            Adreßauflösung 170
            Datenweiterleitung 170
        Implementation des LANE-Dienstes 171
        LANE-Komponenten 171
            LAN Emulation Client (LEC) 171
            LAN Emulation Configuration Server (LECS) 172
            LAN Emulation Server (LES) 173
            Broadcast and Unkown Server (BUS) 173
            Mindestanzahl von LANE-Komponenten 174
            LANE-Verbindungen 174
            Steuerverbindungen 174

Inhaltsverzeichnis

      Virtuelle Konfigurations-Direktverbindung 175
      Virtuelle Steuer-Direktverbindungen 175
      Virtuelle verteilte Steuerverbindung 176
      Datenverbindungen 176
      Virtuelle Daten-Direktverbindungen 176
      Virtuelle Multicast-Sende- und Weiterleitungverbindungen 176
    Funktionen und Abläufe des LANE-Dienstes 177
      Initialisierung 177
      Registrierung 178
      Adreßauflösungsprozeß 179
      Verbindungsmanagement 179
      Verbindungsaufbau und Verbindungsabbau von VCCs 179
      Datentransfer 179
      Unicast-Pakete 180
      Multicast-Pakete 180
    Einschränkungen der LANE 1.0 180
      LES- und BUS-Anforderungen 181
      LAN-bedingte Einschränkungen 181
  LAN-Emulation, Version 2.0 182
    LUNI-Funktionen 182
    Server-Server-Referenzmodell 183

VIII Zukünftige LAN-ATM-Internetworking-Ansätze

  Generelle Aspekte 185
  Multiprotocol over ATM 185
    Einführung 185
      LANE 187
      NHRP 187
      Virtueller Router 187
    Logische MPOA-Komponenten 188
      MPOA-Client 188
      MPOA-Server 189
      Beispiele für die MPOA-Umsetzung in der Praxis 190
    Steuerungs- und Datenverkehr in einem MPOA-Netz 191
      Konfigurationsflüsse 193
      Steuerungsflüsse zwischen MPC und MPS 193
      Steuerungsflüsse zwischen MPS und MPS 193

Steuerungsflüsse zwischen MPC und MPC 193
Datenflüsse zwischen MPC und MPC 193
Datenflüsse zwischen MPC und NHC 194
MPOA-Funktionen und -Dienste 194
    Konfiguration 194
    Discovery 194
    Target Resolution 195
    Datentransfer 197
Routing Protokoll-Interaktion 197
MPOA-Funktionsprinzip 198
Beispiel für den Weg eines Pakets in einer MPOA-Umgebung 198
MPOA im Einsatz 201

Teil 3
ATM-Komponenten und -Lösungen

IX ATM-Switchsysteme

Generelle Aspekte 205
ATM-Switchsysteme: Überblick 206
Centillion 100 207
    Verteilte, parallele Switching-Architektur 208
    Integrierte Switch-Steuerung 210
    Separater Steuerungsbus 210
    Busbasierende Switch-Architektur
    mit gemeinsam nutzbarem Speicher 210
    Überlastkontrolle 211
    Übertragung von Paketen über ATM 212
    ATM GIGArray und Circuit Saver Mode 212
    Automatischer Aufbau von virtuellen Festverbindungen 213
    Redundante Verbindungen 213
    Die ATMSpeed-Module 214
        Effiziente Speichernutzung 215
        ATM-Switching-Tabellen 215
        Vermittlungsprinzip 215
    LAN-Emulation 216

Inhaltsverzeichnis

    Virtuelle LANs 218
    Unterschiedliche Betriebsarten 221
        Auswahl der unterschiedlichen Betriebsarten 221
        Überlegungen beim Design großer Netze 222
System 5000BH 223
    Verteilte Switching-Architektur 224
    Separater Steuerungsbus 226
    Busbasierende Switch-Architektur mit
    gemeinsam nutzbarem Speicher 227
    Überlastkontrolle 228
    Übertragung von Paketen über ATM 228
    ATM GIGArray und Circuit Saver Mode 229
    Automatischer Aufbau von virtuellen Festverbindungen 229
    Redundante Verbindungen 230
    LAN-Emulation 230
    Virtuelle LANs 232
    Chassis 235
    Master Control Processor 236
    ATMSpeed-Module 237
    Unterschiedliche Betriebsarten 239
        Auswahl der unterschiedlichen Betriebsarten 239
        Überlegungen beim Design großer Netze 240
System 5005BH 241
Centillion 50N 241
    Hardware-Konzept und Funktionsprinzip 242
    LAN-Emulation 243
    Virtuelle Netze 243
    Einsatzmöglichkeiten 243
        Arbeitsgruppen mit ATM-Verbindung zum Netzzentrum 243
        Anbindung von Shared-Media-Hubs an ein ATM-Backbone ... 244
        Kleine Hochleistungsarbeitgruppen 244
Centillion 50T 246
    Verbindungsoptionen 246
        Betriebsweise der STP/UTP-Ports 246
        Betriebsweise der LWL-Ports 246
        LWL-Verbindungen 247
    Bridging-Verfahren 248

Filter und Broadcast-Reduzierung 248
Virtuelle Ringe und virtuelle LANs 248
Verkehrsanalyse 249
Management 249
Multimedia-Switch 249

X ATM-Router

Generelle Aspekte 253
ATM Routing Engine 254
    Modulaufbau 254
        ARE Link-Modul 255
        ARE-Prozessormodul 255
    Routing zwischen virtuellen Netzen entsprechend der LANE 256
    Routing zwischen virtuellen Netzen entsprechend RFC 1577 256
    LAN-Workgroup-Routing mit der ARE 258
    LAN-Backbone-Routing mit der ARE 258
    VNR im Netzzentrum 259

XI WAN-Zugangssysteme auf ATM-Basis

Generelle Aspekte 261
MX200 261
    Hardware-Konzept und Leistungsmerkmale 262
        Schnittstellenmodule 262
        Quality-of-Service-Unterstützung 263
        LANET-Protokoll 263
        Interoperabilität 263
    Anwendungen 263
        MX 200 als WAN-Zugangssystem in Carrier-Netzen 263
        MX200 als Multiservice-Switch 264
        MX200 als Zugang zu herkömmlichen Weitverkehrsnetzen 265
MX50 266
        Quality-of-Service-Unterstützung 267
        LANET-Protokoll 267
        Interoperabilität 267
    Anwendungen 267

XII ATM-Netzmanagementsystem

Generelle Aspekte 269
Netzmanagementsysteme von Bay Networks 269
SpeedView 271
    Imband- oder Außerband-Management 271
    Automatische Switch-Erkennung 271
    SNMP-kompatibler Agent mit MIB-Erweiterung 272
    Informationen auf Portebene 272
    Password-geschützte Konfiguration 272
    Konfigurationsänderungen 273
    Steuerung des Broadcast-Verkehrs 273
    Verkehrsfilter 273
    Verkehrsbeobachtung 273
    Maus-gesteuerte VLAN-Konfiguration 274
    GIGArray-Konfiguration und -Management 274
Optivity 274
    NETarchitect 274
    Domain View 276
    Expanded View 277
    Enterprise Command Center 277
    ATM-Fehlermanagement 277
    OmniView 277

XIII Kompatibilität mit den ATM-Standards

Generelle Aspekte 279
Standards in Entwicklung 279
    Private Network to Network Protocol (PNNI) 279
    Multiprotocol Over ATM (MPOA) 280
    Hierarchical PNNI 280
    Interim Local Management Interface 4.0 (ILMI) 281
    LAN Emulation 2.0 281
    UNI-Signalisierung 4.0 281
    Multicast Address Resolution Server Protcol (MARS) 281
    Next Hop Resolution Protocol (NHRP) 282
    Traffic Management 282
    Resource Reservation Protocol (RSVP) 283

XIV LAN-Migration an Beispielen

    Generelle Aspekte 285
        Standardkonfiguration entsprechend RFC 1483 285
        Standardkonfiguration entsprechend RFC 1577 286
        Standardkonfiguration entsprechend der LAN-Emulation............................287
    Vom Collapsed Backbone auf LAN-Basis zum ATM-Netz 288
        Ausgangssituation 288
        Migrationsschritt 1 289
        Migrationsschritt 2 290
        Migrationsschritt 3 290
        Migrationsschritt 4 292
        Migrationsschritt 5 294

Anhang

    Abkürzungen 299
    Index 304

Teil 1
Theoretische Grundlagen

I Einführung

Der Bay Networks ATM LAN Guide konzentriert sich auf den Einsatz von ATM-Übertragungsverfahren und ATM-Systemen in privaten ATM-Netzen. Auf eine kurze Einführung in die theoretischen Grundlagen der ATM-Technologie folgt die Diskussion von LAN-ATM-Migrationsstrategien sowie eine Beschreibung der ATM-Komponenten von Bay Networks und ihrer praktischen Einsatzmöglichkeiten.

Netzsituation heute

Heute werden Sprach-, Daten- und Bildanwendungen in getrennten Netzinfrastrukturen übertragen, wobei jeder Netztyp auf die Verkehrscharakteristika eines bestimmten Informationstyps zugeschnitten ist. Mit dem Aufkommen neuer multimedialer Anwendungen werden diese applikationsspezifischen Netze sukzessive in eine Netzinfrastruktur übergehen, die alle Verkehrstypen, d.h. Sprache, Daten und Bilder, übertragen kann und die gleichzeitig höhere Bandbreiten bei entsprechender Übertragungsqualität (Quality of Service/QoS) bereitstellt.

Die Notwendigkeit der Diensteintegration und der Vereinheitlichung der applikationsspezifischen Spezialnetze wurde zuerst von den internationalen Telekommunikationsgesellschaften diskutiert. Das Ergebnis war die Standardisierung des B-ISDN-Dienstes durch die International Telecommunication Union (ITU), dem als Übertragungsverfahren der Asynchronous Transfer Mode (ATM) zugrunde liegt. Das ATM-Übertragungsverfahren wurde sehr bald auch für private diensteübergreifende Netze favorisiert. Das ATM-Forum hat diesen Gedanken aufgenommen und ist dabei, ATM für private Netze zu spezifizieren.

ATM-Grundprinzip

ATM ist ein vermittelndes, verbindungsorientiertes Übertragungsverfahren, das in lokalen Netzen und Weitverkehrsnetzen eingesetzt werden kann und einer unbegrenzten Anzahl von Benutzern dedizierte Verbindungen mit sehr hohen Bandbreiten zur Verfügung stellt. ATM-Netze haben folgende Hauptcharakteristika, die sie von den heutigen lokalen Netzen unterscheiden:

- Zellen fester Größe als Informationstransporteinheiten für Sprache, Daten und Bilder.
- Einsatz in öffentlichen und privaten Netzen.
- Flexible Übertragungsgeschwindigkeiten und Geschwindigkeitsanpassung.
- Verbindungsorientiertes Übertragungsverfahren.

Informationstransport

ATM verwendet zum Informationstransport Zellen fester Größe. Jede Zelle ist 53 Byte groß und besteht aus dem Zellkopf mit 5 Byte und dem Nutzlastteil mit 48 Byte. Der Zellkopf beinhaltet im wesentlichen die Informationen, die notwendig sind, um die Zelle über das Netz zu transportieren. Er ist damit vor allem für den ordnungsgemäßen Zelltransport und Netzbetrieb zuständig. Die Nutzlast besteht aus dem zu übertragenden Informationsteil, der sich aus Sprache, Daten und Bildern zusammensetzen kann. Die ATM-Systeme im Netz untersuchen nur den Zellkopf, um den Informationen dort zu entnehmen, wohin die Zelle geschickt werden soll und wie sie behandelt werden muß. Der Nutzlastteil wird nicht weiter untersucht, sondern ist aus Sicht eines ATM-Knotens eine Einheit, die aus 384 Bit bzw. 48 Byte besteht. Deshalb kann er aus Sprache, Daten und Bildern bestehen.

Einheitliche Technologie im LAN und WAN

Unternehmen und Verwaltungen betreiben heute unterschiedliche Netze für Sprach-, Daten- und Bildübertragung. Datenanwendungen werden in der Regel über lokale Netze wie Ethernet, Token Ring und FDDI abgewickelt, die über Router miteinander gekoppelt und an das Weitverkehrsnetz angebunden sind. Lokalen Netzen ist gemeinsam, daß

- sie sich auf ein bestimmtes geografisches Gebiet, zum Beispiel ein Gebäude oder ein Unternehmensgelände, erstrecken und in ihrer Übertragungsentfernung begrenzt sind.
- sich alle Teilnehmer, die am LAN angeschlossen sind, das Übertragungsmedium und damit auch die Bandbreite teilen.
- sie für Datenübertragung entwickelt wurden.

Herkömmliche LAN- und WAN-Technologien funktionieren sehr unterschiedlich. LAN-Pakete können nicht „eins zu eins" über das WAN übertragen werden, sondern müssen im Bitmuster den Übertragungshierarchien im öffentlichen Netz

Einführung

angepaßt werden. Diese Funktion übernehmen heute WAN-Brücken und WAN Router.

Im Unterschied hierzu benutzen ATM-Schnittstellen Kodierungsschemata, die sowohl für LAN- als auch für WAN-Übertragung geeignet sind. Einige ATM-Schnittstellen werden auch im öffentlichen Netz eingesetzt, so daß ein Direktanschluß eines ATM LAN an das öffentliche ATM WAN möglich ist (Abbildung 1.1).

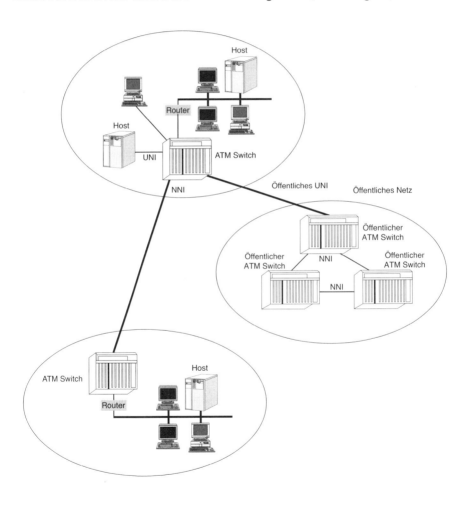

Abbildung 1.1. ATM-Unternehmensnetz über mehrere Standorte, das über das öffentliche ATM-Netz verbunden ist.

Theoretische Grundlagen

Übertragungsgeschwindigkeit

Shared Media LANs arbeiten bei fest vorgegebenen Geschwindigkeiten: Ethernet mit 10 Mbit/s, Token Ring mit 4 Mbit/s oder 16 Mbit/s und FDDI mit 100 Mbit/s. Diese Geschwindigkeiten reichten in der Vergangenheit für die Datenübertragungen durchaus aus. In Zukunft sind, vor allem für Multimedia-Anwendungen, höhere Übertragungsraten erforderlich. Dieser Tatsache versucht man durch die Weiterentwicklung der bestehenden Shared Media LANs um Frame Switching-Technologien (zum Beispiel Ethernet Switching, Token Ring Switching) und durch die Einführung von neuen Cell Switching-Technologien wie ATM gerecht zu werden.

Einer der wesentlichen Unterschiede zwischen Frame Switching und Cell Switching ist, daß Frame Switching zwar die Gesamtbandbreite der herkömmlichen LANs erhöht, zum Beispiel in Ethernet LANs von 10 Mbit/s auf 100 Mbit/s oder 1000 Mbit/s, diese aber trotzdem einem Limit, zum Beispiel 100 Mbit/s oder 1000 Mbit/s, unterliegt. Damit werden herkömmliche Ethernet LANs zwar „schneller", an der Begrenzung der Gesamtbandbreite aber ändert sich nichts.

Bei ATM hingegen ist die Bandbreite nach oben nicht limitiert; ATM wurde von vornherein für sehr hohe Übertragungsgeschwindigkeiten entwickelt, zum Beispiel 155 Mbit/s, 622 Mbit/s, 2,4 Gbit/s. In ATM-Netzen sind unterschiedliche Geschwindigkeiten entsprechend der SONET/SDH-Übertragungshierarchie möglich. Dadurch ist ATM flexibler und skalierbarer als es die heutigen LAN-Technologien sind. Teilnehmer können zum Beispiel mit 155 Mbit/s an das Netz angeschlossen sein, während Server, Host-Systeme oder Backbone-Verbindungen in Zukunft mit 622 Mbit/s oder 2,4 Gbit/s betrieben werden können. Die Geschwindigkeitsanpassung übernehmen die ATM-Vermittlungsknoten dabei automatisch. Dadurch ist es möglich, die Geschwindigkeit nach Bedarf zu erhöhen oder zu reduzieren.

Die Geschwindigkeitszuordnung kann in ATM-Netzen pro Endgerät erfolgen, und damit individuell auf einen Teilnehmer oder eine Applikation zugeschnitten werden. Die Gesamtgeschwindigkeit des Netzes ist die Summe der Einzelgeschwindigkeiten in Abhängigkeit von der Anzahl der Teilnehmer im Netz bzw. die Summe der aufgrund des eingesetzten ATM-Equipments möglichen Geschwindigkeiten. Diese können im Gbit/s-Bereich liegen.

Im Gegensatz hierzu repräsentiert die Geschwindigkeit in einem herkömmlichen Shared Media LAN immer auch die Gesamtkapazität des Netzes, die zum Beispiel in einem FDDI LAN max. 100 Mbit/s bzw. 200 Mbit/s beträgt und von allen am FDDI-Ring angeschlossenen Endgeräten geteilt wird. In traditionellen Shared

Einführung

Media LANs ist eine individuelle Geschwindigkeitsanpassung nicht, in den neuen Frame Switching LANs nur begrenzt möglich. Ethernet LANs mit Frame Switching-Technologien stellen beispielsweise nur drei Geschwindigkeitsstufen bereit, 10 Mbit/s oder 100 Mbit/s, bzw. die doppelte Geschwindigkeit bei Vollduplex-Betrieb, sowie 1 Gbit/s in Gigabit-Ethernet-Umgebungen.

Abbildung 1.2 verdeutlicht noch einmal die Hauptunterschiede zwischen herkömmlichen LANs und ATM unter dem Aspekt der Übertragungsgeschwindigkeit. ATM unterstützt sehr hohe Geschwindigkeiten, die dediziert zugeteilt werden können. Der Durchsatz des ATM-Netzes ist die Summe der Einzelgeschwindigkeiten in Abhängigkeit von der Anzahl der angeschlossenen Endgeräte. In Shared Media LANs ist die Gesamtbandbreite zwar hoch, sie muß aber von allen angeschlossenen Endgeräten geteilt werden.

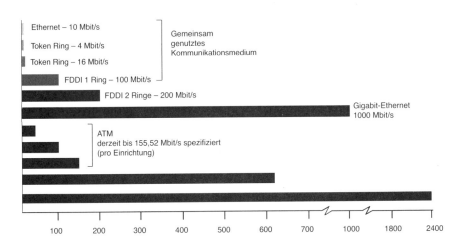

Abbildung 1.2. Vergleich der Geschwindigkeiten in lokalen Netzen und ATM-Netzen.

Verbindungsorientierte Übertragung

Ein weiterer wesentlicher Unterschied zwischen den herkömmlichen Datenübertragungsnetzen und ATM ist das Übertragungsverfahren. ATM arbeitet wie das Telefonnetz, d.h. verbindungsorientiert. Vor jedem Anruf bzw. vor jeder Datenübertragung muß zwischen Sender und Empfänger eine Verbindung aufgebaut werden. Shared Media LANs dagegen arbeiten verbindungslos. Jede Übertragung

Theoretische Grundlagen

erfolgt unter der Annahme, daß die Empfangsstation erreichbar ist und die Nachricht empfangen kann. Jede zu sendende Nachricht muß mit der Adresse der Zielstation im Paketkopf versehen sein. Jede am Netz angeschlossene Station überprüft anhand dieser Zieladresse, ob die Nachricht an sie gerichtet ist. Dieses Verfahren setzt voraus, daß die einzelnen Stationen am Netz alle Nachrichten, die gesendet werden, lesen und daraufhin entscheiden können, wer der Empfänger ist.

In ATM-Netzen wird die Erreichbarkeit des Empfängers vor dem Versand der Nachricht überprüft. Nach der Überprüfung, ob sich die Empfangsstation am Netz befindet, wird eine Verbindung zwischen der Sende- und Empfangsstation aufgebaut. Nur diese beiden Stationen nehmen den Übertragungsvorgang wahr. Es gibt keine Adreßerkennungsfunktion für jedes individuelle Paket bzw. jede Zelle, und es besteht für die Endgeräte keine Notwendigkeit, jede ankommende Nachricht dahingehend zu überprüfen, ob sie für sie bestimmt ist oder nicht. Nachrichten werden nicht grundsätzlich an alle, sondern nur an die in den Verbindungsaufbau involvierten Stationen gesendet.

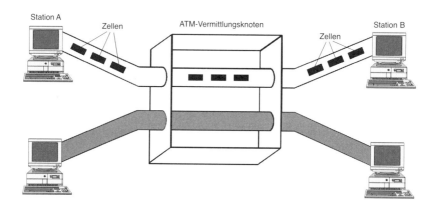

Abbildung 1.3. Prinzip der verbindungsorientierten Übertragung in ATM-Netzen.

Abbildung 1.3 zeigt ein ATM-Netz, das aus vier Endgeräten und einem ATM-Vermittlungsknoten besteht. Station A ist mit Station B verbunden. Nur der Sender, der ATM-Vermittlungsknoten und der Empfänger sind in den Verbindungsaufbau involviert und wissen von der Übertragung. Und nur zwei der involvierten Partner, nämlich Station A und Station B, lesen bzw. hören die Nachricht. Der ATM-Vermittlungsknoten ist ausschließlich für die Nachrichtenweiterleitung zuständig.

Einführung

ATM-Netze arbeiten ähnlich wie das Telefonnetz. Nehmen wir an, Herr Schmidt will mit Herrn Müller kommunizieren, der in einem beliebigen Land der Erde lebt. Er tut dies, indem er den Telefonhörer abnimmt und die Nummer des Partners wählt. Herr Schmidt wird ausschließlich mit Herrn Müller verbunden, mit niemandem sonst. Allerdings kann er nicht sofort mit Herrn Müller sprechen, sondern muß warten, bis die Verbindung durchgeschaltet ist und der Gesprächspartner auf der gegenüberliegenden Seite den Telefonhörer abnimmt. Dieses Kommunikationsprinzip baut auf vier Voraussetzungen auf:

1. Herr Schmidt veranlaßt durch die Wahl der Telefonnummer den Verbindungsaufbau.
2. Herr Müller beschließt, daß er mit Herrn Schmidt sprechen will, indem er den Telefonhörer abnimmt.
3. Jetzt kommunizieren die beiden über einen beliebigen Sachverhalt und beliebig lange.
4. Nur die beiden wissen von der Konversation.

ATM-Endgeräte kommunizieren in ähnlicher Weise. Ist die Verbindung aufgebaut, kann jede beliebige Information weitergegeben werden. Das kann sowohl datenorientierter Verkehr wie File Transfer oder Datenbank-Recherchen als auch Auskünfte über den eigenen Kontostand o.ä. sein. Und die Information kann Daten-, Sprach- und Bildanteile enthalten bzw. es kann sich um eine reine Datenanwendung, um ein Telefongespräch oder um eine Videokonferenz handeln. Ein wesentlicher Vorteil von ATM ist, daß alle Verkehrstypen, d.h. Sprache, Daten und Bilder, gleichzeitig unterstützt werden.

Wie im Telefonnetz muß vor der Übertragung bei ATM zuerst ein Registrierungsprozeß erfolgen, der von der Sendestation ausgelöst wird und dazu dient, das Netz über ihre Anwesenheit zu informieren und den Wert ihrer Netzadresse mitzuteilen. Das Netz kennt daraufhin den Ort des Endgeräts und weiß, wohin die Verbindung geschaltet werden muß.

Verbindungsarten

ATM unterstützt Kommunikationsabläufe zwischen mehr als zwei Teilnehmern gleichzeitig. Wie bei einer Telefonkonferenz können auch an einer Videokonferenz mehrere Teilnehmer an unterschiedlichen Orten der Welt beteiligt sein.

ATM unterstützt die folgenden Verbindungsarten:

- Punkt-zu-Punkt-Verbindungen,
- Punkt-zu-Mehrpunkt-Verbindungen,
- Mehrpunkt-zu-Mehrpunkt-Verbindungen.

Punkt-zu-Punkt-Verbindungen sind Verbindungen, die zwischen einem Anfangs- und einem Endpunkt, d.h. zwischen zwei Teilnehmern, wie oben beschrieben, geschaltet werden.

Von einer Punkt-zu-Mehrpunkt-Verbindung spricht man, wenn von einer einzelnen Station Verbindungen zu mehreren anderen Stationen aufgebaut werden. Dabei erreichen Nachrichten der Sendestation alle Zielstationen; aber Nachrichten von einer oder mehreren Zielstationen werden nur von der Sendestation erhalten. Ein Beispiel für eine Punkt-zu-Mehrpunkt-Verbindung ist ein TV-Kabelanbieter, der den gleichen Film in mehrere Haushalte gleichzeitig aussendet. Die Haushalte dagegen kommunizieren nicht miteinander, um den Film sehen zu können, sondern nur mit dem Kabel-TV-Anbieter.

Bei einer Mehrpunkt-zu-Mehrpunkt-Verbindung erhalten alle in die Verbindung involvierten Endgeräte alle gesendeten Nachrichten. Ein Beispiel für eine Mehrpunkt-zu-Mehrpunkt-Verbindung ist eine Telefonkonferenz. Die Voraussetzung einer Telefonkonferenz ist, daß jeder Teilnehmer jeden anderen hören und mit jedem anderen sprechen kann, d.h. es werden Verbindungen zwischen allen Beteiligten geschaltet.

Internationale Akzeptanz

ATM wird international als die Netztechnologie der Zukunft angesehen. Die Terminologie mag von Betreibergesellschaft zu Betreibergesellschaft variieren, aber das verfolgte Basiskonzept ist überall gleich. ATM nutzt SONET (Synchronous Optical Network) als akzeptierte Schnittstelle. SONET wird in öffentlichen und in privaten Netzen eingesetzt. In Europa nennt man die mit SONET verbundene Geschwindigkeitshierarchie Synchronous Digital Hierarchy (SDH).

Topologie

ATM-Netze werden in Sterntopologie aufgebaut. In privaten Netzen bilden ATM Hubs oder ATM Switches, in öffentlichen Netzen ATM-Vermittlungsstellen die akti-

Einführung

ven Knoten. Abbildung 1.4 zeigt ein ATM-Netz mit einem ATM Hub. Er bildet den Ausgangspunkt des Sternnetzes und stellt die Vermittlungsfunktionen bereit.

Jedes Endgerät ist über eine dedizierte Verbindung an den ATM-Vermittlungsknoten angeschlossen, die es exklusiv für das Senden und Empfangen von Nachrichten nutzt.

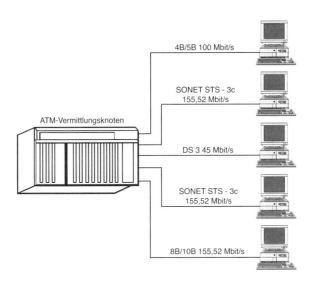

Abbildung 1.4. ATM-Netz mit ATM-Vermittlungssystem in Sterntopologie.

ATM-Anwendungen

ATM-Netze werden sowohl im Bereich der lokalen Netze als auch im Weitverkehrsbereich entstehen. In lokalen Netzen unterscheidet man ATM Backbone- und ATM Desktop-Netze. Die Vermittlungsknoten bilden das Unternehmensnetz. Abbildung 1.1 zeigt die Beziehung zwischen den Endgeräten als Endpunkte und den dazwischenliegenden Vermittlungssystemen, die Durchgangssysteme darstellen.

Der Stellenwert von ATM für den Backbone-Bereich wird deutlich, wenn man an die Vielzahl der bestehenden Unternehmensnetze denkt. Nahezu jeder Standort hat ein oder mehrere Sprach- und Datennetze, und in Zukunft werden Videoanwendungen hinzukommen. Damit werden auch die Anforderungen an die Bandbreite enorm steigen, und es ist davon auszugehen, daß die herkömmlichen Sprach- und Datennetze diesen Anforderungen nicht mehr genügen.

Um die unterschiedlichen Informationstypen wie Sprache, Daten und Video über ein und dieselbe Netzinfrastruktur übertragen zu können, müssen die Verkehrscharakteristika dieser Anwendungen berücksichtigt werden. Zwischen Daten-, Sprach- und Videoverkehr gibt es fundamentale Unterschiede. Datenverkehr toleriert größere Verzögerungen im Netz. Beispielsweise kann die Übertragung über mehrere Satellitenstationen erfolgen, ohne daß die Übertragungsqualität wesentlich beeinträchtigt wird. Die Antwortzeit mag zwar schlecht sein, trotzdem ist die Durchführung der Datenanwendung möglich. Empfindlich reagieren Datenanwendungen allerdings auf Bitfehler, denn ein einziger Bitfehler kann die Datenübertragung bereits verfälschen.

Sprach- und Videoverkehr dagegen sind Echtzeit-Anwendungen. Übertragungsfehler sind zwar tolerierbar, nicht aber Verzögerungen. Während einer Konversation wird eine sofortige Antwort erwartet. D.h. Sprachübertragung toleriert nur graduelle Störungen aufgrund schlechter Übertragungsqualität oder Übersprechen in der Leitung; bei Bildübertragung kann Bildflimmern auftreten. Ist man bereit, Qualitätseinbußen hinzunehmen, kann die Übertragung trotzdem stattfinden.

Nicht so bei Verzögerungen. Verzögerung bei der Übertragung von Sprache und Bildern kann die Übertragung so stark stören, daß sie nicht mehr sinnvoll ist. Deshalb müssen Sprache und Bilddaten unbedingt in Echtzeit übertragen werden.

II ATM-Koppelnetz-Architekturen

Die Architektur des Koppelnetzes ist ein wichtiger Faktor in ATM-Netzen. Von ihr hängt zum Beispiel die Größe und Performance des ATM-Netzes ab. Die Art des Koppelnetz-Designs wiederum beeinflußt Faktoren wie Durchsatz, Zellblockierung, Zellverlust und Verzögerung des ATM-Vermittlungssystems.

Darüber hinaus bestimmt die Architektur des Koppelnetzes, wie die Zellen zwischen den Eingangs- und Ausgangsports weitergeleitet werden. Dies wiederum hat Auswirkungen auf die Erweiterungsmöglichkeiten und die Performance des Vermittlungssystems. Weiterhin beeinflußt die Koppelnetz-Architektur, ob ein Vermittlungsknoten Broadcast- und Multicast-Sendungen unterstützt.

Architekturtypen

Eine der Hauptaufgaben des Koppelnetzes ist es, Zellen schnell und effizient zwischen Eingangsport und Ausgangsport zu vermitteln. Bei diesem Vorgang müssen Funktionen, wie Verarbeitung der eingehenden Zellen, Übersetzung des Zellkopfes und Verarbeitung der ausgehenden Zellen, bereitgestellt werden. Die Übersetzung des Zellkopfes dient in erster Linie der Feststellung des passenden Ausgangsports für jede Zelle. Bei der Zellverarbeitung am Ausgangsport wird sichergestellt, daß die Zelle beim Ausgang des Koppelnetzes auf die richtige Verbindung geschickt wird.

Es gibt zwei generelle Designtypen: Zeit- und Raummultiplex-Architekturen mit jeweils verschiedenen Ausrichtungen (Abbildung 2.1).

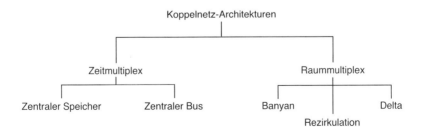

Abbildung 2.1. ATM-Koppelnetz-Architekturen.

Zeitmultiplex-Architekturen

Zeitmultiplex-Architekturen leiten den gesamten Verkehr zwischen Eingangs- und Ausgangsport entweder über einen internen, zentralen Bus oder zentralen Speicher. Beide Einrichtungen werden für Zellweiterleitungen von allen Ports gemeinsam genutzt, weshalb sie auch Shared Memory- bzw. Shared Bus-Konzepte genannt werden.

Die meisten Multiplex-Architekturen verwenden ein zentrales Bussystem. Der Buszugang muß vor jeder Zellweiterleitung angefragt und gewährt werden. Bei Speicherarchitekturen müssen alle Ein- und Ausgänge des Koppelnetzes Zugriff auf den gemeinsam genutzten zentralen Speicher haben.

Zentrale Koppelnetzeinrichtungen wie Speicher und Bus bringen es mit sich, daß vor jeder Zellweiterleitung zunächst die Verfügbarkeit der gemeinsam genutzten Ressource überprüft und dann ein Zugang angefragt werden muß. Ist der Bus oder der Speicher gerade belegt, muß der Verkehr warten, d.h. zwischengespeichert werden. Das Problem der Belegung einer zentralen Ressource ist eines der Hauptcharakteristika von Zeitmultiplex-Architekturen. Die Benutzung einer einzigen Einrichtung für den gesamten Verkehr setzt voraus, daß nur eine Zelle zur gleichen Zeit vermittelt werden kann. In großen Netzen kann deshalb der Speicher oder der Bus zum Engpaß werden, wenn er nicht mit hoher Geschwindigkeit und genügend Bandbreite ausgelegt ist. Je mehr Zellen transportiert werden müssen, d.h. je mehr Durchsatz gefordert wird, desto geringer ist der Durchsatz eines Zeitmultiplex-Koppelnetzes, da die Wahrscheinlichkeit von Zugriffen auf den zentralen Speicher oder Bus steigt.

Der Hauptvorteil von Zeitmultiplex-Koppelnetzen ist, daß sie einfach erweitert werden können, indem die Portzahl des Koppelnetzes – ohne großen Aufwand – durch Installation eines weiteren Porteinschubs erhöht wird. Allerdings steigt mit der Anzahl der Ports auch die Wahrscheinlichkeit, daß der gemeinsam genutzte Bus oder Speicher belegt ist. Aufgrund der Belegung der zentralen Ressource kann es zu Verzögerungen kommen, und es müssen Zwischenspeicher eingerichtet werden, in denen die Zellen so lange warten können müssen, bis der Bus oder Speicher frei ist.

Zentraler Speicher

Vermittlungssysteme mit einem gemeinsam genutzten, zentralen Speicher setzen voraus, daß alle Ports den eingehenden Zellverkehr so lange an einen Systemspeicher weitergeben, bis der jeweils betroffene Ausgangsport zur Weiterleitung der Zelle auf den zentralen Speicher zugreift.

Jeder für die Portsteuerung zuständige Prozessor benötigt einen Zugriff auf den zentralen Speicher. Jeder Port mit eingehendem Verkehr muß zunächst einen Zugang zum Zentralspeicher anfragen sowie die Zugangserlaubnis abwarten, bevor er die Zelle weiterverarbeiten kann. Eingangsports benötigen Zugriff auf den Speicher, um die eingehenden Zellen zwischenzuspeichern, bevor sie vom Portprozessor, der für die Ausgangsfunktionen zuständig ist, weiterverarbeitet werden. Sobald ein Port den Zentralspeicher benutzt, müssen die anderen Ports warten, bis ihnen der Zugang zum Speicher gewährt wird. Während dieser Zeit müssen eventuell eingehende Zellen zwischengespeichert werden.

Zentraler Bus

Zentrale Bussysteme unterliegen dem gleichen Funktionsprinzip wie Koppelnetze mit zentralen Speichern. Jeder Port muß einen Buszugang anfragen und warten, bis er erteilt wird.

Raummultiplex-Architekturen

Räumliche Koppelnetze stellen mehrere Wege zwischen Eingangs- und Ausgangsport bereit und unterliegen somit keinen Einschränkungen, die Systeme mit gemeinsam genutzten Ressourcen mit sich bringen. Da mehrere Wege für die Zellweiterleitung zur Verfügung stehen, können auch mehrere Zellen gleichzeitig durch das Koppelnetz transportiert werden.

Räumliche Koppelnetze haben außerdem den Vorteil, daß sie einfach erweitert werden können, und zwar ohne daß die Gesamtkapazität des Vermittlungsknotens davon beeinflußt wird. Im Unterschied zu Zeitmultiplex-Koppelnetzen wird bei Raumarchitekturen mit jedem zusätzlichen Port auch die Kapazität erhöht. Deshalb ist das Vermittlungssystem mit dieser Architektur in seiner Gesamtkapazität nach oben hin nicht limitiert, lediglich die Durchlaufzeiten der einzelnen Zellen werden beeinflußt.

Banyan-Architektur

Banyan-Koppelnetze verwenden 2x2-Koppelelemente. Diese stellen genau einen Weg zwischen jedem Eingangs- und Ausgangsport her. Es werden mehrere Wege gleichzeitig unterstützt, d.h. es werden mehrere Zellen auf unterschiedlichen Wegen gleichzeitig weitergeleitet. Koppelnetze nach dem Banyan-Prinzip sind selbststeuernd. Selbststeuernde Koppelnetze versehen jede eingehende Zelle mit einer Routing-Information, die den Ausgangsport festlegt. Auf Basis dieses Präfixes leiten die Koppelelemente auf den unterschiedlichen Koppelnetzstufen die Zelle an den entsprechenden Ausgangsport weiter. Selbststeuernde Koppelnetze garantieren, daß jede Zelle den für sie in der Routing-Information festgelegten Ausgangsport auch wirklich erreicht.

Die Hauptvorteile des Banyan-Prinzips sind die Wege- und Koppelcharakteristika. Zellen, die in ATM-Netzen nach dem Zufallsprinzip einen Eingangsport des Koppelnetzes erreichen, werden effizient verarbeitet und an den Ausgangsport weitergeleitet. Sie sind außerdem einfach erweiterbar.

Abbildung 2.2 zeigt ein Koppelnetz nach dem Banyan-Prinzip. Der Weg zwischen Port A und C ist nur über das Koppelelement B, der Weg zwischen Port D und Port I nur über Koppelelement K erreichbar. D.h. es existiert genau ein Weg zwischen einem Eingangs- und Ausgangsport, der unidirektional ist.

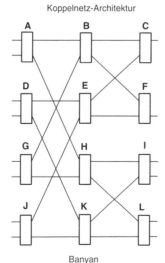

Abbildung 2.2. Koppelnetz nach dem Banyan-Prinzip.

Nachteilig beim Banyan-Prinzip ist, daß es in großen Netzen zu Blockierungen und damit zu einer Performance-Reduzierung kommen kann, wenn von zwei unterschiedlichen Eingangsports Zellen zum gleichen Ausgangsport geschickt werden. Um zu vermeiden, daß Zellen verlorengehen, müssen entsprechende Vorkehrungen getroffen werden.

Batcher-Banyan-Architektur

Die Banyan-Architektur arbeitet nicht-blockierend, wenn die Zellen vor Eintritt in das Koppelnetz entsprechend ihrem Ziel sortiert werden und jeder Ausgangsport nur jeweils von einer einzigen Zelle angefordert wird.

Batcher-Koppelnetze sortieren Zellen, bevor sie nach einem Ausgangsport anfragen. Erreichen zwei Zellen gleichzeitig einen Eingangsport, wird die Zelle mit der niederwertigen Adresse an den oberen Ausgangsport des Koppelelements geschickt (Abbildung 2.3). Die Banyan-Architektur blockt eine von zwei gleichzeitig ankommenden Zellen, die den gleichen Ausgangsport nutzen wollen, ab, wenn sie vorher nicht sortiert wurden. Die Kombination der Batcher-Banyan-Architektur ermöglicht die Sortierung der Zellen, bevor sie einen Ausgangsport beanspruchen, d.h. die Sortierfunktion eliminiert die Wahrscheinlichkeit, daß zwei Zellen gleichzeitig den gleichen Ausgangsport ansteuern.

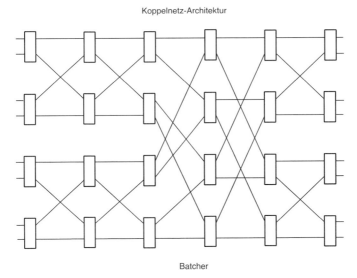

Abbildung 2.3. Koppelnetz nach dem Batcher-Prinzip.

Theoretische Grundlagen

Abbildung 2.3 zeigt die Sortiermatrix der Batcher-Architektur. In Abbildung 2.4 ist ein kombiniertes Koppelnetz dargestellt, das die Sortierfunktion der Batcher-Architektur und die Routing-Funktion des Banyan-Prinzips verwendet. Durch Kombination der Batcher-Banyan-Koppelnetze wird ein nicht-blockierendes Koppelnetz-Design erreicht.

Koppelnetz-Architektur

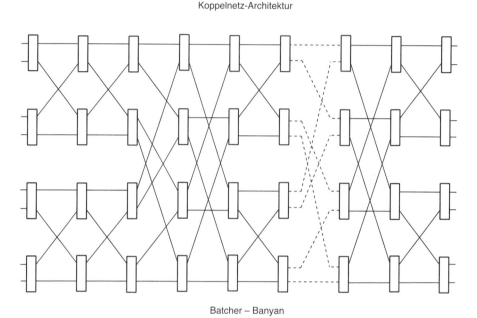

Batcher – Banyan

Abbildung 2.4. Kombiniertes Batcher-Banyan-Koppelnetz.

Delta-Architektur

Das Delta-Koppelnetz ist eine Sonderform der Banyan-Architektur. Delta-Koppelnetze sind selbststeuernd, und die Koppelelemente sind nach einem festen Muster angeordnet. Die Delta-Architektur wird vorwiegend verwendet, wenn große Koppelnetze realisiert werden müssen.

Das Delta-Koppelnetz besteht aus N x N Koppelelementen. Zwischen Eingangs- und Ausgangsport existiert genau ein Weg.

Delta-Koppelnetze reduzieren die Blockierungswahrscheinlichkeit, indem

- sie den internen Takt erhöhen.
- jedes Koppelelement mit einem Speicher versehen ist.
- zwischen den Koppelelementen mehrere Wege möglich sind.

Abbildung 2.5 zeigt das Aufbauprinzip eines Delta-Koppelnetzes.

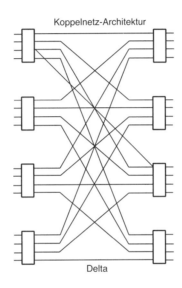

Abbildung 2.5. Delta-Koppelnetz.

Rezirkulations-Architektur

Koppelnetze mit Rezirkulations-Architektur benutzen Ausgangsspeicher, um das Problem der Belegung der Ausgangsports zu beseitigen. Um zu verhindern, daß Zellen, die den gleichen Ausgangsport ansteuern, verlorengehen, schicken Koppelnetze mit Rezirkulations-Architektur diejenigen Zellen, die am Ausgangsport nicht weiterverarbeitet werden können, an den Eingangsport zurück und leiten sie erneut durch das Koppelfeld an den Ausgangsport. Das Zurückschicken von Zellen führt zu erhöhtem internen Verkehr und birgt die Gefahr, daß die Reihenfolge der Zellen nicht mehr stimmt und es zu Fehlern kommt.

Theoretische Grundlagen

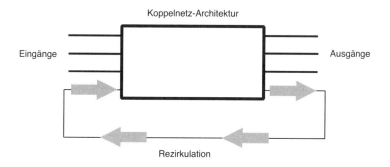

Abbildung 2.6. Koppelnetz mit Rezirkulations-Architektur.

III ATM-Netzarchitektur

Sinn und Zweck des Asynchronous Transfer Mode-Verfahrens ist es, Netzteilnehmern unabhängig vom zu übertragenden Informationstyp bestimmte Dienste bereitzustellen. Diese sind im ATM-Protokoll-Referenzmodell spezifiziert. Das ATM-Referenzmodell definiert die Dienste, die den höheren Schichten zur Verfügung gestellt werden, sowie die Funktionen, die für den Betrieb und die Unterhaltung des ATM-Netzes erforderlich sind.

ATM-Referenzmodell

Abbildung 3.1 zeigt das ATM-Referenzmodell. Es ist in drei Hauptbereiche – Nutzerebene, Managementebene und Steuerungsebene – sowie in die benötigten physikalischen Transportfunktionen und -charakteristika unterteilt.

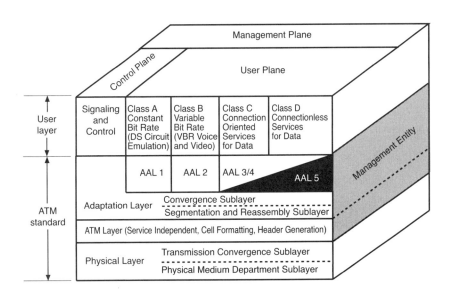

Abbildung 3.1. Das ATM-Referenzmodell.

Nutzerebene (User Plane)

Sie stellt die Applikationen, Protokolle und Dienste bereit, die auf Benutzerseite zum Transport von Informationen benötigt werden.

Steuerebene (Control Plane)

Sie ist Teil des Managementbereiches und ist verantwortlich für den Aufbau, die Unterhaltung und den Abbau von Verbindungen. Die ATM-Adaptionsschicht und die ATM-Schichten benutzen eine Layer-Management-Einheit, um den ordnungsgemäßen Betrieb auf jeder einzelnen Schicht sicherzustellen.

Managementebene (Management Plane)

Die Managementebene übernimmt die Steuerung zwischen den Managementeinheiten der einzelnen Ebenen und den Transportschichten.

ATM-Teil (ATM Facilities)

Der ATM betreffende Teil des Referenzmodells, der für die Kommunikation verantwortlich ist, besteht aus der ATM-Adaptionsschicht, den ATM-Schichten und der Bitübertragungsschicht.

ATM-Adaptionsschicht (ATM Adaptation Layer/AAL)

Diese Schicht paßt die Informationen aus der Nutzerebene an ein Format an, das vom ATM-Netz verarbeitet werden kann.

Da über das ATM-Netz Daten, Sprache und Video d.h. Informationen übertragen werden können, die jeweils unterschiedliche Anforderungen an die Übertragung stellen, muß jeder einzelne Informationstyp entsprechend seinen Charakteristika und Anforderungen an das ATM-Netz angepaßt werden. Die Anforderungen der unterschiedlichen Informationstypen wurden in vier Diensteklassen abgebildet.

Die ATM-Adaptionsschicht ist wiederum in zwei Teilschichten untergliedert: in den Segmentation and Reassembly Sublayer (SAR) und in den Convergence Sublayer (CS).

Ersterer ist für die Anpassung der Nutzdaten an die ATM-Zellgröße auf der Sendeseite und für die Rekonstruktion der Nutzdaten aus den ATM-Zellen auf der Empfangsseite zuständig. Die Übertragung von Daten beispielsweise erfolgt in Paketen unterschiedlicher Länge. Ein IP-Paket kann zum Beispiel mehrere 100 oder 1000 Byte lang sein. Da in ATM-Netzen die maximale Zellgröße 53 Byte beträgt, wovon

48 Byte für die Nutzlast und 5 Byte für Steuer- und Übertragungsinformationen zur Verfügung stehen, muß ein Datenpaket auf die Nutzlastgröße der ATM-Zelle angepaßt, d.h. in 48 Byte große Einheiten segmentiert, werden. Auf der Empfangsseite wird das Originalformat wieder aus den ATM-Zellen rekonstruiert.

Convergence Sublayer

Der Convergence Sublayer (CS) des AAL ist dafür zuständig, die Informationen, die er von der Nutzerebene erhält (zum Beispiel ein IP-Paket), zu einer Einheit zusammenzufassen, und zwar so, daß der CS auf der Empfangsseite aus dem Nutzlastteil das Originalformat wiederherstellen kann.

Um diese Funktion auszuführen, benötigt der CS Steuerinformationen. Diese sind der Information aus der Nutzerebene angehängt. Die CS-Steuerinformation kann einen Header, Header und Trailer oder nur den Trailer umfassen. Die CS-Steuerinformation geht zusammen mit der Nutzlast in den Nutzlastteil der ATM-Zelle ein.

Segmentation and Reassembly Sublayer

Der SAR-Sublayer segmentiert die Informationseinheit, die er vom Convergence Sublayer erhält und die Convergence Sublayer Protocol Data Unit (CS-PDU) genannt wird, in 48 Byte große Nutzlasteinheiten. Von der ATM-Anpassungsschicht in die ATM-Schicht gelangt ausschließlich der 48 Byte große Nutzlastteil und umgekehrt.

Die ATM-Adaptionsschicht hat eine Steuereinheit, Layer Management Entity (LME) oder Management Entity (ME) genannt. Ihre Aufgabe ist es, die Verbindungsanfrage zur ATM-Schicht zu initiieren und zu steuern. Zusätzlich koordiniert sie die Präsentation der Nutzerdaten und Steuerinformation an den ATM Layer.

ATM-Schicht

Die ATM-Schicht (ATM Layer) kreiert die Zellen. Sie nimmt die 48 Byte große Nutzlast vom AAL und fügt ihr einen 5 Byte großen Zellkopf (Header) an. Die ATM-Schicht baut die Verbindung auf und multiplext die Zellen, die von unterschiedlichen Anwendungen kommen, auf genau einen Ausgangsport. Umgekehrt demultiplext sie die Zellen, die von einem Eingangsport kommen, auf verschiedene Applikationen oder Ausgangsports.

Die ATM-Schicht kennt die Nutzlast nicht, auch interessiert sie sich nicht für den Inhalt des Nutzlastteils der Zelle. Die Nutzlast ist für sie eine Folge aus Eins- und Null-Bits, die sie übertragen muß. Die Eins- und Null-Bits können digitale Informationen sein, zum Beispiel Daten, Sprache oder Bilder.

Da die ATM-Schicht nicht für den Inhalt des Nutzlastteils der Zelle verantwortlich ist, ist sie diensteunabhängig. Die ATM-Schicht ist ausschließlich für die Formatierung von Zellen sowie für die Generierung und das Anfügen der Header-Informationen an die Nutzlastdaten zuständig. Die Einheiten, die von der ATM-Schicht zur Bitübertragungsschicht und umgekehrt fließen, sind exakt 53 Byte groß.

Bitübertragungsschicht

Die Bitübertragungsschicht (Physical Layer) dekodiert die Zellen und gibt sie an das physikalische Medium weiter. Die Bitübertragungsschicht besteht aus zwei Teilschichten, dem Transmission Convergence (TC) Sublayer und dem Physical Media Dependent (PMD) Sublayer.

Der TC Sublayer implementiert die verschiedenen Verbindungsprotokolle wie SONET/SDH, DS-3, 4B/5B, 8B/10B usw. Der PMD Sublayer ermöglicht die Informationsübertragung über verschiedene Kupfer- und/oder Lichtwellenleiterkabel.

ATM-Adaptionsschicht

Die Informationen, die über ein ATM-Netz transportiert werden können, werden in fünf Typen eingeteilt. Abbildung 3.2 zeigt vier der für ATM definierten Informationskategorien. Die fünfte ist ein nutzer- oder herstellerdefinierter Dienst. Die Kategorien sind aufgrund der unterschiedlichen Diensteanforderungen entstanden. Die Unterscheidung wurde aufgrund von drei Hauptcharakteristika getroffen:

- Verzögerungsbedingungen von Ende-zu-Ende.
- Bitrate.
- Verbindungsanforderungen.

Das erste Unterteilungskriterium basiert auf der Anforderung, daß ein Zeitbezug zwischen den Endpunkten des ATM-Netzes eingehalten werden muß. Die Endpunkte des ATM-Netzes, die eine Durchschalteverbindung emulieren, benötigen einen Takt zur Synchronisation. Der Takt kann unterschiedliche Taktraten bei etwas abweichenden Frequenzen haben. Die ATM/AAL-Einheit muß für die Synchronisation zwischen den beiden Endpunkten sorgen.

ATM-Netzarchitektur

Verbindungsart	Klasse A	Klasse B	Klasse C	Klasse D
Zeitbezug	zeitkontinuierlich		nicht zeitkontinuierlich	
Bitrate	konstant		variabel	
Verbindungsart	verbindungsorientiert			verbindungslos

Abbildung 3.2. Einteilung der Dienste der ATM-Adaptionsschicht.

Außerdem kann einer der beiden Endpunkte ein privater Netzknoten mit eigener Taktversorgung sein. Auch dies setzt eine Synchronisation von Ende zu Ende voraus.

Bei der Bitrate als zweitem Kriterium wird der Tatsache Rechnung getragen, daß es Dienste mit konstanten und variablen Bitraten gibt. Dienste mit konstanten Bitraten setzen voraus, daß eine Verbindung, zum Beispiel E1 oder E3, konstant mit einer bestimmten Geschwindigkeit, zum Beispiel 2 Mbit/s bzw. 34 Mbit/s, zur Verfügung steht. Ein Protokoll wie TCP/IP dagegen hat variable Bitraten. Dies bedeutet, daß zu unterschiedlichen Zeiten unterschiedlich hohe Bitraten anfallen können, bzw. zu bestimmten Zeiten, zum Beispiel nachts, überhaupt keine Übertragung stattfindet. Daten mit diesem Verkehrsverhalten nennt man „burst"-artig.

Das dritte Unterscheidungskriterium ist, ob für eine Informationsübertragung eine Verbindung aufgebaut werden muß, oder ob es sich um einen verbindungslosen Dienst handelt.

Je nachdem, welches Unterscheidungskriterium zutrifft, wurden die Dienste den verschiedenen Dienstklassen zugeordnet (Abbildung 3.2). Klasse C und D sind reine Datendienste.

- ◆ Dienste der Klasse A und B werden für die Übertragung von Sprache und Daten sowie für die Emulation von Durchschalteverbindungen verwendet. Klasse C und D unterstützen Datenanwendungen. Sie unterscheiden sich in der Bitrate (konstant oder variabel).

Theoretische Grundlagen

- Dienste der Klasse A benötigen einen direkten Zeitbezug zwischen den beiden Übertragungspunkten, d.h. eine konstante Bitrate (Constant Bit Rate/CBR), und ein verbindungsorientiertes Übertragungsverfahren. Dienste der Klasse A werden benutzt, um synchrone Durchschalteverbindungen über das ATM-Netz zu emulieren.
- Dienste der Klasse B werden zur Übertragung von zeitkontinuierlichen Daten mit variabler Bitrate und verbindungsorientierter Übertragung benötigt.
- Klasse C ist für nicht zeitkontinuierliche Dienste mit variabler Bitrate und verbindungsorientierter Übertragung definiert. Klasse D unterstützt verbindungslose Datenapplikationen.

ATM-Komponenten

Mit der ATM-Technologie sind einige neue Begriffe verbunden, die hier kurz vorgestellt und erläutert werden.

ATM-Systeme

Geräte auf Benutzerseite, zum Beispiel PCs, Workstations, Router oder private Nebenstellenanlagen, werden über die Teilnehmer-Netz-Schnittstelle, die sogenannte UNI-Schnittstelle (User-to-Network Interface), mit dem ATM-Vermittlungsknoten verbunden. Die UNI stellt das Ende (oder die Peripherie) eines ATM-Netzes dar (Abbildung 3.3).

Das ATM-Endgerät ist mit einer ATM-Netzschnittstellenkarte ausgerüstet, die mit dem ATM-Vermittlungsknoten verbunden ist. Das ATM-Endgerät ist der Endpunkt des ATM-Netzes und enthält die gesamten ATM-Einrichtungen, d.h. AAL, ATM-Schicht und Bitübertragungsschicht, entsprechend dem ATM-Modell. Ob diese ATM-Einrichtungen auf der Netzschnittstellenkarte implementiert sind oder ob diese nur die physikalische Schnittstelle zum ATM-Netz bereithält, hängt vom Hersteller ab.

Üblicherweise besteht ein ATM-Netz aus mehreren ATM-Vermittlungsknoten, die ein großes ATM-Netz bilden. Die Schnittstelle zwischen ATM-Vermittlungsknoten wird Network-to-Network Interface (NNI) oder Netz-Netz-Schnittstelle genannt (Abbildung 3.3).

ATM-Netzarchitektur

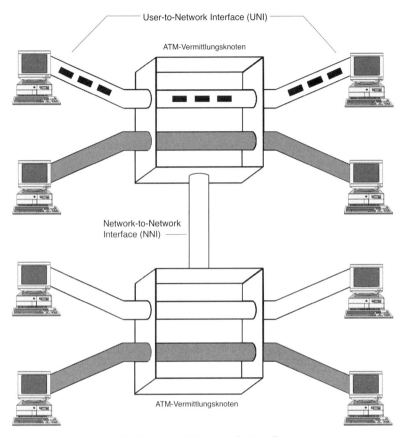

Abbildung 3.3. ATM-Netzschnittstellen.

Teilnehmer-Netz-Schnittstelle

Man unterscheidet eine private und eine öffentliche Teilnehmer-Netzschnittstelle.

- Die private UNI ist die Schnittstelle zwischen einem ATM-Endpunkt und einem privaten ATM-Vermittlungsknoten.
- Die öffentliche UNI ist die Schnittstelle zwischen einem ATM-Endpunkt und einem ATM-Vermittlungsknoten im öffentlichen Netz. Die Schnittstelle zwischen einem privaten ATM-Vermittlungsknoten und dem öffentlichen ATM-Netz wird ebenfalls UNI-Schnittstelle genannt.

Theoretische Grundlagen

Die öffentliche UNI ist die reguläre Grenze zwischen dem privaten Endbenutzer und der Telekommunikationsgesellschaft. An diesem Punkt beginnt i.d.R. gleichzeitig auch die Berechnung der Gebühren. Die UNI an dieser Stelle kann eine Schnittstelle zwischen einem privaten und einem öffentlichen ATM-Vermittlungsknoten sein.

Netz-Netz-Schnittstelle

Auch hier wird zwischen privater und öffentlicher Netz-Netz-Schnittstelle unterschieden.

Unter der privaten NNI versteht man die Schnittstelle zwischen zwei privaten ATM-Vermittlungsknoten. Die öffentliche NNI ist die Schnittstelle zwischen ATM-Vermittlungseinrichtungen im öffentlichen Netz.

Verbindungen

ATM arbeitet nach dem Prinzip der virtuellen Verbindungen zwischen den Endpunkten im Netz. Man unterscheidet virtuelle Festverbindungen (Permanent Virtual Circuit/PVC) und virtuelle Wählverbindungen (Switched Virtual Circuit/SVC).

Virtuelle Festverbindungen

Unter einer virtuellen Festverbindung versteht man eine Verbindung, die zwischen zwei Endpunkten konstant aufgebaut ist. PVC-Verbindungen werden manuell eingerichtet.

Virtuelle Wählverbindungen

Eine virtuelle Wählverbindung wird mit Hilfe von Signalisierungssoftware dynamisch zwischen zwei Endpunkten auf- und abgebaut. Der Auf- und Abbau der Verbindung erfolgt nach Bedarf und wird von der Anwendungssoftware im Endgerät ausgelöst und zusammen mit den ATM-Vermittlungssystemen durchgeführt.

Die Unterschiede zwischen den beiden Verbindungstypen liegen nicht im Zellformat oder Zelltransport, sondern in der Signalisierung und im Verbindungsaufbau.

Virtuelle Pfade und virtuelle Kanäle

ATM nutzt das Konzept der virtuellen Pfade (Virtual Paths/VPs) und virtuellen Kanäle (Virtual Channels/VCs) zwischen zwei Endpunkten. Virtuelle Pfade und Kanäle sind logische Konstrukte, die es ermöglichen, daß ein Gerät mit mehreren Lokationen gleichzeitig verbunden ist.

Virtuelle Pfade und Kanäle werden zur Identifikation von individuellen Verbindungen, die über das ATM-Netz aufgebaut werden, benutzt. Ein Beispiel soll dies verdeutlichen.

Eine Workstation ohne VC- und VP-Konstruktion ist mit Hilfe einer Netzschnittstellenkarte, die nur einen Port hat, an das Netz angeschlossen. Da sie in diesem Fall unterschiedliche Nachrichten nicht erkennen kann, kann sie zur gleichen Zeit nur an ein einziges Gerät angeschlossen sein. Mitteilungen zwischen Systemen werden weitergeleitet, ohne daß die Information erkannt wird. Deshalb kann nur eine einzige Applikation zur gleichen Zeit im Netz betrieben werden.

ATM schickt Mitteilungen von mehreren Verbindungen über die gleiche physikalische Schnittstelle im Netz. Das Vertauschen von Nachrichten ist ausgeschlossen, da sogenannte Virtual Path Identifiers (VPI) oder Virtual Connection Identifiers (VCI) zur Identifikation von Mitteilungen, die von unterschiedlichen Verbindungen kommen, benutzt werden. Durch die Benutzung von VCIs und VPIs kann ein Endgerät mit unterschiedlichen Einrichtungen gleichzeitig verbunden werden.

Dies soll noch einmal an einem typischen Beispiel veranschaulicht werden: Ein Server muß mehrere Workstations gleichzeitig unterstützen können. Die Einrichtung von VPI/VCIs ermöglicht es dem Server, korrekt auf Anfragen unterschiedlicher Benutzer zu antworten. Umgekehrt muß ein Endgerät auch gleichzeitig auf verschiedene Server und damit unterschiedliche Applikationen zugreifen können.

Ein virtueller Pfad ist eine logische Konstruktion, die dazu benutzt wird, mehrere Kanäle zu bündeln. Mehrere virtuelle Kanäle können mit einem Virtual Path Identifier (VPI) versehen werden. Dadurch ist es dem ATM-Equipment möglich, alle Kanäle eines Pfades in der gleichen Art und Weise zu behandeln.

Abbildung 3.4 zeigt die logische Beziehung zwischen virtuellen Pfaden und virtuellen Kanälen innerhalb einer Verbindung. Die physikalische Verbindung besteht aus mehreren logischen Pfaden, diese wiederum aus mehreren logischen Kanälen.

Theoretische Grundlagen

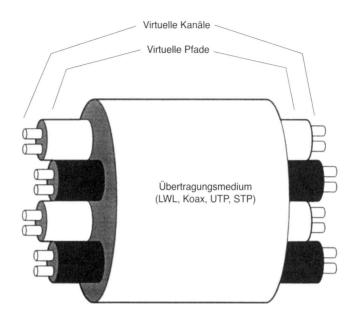

Abbildung 3.4. Logische ATM-Verbindungen.

Abbildung 3.4 zeigt die logischen Beziehungen zwischen Pfaden und Kanälen einer ATM-Verbindung. Virtuelle Pfade und Kanäle werden nicht parallel über ein physikalisches Medium übertragen, wie es zum Beispiel mit Frequenz- oder Wellenlängenmultiplexverfahren üblich ist, sondern über die gleiche Wellenlänge innerhalb des physikalischen Mediums (Abbildung 3.5). Dabei erhalten alle Zellen einer virtuellen Verbindung im Zellkopf die gleiche Kennzeichnung, d.h. den gleichen VCI/VPI-Wert.

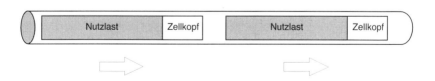

Abbildung 3.5. Zellfluß über eine ATM-Verbindung.

ATM-Netzarchitektur

Jede virtuelle Verbindung hat einen eigenen Virtual Path Identifier (VPI) und einen eigenen Virtual Channel Identifier (VCI). Jede virtuelle Verbindung unterscheidet sich aufgrund ihrer VPI/VCI-Kombination. Durch die VPI/VCI-Kennzeichnung können mehrere Endpunkte im ATM-Netz gekoppelt werden.

Ein virtueller Pfad kann mehrere virtuelle Kanäle beinhalten. Bis zu 65.536 virtuelle Kanäle werden pro virtuellem Pfad unterstützt. Jeder ATM-Endknoten kann 256 virtuelle Pfade unterstützen. Jeder Pfad wiederum kann bis zu 65.536 virtuelle Kanäle unterstützen. Pro UNI-Schnittstelle sind gleichzeitig max. 16.777.216 VCI/VPI-Verbindungskombinationen möglich.

Manche Hersteller bevorzugen die Verwendung eines einzigen virtuellen Pfades mit allen Kanälen (Abbildung 3.6).

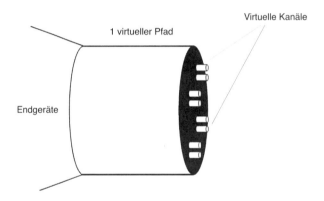

Abbildung 3.6. Alternativkonzept einer virtuellen Verbindung.

Jede VPI/VCI-Kombination ermöglicht die Übertragung in Hin- und Rückrichtung. Ein Gerät, das eine Verbindung über VPI=2 und VCI=40 aufbaut, sendet und empfängt über diese VPI//VCI-Kombination.

Die VPI/VCI-Kennzeichnung, die ein kodierter Wert im Zellkopf ist, kann außerdem für andere Zwecke verwendet werden. Beispielsweise wird sie von den ATM-Vermittlungseinrichtungen benutzt, um Zellen über das Netz zu leiten. Zellen für eine spezielle Verbindung und Zielstation werden mit der VPI/VCI-Kombination dieser speziellen Verbindung versehen.

Theoretische Grundlagen

Einer der verwirrendsten Punkte bei ATM ist die Möglichkeit, eine unbegrenzte Anzahl von Einrichtungen in einem ATM-Netz miteinander zu verbinden, ohne daß dabei die Adreßfelder überproportional groß werden. Die VPI/VCI-Kombination für eine UNI-Schnittstelle umfaßt nur drei Bytes. Die Kennzeichnung eines virtuellen Pfades (VPI) ist 8 Bit lang (max. Wert = 256), und die Kennzeichnung eines virtuellen Kanals (VCI) ist 16 Bit lang (max. Wert = 65.536).

Der Grund, warum ein so begrenztes Adressierungsschema eine unbegrenzt große Anzahl von Endgeräteadressen unterstützen kann, ist der, daß die VCI/VPI-Kombination keine Adresse im eigentlichen Sinn darstellt. Sie repräsentiert weder die Adresse einer Ziel-, noch einer Quellstation, sondern ist nur eine Art „Label", das Zellen kennzeichnet. Aufgrund dieses Labels ist es den ATM-Einrichtungen möglich, die Zellen durch das Netz zu leiten.

Abbildung 3.7 zeigt ein Beispiel. Die Sendestation im Endpunkt 1 muß eine Verbindung zur Empfangsstation im Endpunkt 2 aufbauen. Die ATM-Einrichtung im Endpunkt 1 veranlaßt den Verbindungsaufbau nach Endpunkt 2.

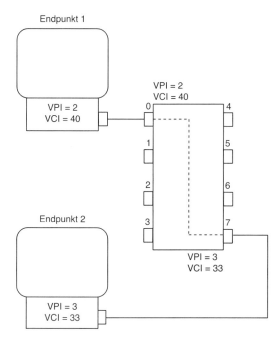

Abbildung 3.7. Virtuelle Verbindung mit ATM-Vermittlungseinrichtung.

Das ATM-Netz vergibt die VCI/VPI-Kombination VPI=2, VCI=40. Alle Zellen, die von der Station im Endpunkt A gesendet werden, erhalten diese VCI/VPI-Kennzeichnung im Zellkopf. Weitere Verbindungen, die über die gleiche Schnittstelle aufgebaut werden, erhalten eine andere VCI/VPI-Kombination. Die Zuweisung des VPI-Werts 2 und des VCI-Werts 40 wird durch das Netz auf Basis seiner Informationen über den nächsten verfügbaren Pfad und Kanal veranlaßt.

Beim Verbindungsaufbau wird der ATM-Vermittlungsknoten 01 so konfiguriert, daß er alle Zellen, die an seinem Port 0 ankommen, mit dem VPI-Wert 2 und dem VCI-Wert 40 versieht und direkt über Port 7 aussendet. Dabei wird die VCI/VPI-Kombination in einen neuen Wert übersetzt, in diesem Fall VPI=3 und VCI=33.

Abbildung 3.9 zeigt ein etwas komplexeres Netz. Vermittlungsknoten 02 wird so konfiguriert, daß er alle Zellen, die an seinem Port 0 ankommen, mit dem VPI-Wert 3 und dem VCI-Wert 33 versieht und diese an den Ausgangsport 3 schickt. Vermittlungsknoten 02 übersetzt den VCI/VPI-Wert im Zellkopf wieder in VPI=4 und VCI=44.

Die Zielstation im Endpunkt 3 erhält die Zellen auf Pfad 4, Kanal 44 (VPI=4, VCI=44). Wie erwähnt, ist diese Kombination keine Adresse, sondern nur eine Kennzeichnung, die es den ATM-Vermittlungseinrichtungen ermöglicht, Zellen über das ATM-Netz zu vermitteln. Die VCI/VPI-Werte sind schon deshalb keine Adresse, weil sie sich an jeder Vermittlungseinrichtung ändern können, d.h. die VCI/VPI-Werte im Zellkopf können mehrmals zwischen Sende- und Zielstation wechseln.

Deshalb haben die VCI/VPI-Werte auch nur lokale Bedeutung, d.h. sie sind nur zwischen einem Eingangs- und Ausgangsport und damit in einem bestimmten Netzabschnitt gültig. In unserem Beispiel startet die Übertragung mit der VCI/VPI-Kombination 2/40. Diese Werte sind nur so lange gültig, bis die Zellen den Vermittlungsknoten 01 erreichen. Danach modifiziert dieser die Werte in VPI=3 und VCI=33. Auch diese Kombination ist nur zwischen Vermittlungsknoten 01 und 02 relevant. Zwischen Vermittlungsknoten 02 und der Zielstation in Endpunkt 3 wechseln die VCI/VPI-Werte erneut.

Die Verwendung eines Port/Kanal-Schemas für die Weiterleitung und Vermittlung von Zellen ist ein typisches Kennzeichen von ATM.

Jeder UNI-Port in einem Netz verfügt über die gleiche Anzahl von VCI/VPI-Nummern. Jeder Port im Netz hat virtuelle Pfade von 0 bis 256 und virtuelle Kanäle von 0 bis 65.536. Deshalb hat jeder Port einen virtuellen Pfad mit der Kennung 2 und

Theoretische Grundlagen

einen virtuellen Kanal mit der Nummer 40. Die wichtigste Information für die Vermittlung einer Zelle ist das Wissen, durch welchen Port sie in den Vermittlungsknoten eingetreten ist. Eine Zelle, die am Vermittlungsknoten 01 mit der VPI-Kennung 2 und der VCI-Kennung 40 an Port 1 eintrifft, wird unabhängig von einer Zelle behandelt, die an Port 0 mit der Kennung VPI=2 und VCI=40 eintrifft. Eine Zelle, die an Port 1 mit der VPI-Kennung 2 und VCI-Kennung 40 eintrifft, kann an jeden anderen Port dieses Vermittlungsknotens geschickt werden.

Vermittlungsknoten 01 weiß, daß die Zelle mit dem VPI-Wert 2 und VCI-Wert 40 durch Port 0 in das Koppelnetz eingetreten ist. Eine Verwechslung ist ausgeschlossen. Der Vermittlungsknoten ordnet einen eingehenden Port-Pfad-Kanal einem ausgehenden Port-Pfad-Kanal zu.

Der Port-Identifier wird nicht im Zellkopf mitgetragen, da der Vermittlungsknoten weiß, an welchem Port die Zelle eingetreten ist. Eine entsprechende Kodierung des Zellkopfes mit der Portnummer des Ports, durch den die Zelle gekommen ist, würde eine spezifische Zuordnung des Switch-Ports bedeuten und die Möglichkeit der Umleitung auf einen anderen Switch-Port ausschließen. Da der Vermittlungsknoten außerdem die Portnummer kennt, ist eine zusätzliche Kodierung der Portnummer im Zellkopf unnötig.

Abbildung 3.8 betrachtet die Zellübersetzung aus einer anderen Sicht. Die Netzschnittstellenkarte der ATM-Endeinrichtung im Endpunkt A hat mehrere Verbindungen durch das Netz aufgebaut. Betrachten wir zwei dieser Verbindungen: die eine benutzt den VPI-Wert 20 und den VCI-Wert 33, die andere VPI=52 und VCI=86. Sendet der Endpunkt eine Zelle auf eine der Verbindungen, erreicht die Zelle über das Übertragungsmedium den Vermittlungsknoten. Von einem Rauscheffekt abgesehen, gibt es keine andere Beeinflussung, die den VCI/VPI-Wert im Zellkopf ändern könnte. Die erste Möglichkeit zur Änderung ergibt sich im Vermittlungsknoten, wenn dieser den Zellkopf übersetzt.

In diesem Fall übersetzt der Vermittlungsknoten die Zellen mit der Kennung VPI=20, VCI=33 in VPI=14 und VCI=40, bevor er die Zellen durch den Ausgangsport schickt. Zellen mit der Verbindungskennzeichnung VPI=52, VCI=86 werden in VCI=1 und VPI=77 übersetzt. Die Kennzeichnungen können erneut geändert werden, wenn sie einen weiteren Vermittlungsknoten passieren. Endeinrichtungen nehmen keine Übersetzung der Zellköpfe vor, da dies nur für die Erreichung des Ziels bzw. für die Weiterleitung durch das ATM-Netz notwendig ist.

ATM-Netzarchitektur

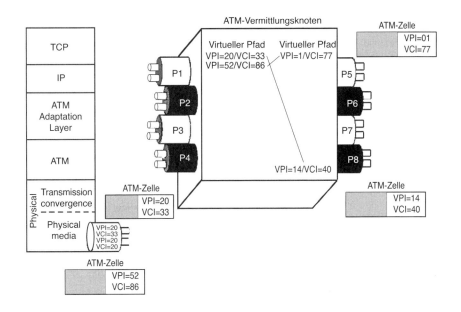

Abbildung 3.8. Übersetzung der Kennzeichnungen des virtuellen Pfades und des virtuellen Kanals.

Abbildung 3.9 stellt ein etwas komplexeres ATM-Netz dar, das auch die Vermittlungstabellen für jeden Vermittlungsknoten angibt. Anwendung 1 in Endpunkt 1 ist mit Anwendung 1 in Endpunkt 3 verbunden. Anwendung 2 in Endpunkt 1 ist mit Anwendung 2 in Endpunkt 2 verbunden.

Die Verbindungen werden von Vermittlungsknoten 1 und 2 aufgebaut. Jede Anwendung benutzt ihre eigene Verbindung.

Bei einer bidirektionalen Verbindung fließen Daten in Hin- und Rückrichtung. Anwendung 1 in Endpunkt 1 überträgt nach und erhält von Anwendung 1 in Endpunkt 3 Daten über das gleiche VPI/VCI-Paar (VPI=2, VCI=40). Entsprechend überträgt Anwendung 1 in Endpunkt 3 zu und erhält von Anwendung 1 in Endpunkt 1 Daten über das VPI/VCI-Paar (VPI=4, VCI=44).

Das Auswahlkriterium für die Auswahl einer VPI/VCI-Kombination ist der nächste verfügbare Pfad und der nächste verfügbare Kanal, der die Quality-of-Service-Parameter für diese Übertragung bereitstellt.

Theoretische Grundlagen

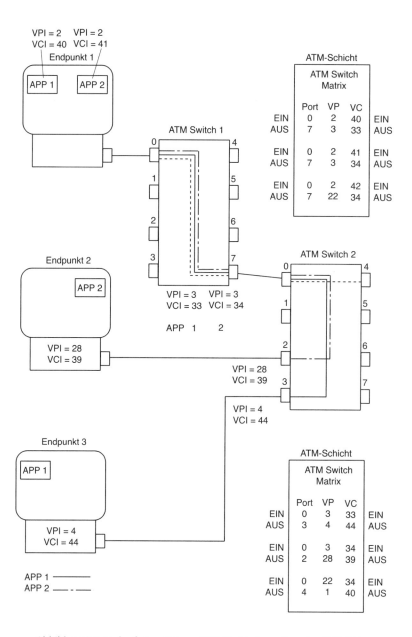

Abbildung 3.9. Verlauf einer VPI- und VCI-Verbindung über das ATM-Netz.

ATM-Netzarchitektur

Eine weitere viel diskutierte Frage bei ATM ist das Fehlen einer AAL-Funktionalität in den Vermittlungseinrichtungen. Diese gibt es nicht in den Vermittlungseinrichtungen, sondern in den Endpunkten des ATM-Netzes. Die einzige Information, die der Vermittlungsknoten erhält, ist die Zelle.

Wichtig ist außerdem, daß ein ATM-Vermittlungsknoten nie einen Endpunkt darstellt. Vermittlungsknoten stellen ausschließlich Durchgangssysteme zwischen zwei Endpunkten dar.

Abbildung 3.10 zeigt den Informationsfluß von den höheren Schichten durch das ATM-Modell.

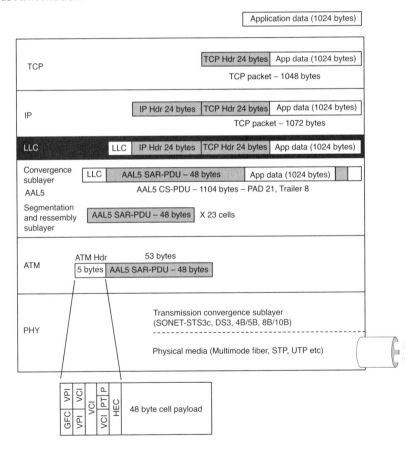

Abbildung 3.10. Informationsfluß durch die OSI-Protokollfamilie.

ATM LAN Guide

Theoretische Grundlagen

In Abbildung 3.10 wird angenommen, daß eine Verbindung bereits aufgebaut worden ist. Es finden folgende Schritte statt:

1. Die Anwendungsdaten stellen eine Informationseinheit von 1024 Byte dar.
2. Bedingt durch die zusätzlichen TCP- und IP-Header werden die Pakete 1072 Byte lang.
3. Das IP-Paket wird der ATM-Anwendungsschicht präsentiert (AAL5). Die Konvergenz-Subschicht baut das IP-Paket für die Segmentierung auf, indem sie Steuerinformationen als Kopf und Ende hinzufügt. Die gesamte Einheit ist jetzt 1080 Byte lang.
4. Die SAR-Unterschicht teilt das Paket in Einheiten mit 48 Byte Nutzlast für die Präsentation an die ATM-Schicht.
5. Die ATM-Schicht ergänzt den Zellkopf einschließlich VPI/VCI-Wert.
6. Die ATM-Schicht gibt die Zelle der Bitübertragungsschicht weiter. Die TC-Unterschicht fügt die Zellinformation in das physikalische Leitungsprotokoll ein.
7. Die TC-Unterschicht sendet das physikalische Leitungsprotokoll auf das Kabel.

IV ATM-Bitübertragungsschicht

Die ATM-Bitübertragungsschicht, auch physikalische Schicht genannt, ist für die Übertragung der Signale auf dem physikalischen Medium zuständig. Sie besteht aus zwei Teilschichten, dem Physical Medium Dependent Sublayer und dem Transmission Convergence Sublayer.

Der Transmission Convergence Sublayer ist für die Implementation des Übertragungsprotokolls (Physical Layer Convergence Protocol/PLCP) verantwortlich, das die fehlerfreie Übertragung und den fehlerfreien Erhalt von Informationen über das physikalische Medium sicherstellt.

Der Physical Media Dependent (PMD) Sublayer spezifiziert das zur Übertragung verwendete Kabel, das entweder ein Kupfer- oder Lichtwellenleiterkabel sein kann, und ist für die Bitsynchronisierung und Leitungskodierung zuständig. Abbildung 4.1 zeigt die Hauptcharakteristika jeder Teilschicht.

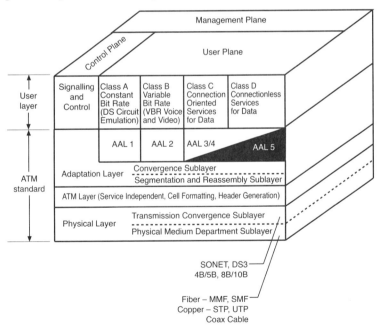

Abbildung 4.1. Bestandteile der Bitübertragungsschicht.

Theoretische Grundlagen

Für die Teilnehmer-Netz-Schnittstelle (User Network Interface/UNI) wurden vom ATM-Forum u.a. die folgenden physikalischen Schnittstellen spezifiziert:

- SONET/SDH STS-3c mit einer Datenrate von 155,52 Mbit/s für Lichtwellenleiter- und Kupferkabel.
- Das 4B/5B-Protokoll bei einer Datenrate von 100 Mbit/s.
- Das 4B/5B-Protokoll bei einer Datenrate von 25,6 Mbit/s.
- Das 8B/10B-Protokoll bei einer Datenrate von 155 Mbit/s.
- SONET/SDH STS-12 bei einer Datenrate von 622,08 Mbit/s.
- DS3 bei einer Datenrate von 44,736 Mbit/s (WAN).
- E3 bei einer Datenrate von 34,368 Mbit/s (WAN).
- E4 bei einer Datenrate von 139,26 Mbit/s (WAN).

Die ATM-Schnittstellen beschreiben und spezifizieren die Leitungskodierung, die sicherstellt, daß die ATM-Zellen im geforderten Format das Ziel erreichen. Die Schnittstellen werden über Lichtwellenleiterkabel (Singlemode- und Multimodekabel) oder Kupferkabel (Koaxial-, geschirmtes oder ungeschirmtes symmetrisches Vierdrahtkabel) bereitgestellt.

Internationale Normung der Schnittstellen

Da die Netze immer mehr zusammenwachsen und nationale Grenzen überschreiten, ist es zwingend nötig, daß sich international zusammenarbeitende Institutionen auf gemeinsame Schnittstellen für Fernmeldenetze und die angeschlossenen Endeinrichtungen festlegen. In diesen Empfehlungen sind Zweck und Anwendung der jeweiligen Schnittstellen festgelegt und die Schnittstellenleitungen und deren Funktion beschrieben. Darüber hinaus werden alle elektrischen und optischen Eigenschaften der Leitungen und der zu übertragenden Signale definiert. Eine Abgrenzung der Schnittstellen zwischen Anwender und Betreiber ist ebenso vorhanden wie die Sicherstellung, daß die Übertragung der Digitalsignale zwischen den Übertragungseinrichtungen und dem Transportnetz gewährleistet und die Fehlerrate minimiert wird.

Bereits 1988 wurde von der damaligen CCITT eine Empfehlung verabschiedet, die weltweit die Einführung der SDH-Technik vorsieht. Basis dafür waren die bereits in den USA erarbeiteten Vorschläge für ein synchrones optisches Netz (SONET), die sich verständlicherweise an den Bedürfnissen des amerikanischen Marktes orientierten. Aufgrund der Kompromißbereitschaft aller Teilnehmer des Gremiums

ATM-Bitübertragungsschicht

konnte sowohl die „europäische Hierarchie" mit der Basisrate 2,048 Mbit/s als auch die „nordamerikanische Hierarchie" mit 1,544 Mbit/s in eine gemeinsame Grundbitrate von 155 Mbit/s eingebunden werden. Die Bitraten der synchronen digitalen Hierarchie sind in der ursprünglichen CCITT-Empfehlung G.707 enthalten, die Struktur der Signale am Netzknoten (Network Node Interface/NNI) in G.708 und die Multiplexstruktur selbst in G.709.

Die für die Übertragung erforderlichen Systemkomponenten bestehen im wesentlichen aus optischen Übertragungssystemen auf Basis der Lichtwellenleitertechnik mit den entsprechenden elektrooptischen Wandlern und Zwischenregeneratoren. Die Zwischenregeneratoren bereiten die gedämpften und aufgrund von Übertragungsverlusten verzerrten Signale neu auf, wobei sie die Taktrate aus dem ankommenden Digitalsignal verwenden. Im Gegensatz zur plesiochronen Technik (Plesiochronous Digital Hierarchy/PDH) erwarten die Zwischenregeneratoren ein Rahmensignal, auf das sie sich synchronisieren. Aus verschiedenen 64-kbit/s-Kanälen werden RSOH-Signale (Regenerator Section Overhead/RSOH) herausgelöst und zur Bildung der Nachricht benutzt. Es können auch Informationen, zum Beispiel das Parity Byte „B1" zur Fehlerüberwachung, mit auf den Weg gegeben werden. Im Fehlerfall, wenn zum Beispiel kein Eingangsignal vorliegt, erzeugen die Zwischenregeneratoren eigene STM-n-Rahmen.

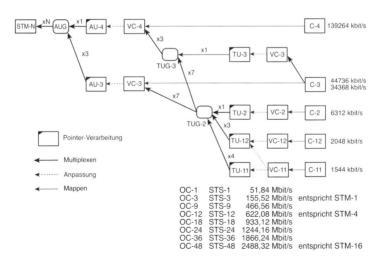

Abbildung 4.2. Multiplexstruktur nach ETSI.

Theoretische Grundlagen

Synchrone Multiplexer haben u.a. die Aufgabe, Zubringersignale der plesiochronen digitalen Hierachie in sogenannte virtuelle Container (Virtual Container/VC) konstanter Größe abzubilden. Physikalische Zwischenstufen wie bei der PDH-Technik entfallen; die Übertragungsraten von STM-1, STM-4 oder STM-16 werden entsprechend der Multiplexstruktur nach CCITT bzw. ETSI erreicht (Abbildung 4.2 und Abbildung 4.3).

Die Einschachtelung der VCs in ein Transportmodul – gezeigt in Abbildung 4.3 – und der Nutzdaten in einen Container ist auch bei SDH nicht statisch. Zum Auffinden des Beginns neuer Rahmen wird ein Pointer mitgeführt, wodurch Taktunterschiede ausgeglichen werden können. Somit können bei SDH die Rahmengrenzen entsprechend überschritten werden, und die Dateneinheiten sind jeweils in die nächsten Einheiten zu verschieben. Bei SDH wird ein virtueller Container mit einem Zeiger, der Tributary Unit (TU), gekennzeichnet. Die TU der höchsten Rangstufe wird dabei als Administrative Unit (AU) bezeichnet.

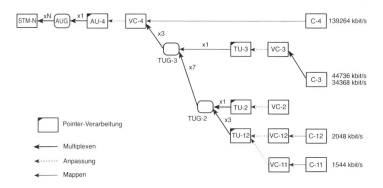

Abbildung 4.3. Multiplexstruktur nach CCITT.

Synchrones optisches Netz

Die SONET-Übertragungshierarchie benutzt zur Übertragung Synchronous Transport Signals (STS), auch Übertragungsrahmen oder Übertragungseinheiten genannt. Die STS-Signalisierung wird in Nordamerika auch Optical Carrier Signalling (OC) genannt, da für die Übertragung in der Regel Lichtwellenleiter verwendet werden.

Die Grundbitrate eines STS-Rahmens beträgt 51,84 Mbit/s. Sie wird STS-1/OC-1-Rahmen genannt. Geräte mit einer STS-1/OC-1-Übertragungsrate senden und empfangen Signale bei einer Übertragungsrate von 51,84 Mbit/s.

Tabelle 4.1 gibt einen Überblick über die SONET-Übertragungsraten sowie die DS-1- (T-1-) Äquivalente.

Signalstufe	Übertragungsrate (Mbit/s)	DS-1-Äquivalente
STS-1/OC-1	51,84	28
STS-3/OC-3	155,52	84
STS-12/OC-12	622,08	336
STS-24/OC-24	1244,16	672
STS-48/OC-48	2488,32	1344

Tabelle 4.1. STS/OC-Übertragungshierarchie und Übertragungsraten.

Die Übertragungsrate ist jeweils ein Vielfaches der STS/OC-Zahl. Neben den genannten Signalstufen gibt es weitere, zum Beispiel STS/OC-2,4,5,7,8. Da die Telekommunikationsgesellschaften sie nicht einsetzen, werden sie hier nicht näher behandelt.

Höhere Übertragungsraten sind in der Diskussion. Die nach STS/OC-48 nächsthöhere STS/OC-Rate wird wahrscheinlich STS/OC-192 mit knapp 10 Gbit/s sein.

SONET wurde entwickelt, um zwischen den Telekommunikationsgesellschaften weltweit eine homogene Infrastruktur aufbauen und die SONET-Netze als Gesamtsystem überwachen zu können. Deshalb sollen alle SONET-Einrichtungen die gleichen Betriebscharakteristika aufweisen und die gleichen Managementinformationen bereitstellen. Vor allem im Bereich des Netzmanagements bringt SONET erhebliche Erweiterungen und Verbesserungen in öffentlichen Netzen. Für die Bereitstellung von Managementinformationen wurde ein spezielles Verfahren entwickelt, mit dem die Managementinformation im SONET-Rahmen zusammen mit der Nutzlast übertragen wird.

STS-1-Hierarchieebene

STS-1 ist die Basisrate innerhalb der SONET-Übertragungshierarchie. Sie gehört nicht zu den vom ATM-Forum spezifizierten ATM-Schnittstellen.

Theoretische Grundlagen

Um die SONET-Einrichtungen einer Verbindung darstellen und überwachen zu können, wurde die SONET-Managementinformation geschaffen. Abbildung 4.4 zeigt eine mögliche SONET-Verbindung mit den entsprechenden Einrichtungen.

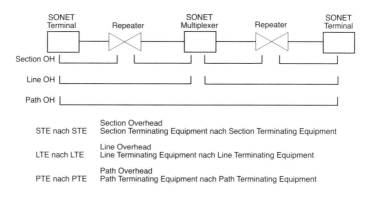

Abbildung 4.4. SONET-Overhead-Komponenten.

Unter einer Sektion (section) versteht man eine Einheit zwischen zwei Einrichtungen, die das SONET-Signal beeinflussen können. Sektionen können die Strecke zwischen einem SONET-Endgerät und einem SONET-Repeater, zwischen zwei SONET-Repeatern, zwischen zwei SONET-Einrichtungen usw. sein. Eine Multiplex-Verbindung ist definiert als die Strecke zwischen zwei SONET-Multiplex/Terminal-Einrichtungen. Eine Verbindung kann aus mehreren Sektionen, d.h. Streckenabschnitten, bestehen.

Ein Pfad ist definiert als die SONET-Verbindung zwischen Quelle und Ziel, einschließlich aller SONET-Einrichtungen zwischen den beiden Endpunkten. Ein Pfad kann aus einem oder mehreren Multiplex-Abschnitten bestehen.

STS-1-Rahmenformat

Um die SONET-Einrichtungen zu überwachen, wurde ein neues Verfahren entwickelt, wie Managementinformationen bereitgestellt werden können. Diese Managementinformation wird im SONET-Rahmen zusammen mit der eigentlichen Information im Nutzlastteil übertragen.

ATM-Bitübertragungsschicht

Abbildung 4.5 zeigt die logische Darstellung eines SONET-Basisrahmens. Logisch gesehen, besteht er aus neun Reihen mit jeweils 90 Byte pro Reihe. Deshalb besteht ein SONET-Rahmen aus 810 Byte (9 x 90) mit Informationen. Diese 810 Byte setzen sich aus der Nutzlast und den Overhead-Informationen zusammen.

Ein SONET-Rahmen besteht aus vier Hauptbestandteilen, dem

- Section Overhead,
- Line Overhead,
- Path Overhead,
- und der Nutzlast (Payload).

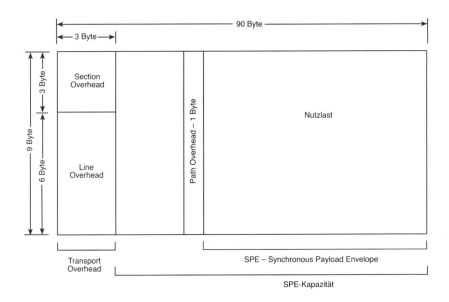

Abbildung 4.5. Struktur eines SONET-STS-1-Rahmens.

Abbildung 4.5 zeigt einen logischen STS-1-Rahmen. Die SONET-Information wird Bit für Bit, beginnend mit dem ersten Bit des ersten Byte, seriell übertragen. Die Byte werden seriell übertragen, bis das letzte Bit des letzten Byte übertragen ist.

Theoretische Grundlagen

Abbildung 4.6 stellt die aufeinanderfolgenden Byte eines SONET-Rahmens dar. Zuerst wird die erste Byte-Reihe (Byte 1 bis 90), dann die zweite Byte-Reihe usw. übertragen.

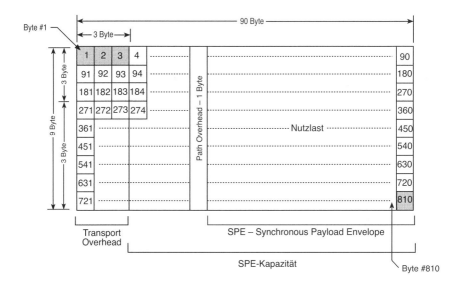

Abbildung 4.6. Struktur einer zu übertragenden SONET-STS-1-Rahmensequenz.

Einer der erstaunlichsten Punkte des SONET-Rahmens ist die zweidimensionale logische Darstellung der Information, denn üblicherweise wird die Information eindimensional dargestellt, d.h. bestehend aus einer einzigen Reihe von Bytes, die am Anfang des Rahmens startet und sich mit einer unterschiedlichen Byte-Anzahl bis zum Ende fortsetzt.

Abbildung 4.7 zeigt den SONET-Rahmen in der typischen eindimensionalen Darstellung. Zu beachten ist:

Der Overhead ist auf den gesamten Rahmen verteilt. Die Information des Rahmens wird sequentiell, d.h. Reihe für Reihe, beginnend mit Reihe 1 und endend bei Reihe 810, übertragen. Auf die Übertragung der ersten Reihe (Byte 1 bis 90) folgt die Übertragung der zweiten (Byte 91 bis 180). Die ersten 3 Byte jeder Reihe sind Overhead-Byte; ihnen folgen 87 weitere Informationsbyte.

ATM-Bitübertragungsschicht

Die ersten 3 Byte in jeder der drei Reihen bestehen aus Section Overhead, gefolgt von 87 Byte Informationen. Diese 87 Byte Informationen setzen sich aus 86 Byte Nutzdaten und 1 Byte Path Overhead zusammen. Byte 91 bis Byte 93 sind im wesentlichen Section Overhead, danach folgen weitere 87 Byte Informationen (Byte 94 bis 180). Byte 181 bis 183 bestehen ebenfalls im wesentlichen aus Section Overhead, danach folgen 87 Byte Informationen (Byte 184 bis 270).

Die ersten drei Reihen, die empfangen werden, setzen sich aus neun Byte Section Overhead, drei Byte Path Overhead und 238 Byte Nutzdaten zusammen. Es folgen Byte 271 bis 273 als Line Overhead und 87 Byte Informationen (Byte 274 bis 360). Diese Übertragungsweise setzt sich fort, bis der Rahmen komplett übertragen ist.

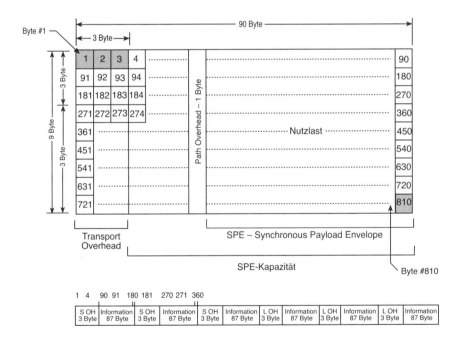

Abbildung 4.7. Darstellung des SONET-STS-1-Rahmens in traditionellem Format.

Das Rahmenformat besteht nach jedem 90sten Byte aus drei Byte Overhead (entweder Section oder Line Overhead). Deshalb ist der Overhead über den gesamten Rahmen verteilt.

Theoretische Grundlagen

Der zweite Punkt, der unbedingt beachtet werden sollte, ist, daß jede Einrichtung in einem SONET-Pfad die Overhead-Byte dazu benutzt, ihren Teil der SONET-Einrichtung zu überwachen.

Abbildung 4.8 zeigt, wie die Basisrate von 51,84 Mbit/s ermittelt wird. Jeder Rahmen hat neun Reihen mit je 90 Byte, d.h. eine Gesamtlänge von 810 Byte. Jedes Byte hat 8 Bit. Jeder Rahmen ist also 6480 Bit lang (810 x 8 = 6480). SONET-Rahmen werden grundsätzlich 8000mal pro Sekunde übertragen. 6480 Bit pro Rahmen multipliziert mit 8000 Rahmen pro Sekunde ergibt eine Bitrate von 51.840.000 Bit pro Sekunde.

Der SONET-Rahmen beinhaltet Overhead-Information, zum Beispiel Administrations- und Wartungsinformationen, sowie die Nutzlast. Für Overhead-Informationen innerhalb eines Rahmens werden 4 Byte pro Reihe (3 Byte für Section Overhead plus 1 Byte pro Reihe für Path Overhead) benötigt. Insgesamt hat ein Rahmen 9 Byte für Section Overhead (3 Byte pro Reihe, 3 Reihen), 18 Byte für Line Overhead (3 Byte pro Reihe, 6 Reihen) und 9 Byte für Path Overhead (1 Byte pro Reihe, 9 Reihen).

Der Nutzlast-Anteil des Rahmens beträgt somit 86 Byte pro Reihe multipliziert mit 9 Reihen, d.h. 744 Byte. Somit hat eine STS-1-Verbindung einen Datendurchsatz von 49.536.000 Bit pro Sekunde (744 Bytes pro Rahmen x 8 Bit x 800 Rahmen pro Sekunde).

Ungewöhnlich beim SONET-Rahmen ist auch, daß die Nutzlast nicht sofort nach den ersten drei Byte Section Overhead beginnt. Die Nutzlast kann sich innerhalb des SONET-Rahmens hin und her bewegen. Sie muß allerdings nach dem ersten Byte des Path Overheads im Rahmen beginnen.

Die SONET-Einrichtungen veranlassen dies, indem sie einen Pointer an einer bekannten und fest vorgegebenen Stelle innerhalb des Rahmen-Overheads (Byte 271 und 272) setzen. Die Datennutzlast des Rahmens folgt auf das erste Byte des Path Overheads.

Die variable Plazierung der Nutzlast stellt kein Problem für die SONET-Einrichtungen dar, da der Pointer jeweils die exakte Stelle des ersten Byte des Path Overheads und somit die genaue Plazierung der Nutzlast angibt.

ATM-Bitübertragungsschicht

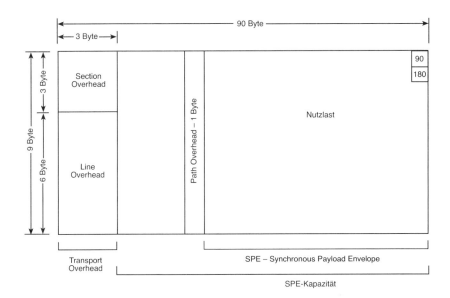

Abbildung 4.8. Kalkulation der Übertragungsgeschwindigkeit und der Nutzlast einer SONET-STS-1-Verbindung.

Der Section und Line Overhead befinden sich immer an der gleichen Stelle des SONET-Rahmens, d.h. es ist kein Pointer notwendig. Nur für den Path-Teil des Rahmen-Overheads wird ein Pointer benötigt, da er keine feste Stelle hat.

Daß sich der Path-Overhead nicht an einer festen Stelle im Rahmen befindet, scheint auf den ersten Blick ungewöhnlich zu sein. Der Vorteil ist, daß dadurch Unterschiede im Takt und in der Synchronisation der SONET-Einrichtungen berücksichtigt werden können. Denn obwohl die SONET-Einrichtungen alle den gleichen Nominaltakt haben, herrschen trotzdem kleine Abweichungen. Diese müssen durch die Synchronisation ausgeglichen werden.

Eine Synchronisation wird aus folgenden Gründen benötigt:

- ◆ Der Takt der SONET-Knoten kann nicht immer genau aufeinander abgestimmt sein. Diese Instabilität erfordert, daß die Einrichtung die Nutzlast den Taktabweichungen anpaßt.

Theoretische Grundlagen

- Der Takt kann bei Ankunft des SONET-Rahmens „wandern". Der SONET-Rahmen ist sehr groß. Die SONET-Einrichtung sychronisiert auf Basis der Justier-Byte im Rahmen am Beginn des Section Overheads.
- Ein Ende der SONET-Verbindung kann die Fähigkeit verlieren, den eigenen Takt mit der Einrichtung am anderen Ende zu synchronisieren, d.h. das System läuft „frei", was zum Beispiel für lokale Netze typisch sein kann, die den Takt von den öffentlichen Netzen nicht übernehmen.

Die Variation des Path Overheads wird durch sogenannte Stopfbits nach vorne bzw. nach hinten verschoben (positives/negatives Stopfen).

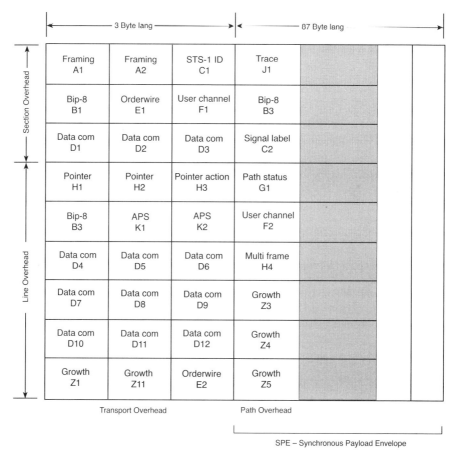

Abbildung 4.9. Overhead-Struktur des SONET-STS-1-Rahmens.

Der Path Overhead Pointer kann einen Wert zwischen 0 und 52 haben. Der Path Overhead Offset im Rahmen wird vom Pointer selbst angezeigt. Der Path Overhead muß in der Reihe beginnen, die den Pointer enthält.

Die maximal mögliche Bewegungsbreite für den Overhead Pointer ist im Bellcore-Dokument TA-NWT-000253, „Synchronous Optical Network Transport Systems, Common Generic Criteria", spezifiziert. Dort ist festgelegt, daß sich der Path Overhead im schlechtesten Fall mit maximal einem Byte alle vier Rahmen bewegen kann.

Abbildung 4.9 zeigt das Format des SONET-Rahmen-Overheads im Detail. Es gibt die Position des Section und Line Overhead an. Der Section und Line Overhead eines STS-1-Rahmens beträgt 3 Byte pro Reihe. Der Section Overhead befindet sich in den ersten 3 Byte der ersten 3 Reihen. Der Line Overhead befindet sich in den ersten 3 Byte der letzten sechs Reihen. Deshalb benötigt der Section Overhead in einem STS-Rahmen 9 Byte und der Line Overhead 18 Byte. Der Path Overhead beträgt 1 Byte pro Reihe, d.h. 9 Byte Path Overhead pro Rahmen. Der gesamte Overhead pro Rahmen liegt zwischen 36 und 810 Byte, d.h. bei 4 %.

Im folgenden wird die Bedeutung der einzelnen Byte des Path Overheads erklärt.

Section Overhead

A1, A2   Rahmen-Byte = F6, 28 hex. Sie dienen der Synchronisation am Beginn des Rahmens.

C1   STS-1 ID, identifiziert die STS-1-Zahl (1 bis N) für jede STS-1-Einheit innerhalb einer STS-N-Einheit.

B1   Im B1-Byte wird eine Prüfsumme (Bit Interleaved Parity: BIP-8) über alle Bit des vorhergegangenen STS-N-Rahmens übertragen.

E1   64 kbit/s PCM-Kanal oder optional 64 kbit/s Sprachkanal, der zwischen Abschlußsystemen, Konzentratoren und Remote-Terminal eines Verbindungsabschnittes benutzt wird.

F1   64 kbit/s Kanal, der Benutzerzwecken vorbehalten ist.

D1-D3   192 kbit/s Datenkanal für die Übertragung von Alarmen, Steuerungs- und Administrationsinformationen zwischen den Verbindungsabschnitten.

Line Overhead

H1-H3	Pointer-Bytes für Rahmenjustierung und Frequenzeinstellung der Nutzlastdaten.
B2	Im B2-Byte wird eine Prüfsumme (Bit Interleaved Parity: BIP-24) über alle Bit des vorhergegangenen STS-N-Rahmens übertragen.
K1, K2	2 Byte für die Signalisierung zwischen Vermittlungseinrichtungen. Werden als bitorientiertes Protokoll für die Fehlererkennung und für Managementaufgaben auf optischen SONET-Verbindungen benutzt; steuern Ersatzschaltungen.
D4-D12	576-kbit/s-Kommunikationskanal für Netzmanagementinformationen wie Alarme, Unterhaltung, Steuerung, Beobachtung und Administration auf Verbindungsebene.
Z1, Z2	Für zukünftige Benutzung reserviert.
E2	64-kbit/s-PCM-Sprachkanal für Multiplexsystem.

Path Overhead

J1	64-kbit/s-Kanal für die kontinuierliche Aussendung eines 64 Byte langen Datenworts. Anhand dieser Meldung kann eine Empfangseinrichtung kontinuierlich prüfen, ob die Verbindung betriebsbereit ist. Der Inhalt der Meldung ist benutzerprogrammierbar.
B3	Im B3-Byte wird eine Prüfsumme (Bit Interleaved Parity: BIP-8) über alle Bit des vorhergehenden Rahmenteils (bestehend aus Nutzlast- und Path Overhead-Anteil) kalkuliert.
C2	STS Path Signal Label, um STS-Leer-Signale von Verbindungsdaten zu unterscheiden.
G1	Statusbit, das von der Abschlußeinrichtung des Path zur Ausgangseinrichtung geschickt wird, um Path-Fehler und Statusinformationen über die Abschlußeinrichtung zu melden.
F2	64-kbit/s-Kanal für Netzbetreiber.
H4	Indikator für Rahmen, die länger als ein STS-Rahmen sind. Sie werden benutzt, wenn Kanäle mit geringerer Geschwindigkeit in einen SPE gepackt werden.
Z3-Z5	Für zukünftige Benutzung reserviert.

ATM-Bitübertragungsschicht

Die Bedeutung der Byte entspricht der SONET-Definition der Telekommunikationsgesellschaften. Private SONET-Netze benötigen nicht alle beschriebenen Rahmeninformationen. Beispielsweise kann auf das in Reihe 2/ Byte 2 stehende Orderwire Byte verzichtet werden, das in öffentlichen Netzen zur Sprachübertragung innerhalb von Einrichtungen der Netzbetreiber genutzt werden kann.

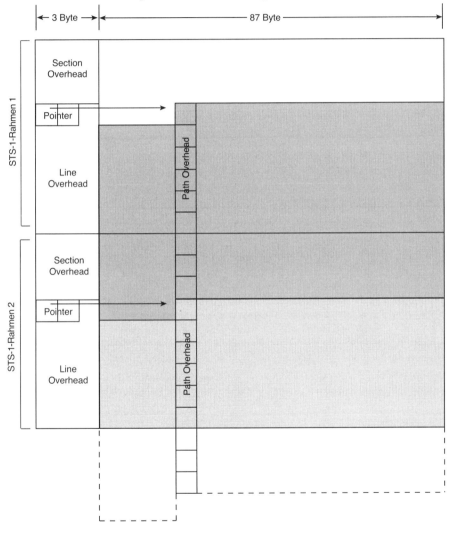

Abbildung 4.10. Nutzlast in einem SONET-STS-1-Rahmen.

Theoretische Grundlagen

Private SONET-Netze benötigen Byte A1, A2, C1 und B1 innerhalb des Section Overhead sowie H1, H2, B2, K2 und Z2 innerhalb des Line Overhead. Alle anderen Byte können vernachlässigt werden.

Die Nutzlast beginnt unmittelbar nach dem Path Overhead. Die Stelle, an der sich der Path Overhead im Rahmen befindet, und damit auch die Stelle, an der die Nutzlast positioniert ist, kann wechseln; was allerdings kein Problem darstellt, da der SONET Frame Header die Position anzeigt.

Wie bereits gesagt, hat die Nutzlast eine feste Länge von 774 Byte. Sie muß komplett gefüllt werden. Da die Größe vorgegeben ist, muß, wenn sie aufgebraucht ist, der nächste Rahmen benutzt werden. Dies ist in SONET-Netzen möglich, da die SONET-Einrichtungen

- ♦ erkennen, daß die Nutzlast innerhalb eines Rahmens einen Offset besitzt.
- ♦ die genaue Größe des Offsets kennen.
- ♦ die exakte Länge der Nutzlast, die durch den Standard vorgegeben ist, kennen.
- ♦ die Länge des SONET-Rahmens kennen.
- ♦ wissen, daß der nächste Rahmen unmittelbar nach dem letzten Rahmen endet.
- ♦ den nächsten Rahmen untersuchen und anhand der Synchronisierung (Pointer) die Nutzlast vom ersten Rahmen erkennen können.

Abbildung 4.11 zeigt die Position der Nutzlast innerhalb des Rahmens sowie eine „Nutzlastreihe" innerhalb des gesamten Nutzlastbereichs.

Der Nutzlastteil des Rahmens beträgt 86 Byte pro Reihe (Section, Line und Path Overhead benötigen 4 Byte pro Reihe). Ist der Nutzlastteil einer Reihe gefüllt, gehen die 86 Byte Nutzlast in die nächste Reihe über. Der waagerechte Pfeil im ersten Rahmen markiert den Offset der 86 Byte langen Nutzlast. Bevor die überlaufende Nutzlast in der nächsten Reihe fortgesetzt werden kann, müssen die Overhead-Byte dieser Reihe eingefügt und übertragen werden.

Das Einfügen der Line Overhead-Bytes in den Rahmen führt nicht zu einer Datenunterbrechung, da die SONET-Einrichtungen die Overhead-Bytes erwarten und sie entfernen.

ATM-Bitübertragungsschicht

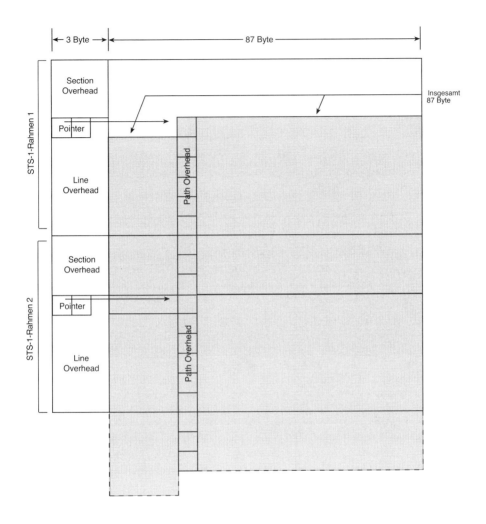

Abbildung 4.11. Plazierung der Nutzlast in einem SONET-STS-1-Rahmen.

Abbildung 4.12 zeigt den Inhalt des Nutzlastteils eines SONET-Rahmens. Die Nutzlast eines SONET-Rahmens in einem ATM-Netz besteht aus ATM-Zellen.

Theoretische Grundlagen

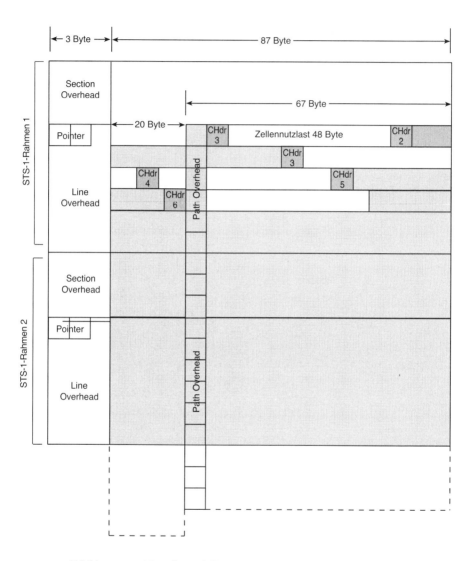

Abbildung 4.12. Mit Zellen gefüllte Nutzlast eines SONET-STS-1-Rahmens.

Der dunkle Anteil des Rahmens repäsentiert die Nutzlast. Die Zellen sind 53 Byte, die Nutzlastreihe 86 Byte lang. Da die Länge von 86 Byte nicht exakt durch 53 teilbar ist, können die Zellen die Reihen überlappen. Aus demselben Grund können sich die Zellen im Nutzlastteil des nächsten Rahmens fortsetzen.

ATM-Bitübertragungsschicht

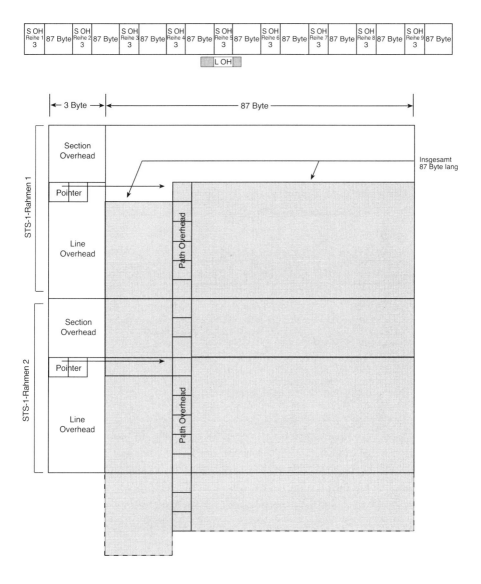

Abbildung 4.13. Plazierung der Nutzlast in einem SONET-STS-1-Rahmen in herkömmlicher linearer Darstellung.

Theoretische Grundlagen

STS-3c-Hierarchieebene

Der STS-3c-Rahmen wurde für ATM-Netze spezifiziert. Er wird aus dem STS-1-Rahmen abgeleitet, d.h. er ist dreimal so groß wie der STS-1-Rahmen. Abbildung 4.14 zeigt die Struktur eines STS-3c-Rahmens.

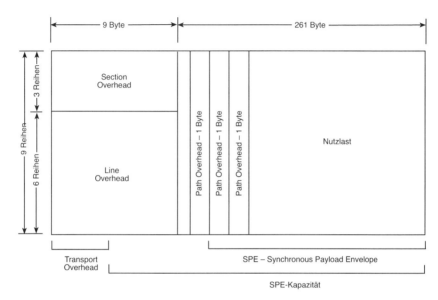

Abbildung 4.14. Struktur des SONET-STS-3c-Rahmens.

Jeder Rahmen hat jetzt statt max. 90 Bytes (STS-1-Rahmen) 270 Byte pro Reihe (das Dreifache der STS-1-Länge). Auch der STS-3c-Rahmen hat 9 Reihen, allerdings mit 270 Byte pro Reihe, wodurch sich eine Gesamtlänge von 2430 Byte ergibt. Allen SONET-Rahmen gemeinsam ist die Übertragungsrate auf dem Netz, d.h. jeder SONET-Rahmen wird unabhängig von seiner Größe 8000mal pro Sekunde übertragen. Ist der Rahmen dreimal so groß wie der STS-1-Basisrahmen und ist die Übertragungsrate 8000 Rahmen pro Sekunde, beträgt die Leitungsgeschwindigkeit das Dreifache, d.h. 155,52 Mbit/s.

Der Section und Line Overhead pro Reihe ist jetzt 9 Byte groß. Die Path-Overhead-Elemente sind drei Bytes groß und werden innerhalb der Nutzlast-Einheit SPE dargestellt. Das Vorhandensein der drei Path-Overhead-Elemente ermöglicht die Segmentierung des SPE in drei verschiedene Nutzlast-Bereiche. Für ATM ist dies allerdings nicht notwendig, da nur ein einziger Nutzlastbereich für die Zellenplazierung benötigt wird. Deshalb werden zwei der drei Path-Elemente nicht benötigt. Dadurch vergrößert sich die Nutzlast pro Rahmen (18 Byte).

Der Grund für die Entwicklung des STS-1-Rahmens mit 49.536.000 Informationsbit pro Sekunde ist die Übertragung einer DS-3-Verbindung in einem STS-1-Rahmen. Die STS-3-Stufe hat zum Ziel, drei verschiedene DS-3-Verbindungen über die gleiche SONET-Verbindung zu übertragen. Hierfür werden drei unterschiedliche Nutzlastbereiche benötigt.

Das „c" in der Abkürzung STS-3c steht für „concatenated" (verkettet), weil mehrere Nutzlastbereiche zu einem Nutzlastbereich verkettet werden.

Der STS-3c-Rahmen ist für die Benutzung in ATM-Netzen spezifiziert.

STS-3c-Rahmenstruktur

Der STS-1-Rahmen ist nicht Teil der ATM-Spezifikation. Dieser Rahmen ist nur wichtig, weil er die Basiseinheit für alle SONET/SDH-Netze bildet. Dagegen ist die STS-3c-Schnittstelle eine der physikalischen Schnittstellen, die bisher für ATM spezifiziert wurden. Die STS-3c- oder OC-3c-Schnittstelle arbeitet mit 155,52 Mbit/s. Sie ist sowohl für Lichtwellenleiter- als auch für Kupferkabel spezifiziert.

Der STS-3c Transmission Convergence Sublayer stellt folgende Funktionen bereit:

- Zell-Scrambling und -Descrambling,
- Synchronisierung auf Zellenanfang (Cell Delineation),
- Formatierung des SONET-Rahmens,
- Pointer-Verarbeitung,
- Path Overhead-Verarbeitung,
- Empfang des SONET-Rahmens.

Abbildung 4.14 zeigt das STS-3c-Rahmenformat. Es basiert auf der Struktur des STS-1-Rahmens. Der STS-3c-Rahmen setzt sich aus neun Reihen mit 270 Byte zusammen. Für Section, Line und Path Overhead wird das gleiche Format benutzt. Mit 9 Byte pro Reihe ist der Section und Line Overhead jeweils um das Dreifache länger als bei einem STS-1-Rahmen.

Der Hauptunterschied zwischen der STS-3c- und der STS-1-Rahmenstruktur ist, daß im STS-3c-Rahmen der Path Overhead nicht wie der Section und Line Overhead erweitert wird.

Theoretische Grundlagen

Section und Line Overhead benötigen 9 Byte pro Reihe. Der Path Overhead benötigt ein zusätzliches Byte pro Reihe, so daß für die Nutzlast insgesamt 260 Byte pro Reihe verbleiben.

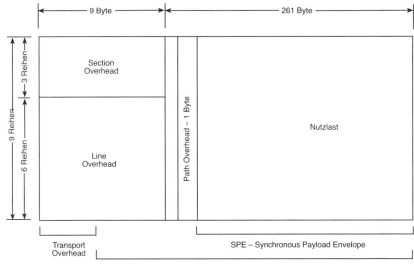

Übertragungsrate
270 Byte x 9 Byte = 2340 Byte pro Rahmen
2430 Byte pro Rahmen x 8 Bit = 19440 Bit pro Rahmen
8000 Rahmen pro Sekunde x 19440 Bit = 155.520,00 Bit pro Sekunde

SPE-Nutzlast
260 Byte x 9 Byte = 2340 Byte pro Rahmen
2340 Byte pro Rahmen x 8 Bit = 18720 Bit pro Rahmen
8000 Rahmen pro Sekunde x 18720 Bit = 149.760,00 Bit pro Sekunde

Abbildung 4.15. Kalkulation der Übertragungsgeschwindigkeit und der Nutzlast bei einem SONET-STS-3c-Rahmen.

Abbildung 4.15 stellt dar, wie die Übertragungsrate von 155,52 Mbit/s ermittelt wird. Jeder Rahmen besteht aus neun Reihen mit 270 Byte mit jeweils einer Gesamtlänge von 2430 Byte. Jedes Byte besteht aus 8 Bit, d.h. der Rahmen ist 19.440 Bit lang (2430 x 8 = 19.440). Jeder SONET-Rahmen wird 8000mal pro Sekunde übertragen, so daß sich eine Übertragungsrate von 155.520.000 Bit pro Sekunde (19.440 x 8000) ergibt.

Die Nutzlast pro Reihe beträgt 260 Byte. Die gesamte Nutzlast ergibt sich aus 9 Reihen mit je 260 Byte, d.h. 2340 Byte pro Rahmen. Jeder Rahmen umfaßt 18.720 Bit Nutzlast-Information, bei 8000 Rahmen pro Sekunde ergibt sich eine Gesamtkapazität von 149.760.000 Bit pro Sekunde.

Die Zellrate der SONET-STS-3c-Schnittstelle wird berechnet aus

- ♦ der Zellgröße von 53 Byte oder 424 Bit pro Zelle,
- ♦ der SONET-Nutzlastrate von 149.760.000 bit/s, d.h. die Zellenrate entspricht 149.760.000/424 = 353.207,547 pro Sekunde.

Abbildung 4.16 zeigt den Nutzlastteil des STS-3c-Rahmens. Er wird wie die Nutzlast des STS-1-Rahmens behandelt. Die Nutzlast im STS-3c-Rahmen ist unmittelbar nach dem Path Overhead plaziert. Der Path Overhead ist mit einem Pointer gekennzeichnet.

Abbildung 4.16 zeigt die Plazierung der Zellen im Nutzlastteil des Rahmens. Der Zelleninhalt variiert je nach Anwendung, d.h. die Zelle kann Sprache, Daten oder Videoinformationen enthalten. Die Nutzlast kann aus Zellen mit unterschiedlichem Inhalt und unterschiedlicher Reihenfolge bestehen.

Die Nutzlast in einem SONET-ST-3c-Rahmen beträgt 2340 Byte, jede Zelle hat eine Größe von 53 Byte, so daß ein Rahmen 44,15 Zellen aufnehmen kann. Zellen, die im Rahmen nicht mehr in gesamter Länge Platz haben, werden im nächsten Rahmen fortgesetzt.

Abbildung 4.18 zeigt die Übertragungsreihenfolge eines SONET-Rahmens. Zuerst wird die gesamte erste Reihe übertragen, dann die gesamte zweite Reihe usw., bis alle neun Reihen des Rahmens übertragen sind. Nach Beendigung des ersten Rahmens folgt sofort der nächste, d.h. es gibt keine Lücke zwischen zwei Rahmen (Interframe Gap).

Theoretische Grundlagen

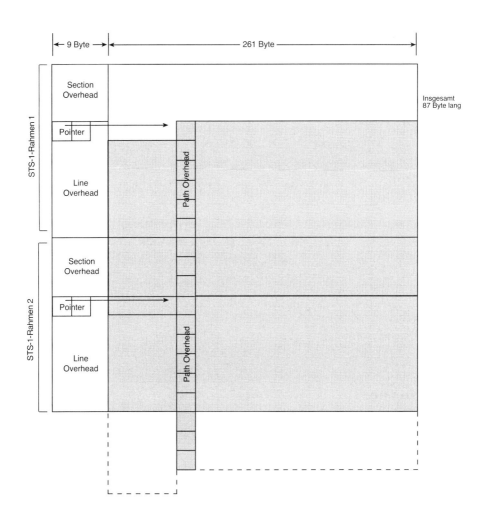

Abbildung 4.16. Plazierung der Nutzlast im SONET-STS-3c-Rahmen.

ATM-Bitübertragungsschicht

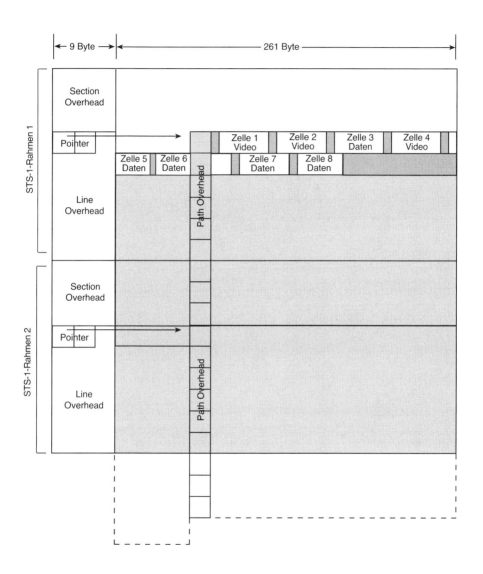

Abbildung 4.17. Zellenplazierung im SONET-STS-3c-Rahmen.

Theoretische Grundlagen

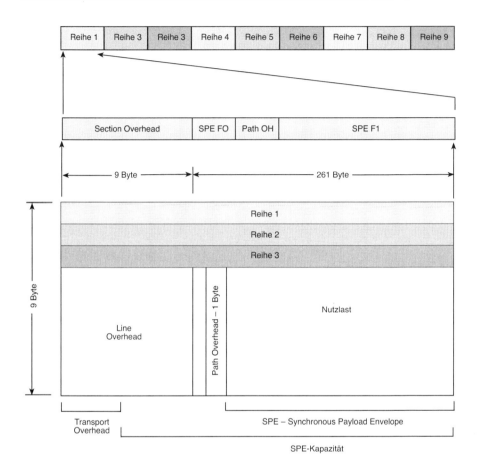

Abbildung 4.18. Übertragung eines SONET-STS-3c-Rahmens.

Zudem sorgt der Transmission Convergence Sublayer für die Cell Delineation (Zelldarstellung), d.h. nur vollständige Zellen mit korrektem Zellkopf werden an die ATM-Schicht geleitet. In der SONET-Nutzlast können etwas über 44 Zellen enthalten sein. Mit jedem ankommenden Rahmen synchronisiert sich der Transmission Convergence Sublayer anhand des Alignment Byte mit dem Rahmen. Der Transmission Convergence Sublayer muß in der Lage sein, die Zellen innerhalb der Nutzlast zu erkennen, sobald er den gesamten Rahmen erhält. Er bleibt mit dem Rahmen synchronisiert, solange der Rahmen am Empfänger eingeht.

Cell Delination erfolgt in drei Varianten und stellt sicher, daß nur vollständige Zellen, d.h. Zellen vom ersten Bit des ersten Byte bis zum letzten Bit des letzten Byte, an die ATM-Schicht übergeben werden. Die drei Varianten werden „hunt state", „presync state" und „sync state" genannt. Der Sync-Status ist die übliche Art der Cell Delineation. Dabei werden nur vollständige Zellen der ATM-Schicht übergeben. Erreichen Zellen den SONET Transmission Convergence Sublayer, wird das Cell Header Error Control- (HEC-) Byte überprüft. Nach erfolgter positiver Prüfung, wird die Zelle an die ATM-Schicht weitergegeben.

Die wesentlichen Unterschiede zwischen SONET und SDH

Im folgenden werden die wesentlichen Unterschiede zwischen SONET und SDH kurz zusammengefaßt:

Bei SONET beginnt die Hierarchieebene bei der Grundbitrate von 51,84 Mbit/s.

Die SONET-Übertragungshierarchie benutzt zur Übertragung sogenannte Synchronous Transport Signals (STS), auch Übertragungsrahmen oder Übertragungseinheiten genannt. Die STS-Signalisierung wird in Nordamerika auch Optical Carrier Signaling (OC) genannt, da für die Übertragung in der Regel Lichtwellenleiter verwendet werden.

Die „Verpackungseinheit" heißt bei SONET VT-n (Virtual Tributary). Dabei gibt n die Bitrate an, zum Beispiel VT-1,5 für 1,544 Mbit/s.

Beim Multiplexen von STS-1 auf STS-3 ergeben sich bei gleicher Rahmenstruktur unterschiedliche Pointer-Funktionen H1, H2 und H3, während bei SDH ein Pointer einen VC-4 kennzeichnet, auch wenn dort mehrere VC-3 untergebracht sind.

Die Basisrate bei SDH entspricht dem STS-3c-Rahmenformat und einer Übertragungsgeschwindigkeit von 155,52 Mbit/s. Die Basiseinheit wird Synchronous Transport Module (STM) genannt. Die STS-Basisrate von 51,84 Mbit/s gibt es in SDH nicht.

Die unterschiedlichen SDH-Geschwindigkeitsstufen ergeben sich durch Multiplikation mit dem Basis-Transportmodul, d.h. einem STS-3c-Rahmen. Die STM-Basiseinheit, die das Pendant zur STS-Basiseinheit ist, ermittelt sich durch Dividieren der STS/OC-Rate durch 3. STM-1 ist das Äquivalent zu STS-3c oder OC-3c. STM-4 ist das Äquivalent von STS-12c oder OC-12c.

Theoretische Grundlagen

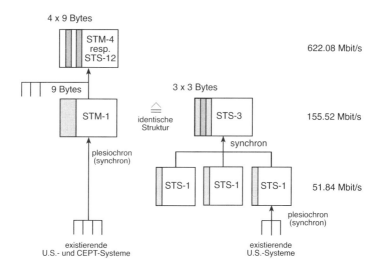

Abbildung 4.19. Hauptunterschiede zwischen den beiden Übertragungsstrukturen SONET und SDH.

Die folgende Tabelle zeigt die STS- und STM-Übertragungsgeschwindigkeiten im Vergleich.

Signalstufe	Übertragungsrate (Mbit/s)	SDH-Stufe
STS-1/OC-1	51,84	–
STS-3/OC-3	155,52	STM-1
STS-12/OC-12	622,08	STM-4
STS-24/OC-24	1244,16	STM-8
STS-48/OC-48	2488,32	STM-16

Tabelle 4.2. STS/OC- und SDH-Signalstufen und Geschwindigkeiten.

SDH-Rahmen der höheren Multiplexstufe entstehen durch zyklische Byte-Schachtelung hierarchisch niederer Rahmen. Der Datentransport erfolgt durch Einschachtelung hierarchisch ineinander passender Virtueller Container (VC) unterschiedlicher Größe und Struktur in das Nutzlastfeld des Transportmoduls. Jeder VC besteht wiederum aus einem Nutzlast-Container (bei SONET Synchronous Payload Envelope genannt) und einem Pfad-Overhead. Werden andere Dateneinheiten als ATM-Zellen transportiert, können diese Container in hierarchischen Schritten fort-

ATM-Bitübertragungsschicht

gesetzt werden. Beim ATM-Transport ist nur eine einzige Containergröße vorgesehen. Jeder Virtuelle Container hat auch seinen festzugeordneten Pfad-Overhead.

Derzeit sind für die Übertragung von ATM-Zellen STM-1 und STM-4 geregelt. Weitere Stufen sind zu erwarten. Als virtueller Basis-Container ist VC-4 definiert, bestehend aus dem Pfad Overhead und dem Nutzlast-Container C-4.

Abbildung 4.20 zeigt die Struktur von STM-1 für die ATM-Übertragung; die Inhalte der einzelnen Steuerinformationen zur Multiplex-Bildung, Rahmenprüfsummen und die entsprechenden Zeiger.

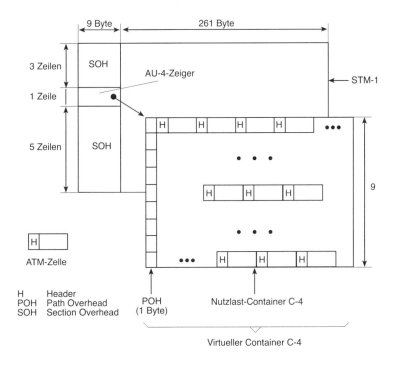

Abbildung 4.20. Übertragung von ATM-Zellen mit STM-1.

Theoretische Grundlagen

DS-3-Schnittstelle

Da ATM auch über das bestehende Telekommunikationsnetz übertragen werden muß, werden neben den SONET/SDH-Schnittstellen, die derzeit noch nicht weit verbreitet sind, auch die in heutigen Netzen üblichen Schnittstellen, zum Beispiel DS-1, DS-3, zur ATM-Übertragung im Weitverkehrsnetz benutzt.

Die DS-1- und die DS-3-Schnittstelle entsprechen der T-1- und T-3-Schnittstelle. Die Abkürzung DS-n steht für Digitalsignal-n, T wird von T-Carrier abgeleitet. Die DS-n-Schnittstelle entspricht in Europa den E-n-Schnittstellen, auf die später näher eingegangen wird.

Der DS-1-Dienst stellt eine Übertragungsgeschwindigkeit von 1,544 Mbit/s, der DS-3-Dienst von 44,736 Mbit/s bereit. Höhere Übertragungsgeschwindigkeiten werden nur von der SONET/SDH-Übertragungshierarchie bereitgestellt. Da diese noch nicht weit verbreitet ist (die meisten SONET/SDH-WAN-Infrastrukturen befinden sich noch in der Testphase), ist DS-3 die im Weitverkehrsnetz heute höchstmögliche Geschwindigkeit.

Das Physical Line Convergence Protocol in ATM-Netzen kann über eine DS-3-Schnittstelle durch Anpassung der DS-3-Rahmen (Line Framing) benutzt werden. Die Informationen werden über eine DS-3-Verbindung als Folge von DS-3-Rahmen nacheinander übertragen. Das Prinzip entspricht der SONET-Technik.

Ein DS-3-Standardrahmen besteht aus DS-3-Unterrahmen. Die ATM-Zellen werden in den Informationsfeldern der Subrahmen innerhalb eines DS-3-Rahmens plaziert.

Abbildung 4.21 zeigt die Basisstruktur des DS-3-Rahmens. Jeder Subrahmen besteht aus acht 85-Bitfeldern, d.h. jeder Subrahmen hat eine Gesamtlänge von 680 Bit. Das erste Bit eines 85 Bit langen Feldes ist das Overhead-Bit. Es wird für Administrations- und Managementinformationen einer DS-3-Verbindung benutzt. Die verbleibenden 84 Bit jedes Feldes sind für die Informationsübertragung reserviert.

Jeder DS-3-Rahmen besteht aus sieben Unterrahmen. Die Overhead-Bits jedes 85-Bit-Feldes der sieben Unterrahmen ermöglichen die Fehlerbeobachtung auf einer DS-3-Verbindung. Die sieben Unterrahmen beinhalten Overhead-Informationen in fest vorgegebener Reihenfolge und nach einem fest vorgegebenen Format. Deshalb können DS-3-Einrichtungen unterschiedlicher Telekommunikationsunternehmen den DS-3-Dienst übertragen.

ATM-Bitübertragungsschicht

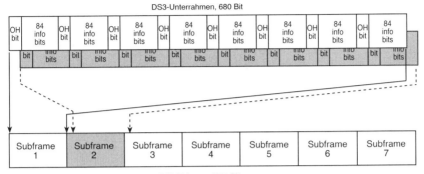

Abbildung 4.21. Struktur des DS-3-Standardrahmens.

Die ATM-Schnittstelle nutzt die beschriebene Rahmenstruktur. Allerdings muß die Informationsfolge in jedem Informationsbereich der DS-3-Unterrahmen dem folgenden Format entsprechen.

ATM-Einrichtungen, die das DS-3-Verbindungsprotokoll auf der Bitübertragungsschicht benutzen, übertragen Informationen in Gruppen von 12 Zellen. Die Information wird in dreiphasige Zyklen formatiert, die jeweils aus drei Gruppen mit 12 Zellen bestehen. Jede Gruppe mit 12 Zellen enthält einen Trailer. Die Zeit, die zur Übertragung aller drei Phasenzyklen (36 Zellen) benötigt wird, beträgt 375 Mikrosekunden. Jede Phase benötigt fast (aber nicht ganz genau) 125 Mikrosekunden zur Übertragung. Der Trailer dient der Auffüllung des Übertragungsintervalls auf volle 125 Mikrosekunden.

Jede Zelle der 12-Zellengruppe hat vier zusätzliche Byte für DS-3-Verbindungs-Overhead, der hinzugefügt wird, um die Gesamtanzahl von Bytes pro Zelle, d.h. 57 Byte, zu erreichen. Die Zellgröße von 57 Byte gibt es nur auf DS-3-Verbindungen. Die 4 Byte Overhead werden den Zellen vor der Übergabe auf das physikalische Medium angehängt. Sie werden vom DS-3-Port, der die Zellen empfängt, wieder entfernt, bevor dieser die Zellen an die ATM-Schichten weitergibt.

DS-3-Einrichtungen müssen die Verbindungen auf Fehler hin überwachen. Fehler, die auf der Verbindung bemerkt werden, müssen erkannt und gemeldet werden. Die Information zur Fehlererkennung und -behebung wird in einem DS-3-Rahmen mit übertragen.

Theoretische Grundlagen

Abbildung 4.22 zeigt die Gruppierung aus 12 Zellen. Jede Zelle ist 57 Byte lang. Der 53 Byte langen ATM-Zelle wird ein DS-3-Header mit 4 Byte hinzugefügt.

Der 4 Byte große DS-3-Zellkopf ermöglicht es, daß die physikalische DS-3-Schnittstelle den ATM-Teil der Zelle (den 53 Byte-Anteil) fehlerfrei erkennen und darstellen kann.

PLCP framing		Path OH Indicator	Path OH	PLPC payload	
A1	A2	P11	Z6	ATM cell – 1	
A1	A2	P10	Z5	ATM cell – 2	
A1	A2	P9	Z4	ATM cell – 3	
A1	A2	P8	Z3	ATM cell – 4	
A1	A2	P7	Z2	ATM cell – 5	
A1	A2	P6	Z1	ATM cell – 6	
A1	A2	P5	X	ATM cell – 7	
A1	A2	P4	B1	ATM cell – 8	
A1	A2	P3	G1	ATM cell – 9	
A1	A2	P2	X	ATM cell – 10	
A1	A2	P1	X	ATM cell – 11	
A1	A2	P0	C1	ATM cell – 12	Trailer
1 byte	1 byte	1 byte	1 byte	53 bytes	13 - 14 Half-bytes

Bit-8 calculation

X nicht zugeordnet, vom Empfänger ignoriert

Abbildung 4.22. ATM-Zellstruktur an einer DS-3-Schnittstelle.

ATM-Bitübertragungsschicht

Der 4 Byte umfassende DS-3-Overhead besteht aus 2 Alignment-Bytes und 2 Bytes für Path Overhead. Die Alignment-Bytes geben den Beginn der Zelle an. Die Path Overhead-Bytes werden zur Fehleranzeige auf der Verbindung benutzt.

Abbildung 4.23 zeigt die Plazierung der ATM-Zelle im DS-3-Verbindungsprotokoll.

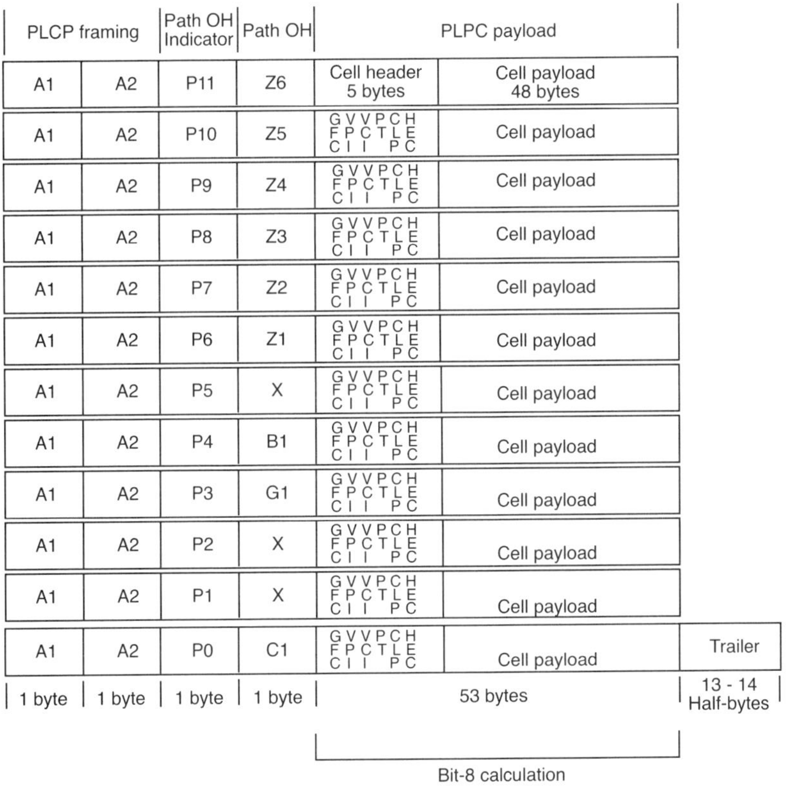

PLCP framing		Path OH Indicator	Path OH	PLPC payload		
A1	A2	P11	Z6	Cell header 5 bytes	Cell payload 48 bytes	
A1	A2	P10	Z5	G V V P C H F P C T L E C I I P C	Cell payload	
A1	A2	P9	Z4	G V V P C H F P C T L E C I I P C	Cell payload	
A1	A2	P8	Z3	G V V P C H F P C T L E C I I P C	Cell payload	
A1	A2	P7	Z2	G V V P C H F P C T L E C I I P C	Cell payload	
A1	A2	P6	Z1	G V V P C H F P C T L E C I I P C	Cell payload	
A1	A2	P5	X	G V V P C H F P C T L E C I I P C	Cell payload	
A1	A2	P4	B1	G V V P C H F P C T L E C I I P C	Cell payload	
A1	A2	P3	G1	G V V P C H F P C T L E C I I P C	Cell payload	
A1	A2	P2	X	G V V P C H F P C T L E C I I P C	Cell payload	
A1	A2	P1	X	G V V P C H F P C T L E C I I P C	Cell payload	
A1	A2	P0	C1	G V V P C H F P C T L E C I I P C	Cell payload	Trailer
1 byte	1 byte	1 byte	1 byte	53 bytes		13 - 14 Half-bytes

Bit-8 calculation

X nicht zugeordnet, vom Empfänger ignoriert

Abbildung 4.23. Übertragung des ATM-Zellenformats über die DS-3-Schnittstelle.

Theoretische Grundlagen

Abbildung 4.24 zeigt die Plazierung der 12 ATM-Zellgruppen im DS-3-Verbindungsprotokoll. Das DS-3-Verbindungsprotokoll benutzt Overhead-Bits für die Beobachtung, die Anzeige und das Management von DS-3-Verbindungseinrichtungen. Die ATM-Zellen werden im Nutzlastteil des DS-3-Rahmenformats plaziert.

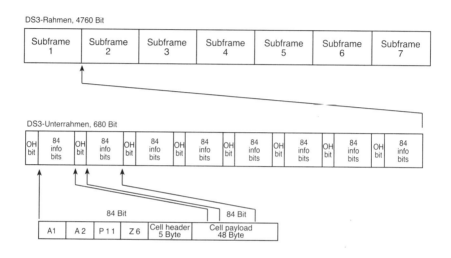

Abbildung 4.24. Plazierung der ATM-Zelle im DS-3-Rahmen.

E3-Schnittstelle

Die plesiochrone digitale Hierarchie (PDH) beschreibt die verschiedenen Bitraten der heute u.a. in Europa vorhandenen Netze. Die Bitraten sind in der ITU-Empfehlung G.702, die physikalischen und elektrischen Eigenschaften in G.703 festgelegt.

Für die E1-Grundbitrate von 2,048 Mbit/s sind Zeitmultiplexstrukturen von jeweils 64 kbit/s festgelegt. Im Gegensatz zur SDH-Technik muß bei PDH bei jedem Multiplex- bzw. Demultiplexvorgang die gesamte Multiplexhierarchie durchlaufen werden. Ein E1-Signal kann also nicht direkt in ein E4-Signal gewandelt werden. Übertragungsrahmen sind in höheren Hierarchiestufen nicht durch Pointer wie bei der SDH-Technik gekennzeichnet.

Vier E1-Kanäle werden zu einem E2-Kanal mit 8,448 Mbit/s und vier E2-Kanäle zu einem E3-Kanal mit 34,368 Mbit/s gemultiplext.

Ein E3-Übertragungsrahmen ist nach ITU G.751 1536 Bit lang und besteht aus 4 Unterrahmen mit jeweils 384 Bits. Die ersten Bit der ersten Zeile dienen der Rahmenidentifikation, der Alarmmeldung an die Gegenstelle und als Reserve. In den nächsten beiden Unterrahmen sind jeweils am Anfang vier Bit zur Frequenzanpassung zwischen E2-Kanälen und der E3-Trägerfrequenz sowie Stopfbits enthalten.

Die Summe der gesamten Bandbreite muß somit immer etwas geringer sein als die Bandbreite der E3-Schnittstelle.

Die Kodierung des gesamten Bitstromes erfolgt im HDB3-Code (High Density Bipolar 3); als physikalisches Übertragungsmedium ist die 75-Ohm-Koaxialleitung festgelegt.

ATM-Zellen können nach folgenden drei Methoden über die E3-Schnittstelle übertragen werden: Zellenanpassung auf den E3-Übertragungsrahmen, direkte Zellenübertragung und Übertragung mittels eines E3-PLCP-Rahmens.

ATM-Anpassung im E3-Rahmenformat

Die hier beschriebene Anpassung ist in G.832 definiert. Ein Rahmen besteht aus 537 Byte, von denen sieben für verschiedene Overhead-Funktionen benutzt werden. Dadurch lassen sich innerhalb der 530 Nutzdatenbyte die ATM-Zellen direkt übertragen (10 Zellen). Die Anpassung an die Nutzdatenrate von 33.920 Mbit/s erfolgt durch Einfügen von Idle-Zellen. Die 48 Datenbyte werden vor der Übertragung verschlüsselt. Somit ergibt sich eine Nutzdatenbandbreite für ATM-Zellen von 30.720 Mbit/s, was einer Effizienz von 89,3% entspricht.

PLCP-Zellenanpassung für E3-Schnittstellen

Bei der PLCP-Zellenanpassung gilt die Beschreibung entsprechend G.751. Dabei werden die ersten 3 Byte zur Rahmensynchronisation genutzt, erst ab dem dritten Byte können E3-PLCP-Rahmen angefügt werden. Dies wird wiederum bytesynchron durchgeführt. Der PLCP-Rahmen besteht aus Zellen, die wiederum mit je vier Overhead-Bytes erweitert werden. Weitere 18 bis 20 Stopf-Bytes schließen den Rahmen ab. Ein E3-PLCP-Rahmen benötigt somit drei E3-Rahmen nach G.751, die jeweils aus 1536 Bit bestehen.

Zwei Rahmenbyte am Anfang kennzeichnen den Zeilenanfang; außerdem ist ein Prüfbyte (BIP-8) mit der Prüfsumme des vorhergehenden PLCP-Rahmens und einem weiteren Byte mit dem Status enthalten. Die Belegung der einzelnen Bit entspricht der in DS-1, E-1 und DS-2.

Die Nutzbandbreite für die ATM-Übertragung mit PLCP-Anpassung beträgt 27,36 Mbit/s mit einer Effizienz von 79,4 %.

Direkte Zellenübertragung über E3-Schnittstellen

Beim direkten Zellenübertragungsverfahren werden die ATM-Zellen ohne zusätzlichen Übertragungsrahmen mit einer Bitrate von 34,368 bzw. 139,264 Mbit/s erzeugt. Die Nutzdaten werden dabei verschlüsselt und die Overhead-Informationen in speziellen Zellen, den Overhead And Maintenance-Zellen (OAM), übertragen.

4B/5B-Schnittstelle

Die 4B/5B-Schnittstelle wird heute in erster Linie für LAN-Verkehr über ATM benutzt. Sie stellt 100 Mbit/s Übertragungsgeschwindigkeit bereit.

Die in ATM-Netzen benutzte physikalische 4B/5B-Schnittstelle arbeitet ähnlich wie die FDDI-Schnittstelle. Die Datenrate beträgt 100 Mbit/s, die aufgrund der 4B/5B-Kodierung mögliche Signalisierungsrate 125 Mbit/s.

Im Unterschied zu DS-3 oder SONET benötigt die 4B/5B-Schnittstelle kein Rahmenprotokoll über die Verbindung. Die 4B/5B-Schnittstelle ist rein zellbasierend. Die Zellen werden nicht wie bei den anderen Schnittstellen gruppiert, sondern nur mit einem Startbit versehen und einzeln übertragen.

Die Rahmenstruktur von SONET/SDH setzt die Übertragung von Rahmen in bestimmten, spezifizierten Intervallen voraus. Gibt es keine Zellen mit Nutzerdaten, die in Rahmen verpackt werden müssen, werden die Rahmen mit Leerzellen aufgefüllt. Die 4B/5B-Schnittstelle überträgt nur dann Zellen, wenn Zellen mit Benutzerdaten für die Übertragung zur Verfügung stehen.

Die Bezeichnung 4B/5B resultiert aus dem Verfahren, wie Daten vor der Übertragung über die Verbindung vorverarbeitet werden.

ATM-Bitübertragungsschicht

Jedes Informationsbyte, das über die 4B/5B-Schnittstelle übertragen werden muß, wird wie zwei separate, 4 Bit große Kode-Gruppen behandelt. Jede der 4-Bit-Kode-Gruppen wird dann in eine 5-Bit-Kode-Gruppe konvertiert und über die Leitung übertragen. Die Empfangseinrichtung auf der Gegenseite konvertiert die 5-Bit-Kode-Gruppen wieder zurück in 4-Bit-Gruppen. Aus diesen wird das ursprüngliche Informationsbyte wiederhergestellt. Die 4-Bit-/5-Bit-Konvertierung ermöglicht es der Empfangseinrichtung, ihre Taktfrequenz mit derjenigen der Sendeeinrichtung zu synchronisieren. Die Taktsynchronisation ist die Voraussetzung dafür, daß die Zielstation die Zellen fehlerfrei empfängt.

Indem jede 4-Bit-Gruppe in eine 5-Bit-Gruppe konvertiert wird, entsteht Overhead. Jedes fünfte übertragene Bit ist Overhead, so daß es zu einem Overhead-Anteil von 20 % (1 von 5 Bit) kommt. Die Signalisierungsrate der Schnittstelle beträgt 125 Mbit/s, so daß nach Berücksichtigung des Overheads die eigentliche Datenrate 100 Mbit/s beträgt. Die Signalisierungsrate von 125 Mbit/s berücksichtigt Daten und Overhead-Bits.

Die 5-Bit-Einheiten werden Symbole genannt. Alle Informationen werden vor der Übertragung zu Datensymbolen konvertiert. Zusätzlich gibt es Symbole für Steuerinformationen. Tabelle 4.3 definiert die Steuersymbole.

Symbole	Bedeutung
JK	Idle
II	Reserviert
TT	Start der Zellen
TS	Reserviert
IH	Nicht empfohlen
TR	Reserviert
SR	Reserviert
SS	Unbenutzt
HH	Nicht empfohlen
HI	Nicht empfohlen
HQ	Nicht empfohlen
RR	Unbenutzt
RS	Reserviert
QH	Nicht empfohlen
QI	Nicht empfohlen
QQ	Signalverlust
D1-D16	Datensymbole

Tabelle 4.3. Transmission Convergence Sublayer für ATM.

Theoretische Grundlagen

Bemerkung: Symbole mit der Bedeutung „reserviert" sind für zukünftige Definitionen vorgesehen. Erkennt ein Empfänger ein Reserviert-, Nicht empfohlen- oder Unbenutzt-Symbol, löst er keine weitere Aktion aus.

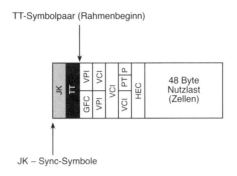

Abbildung 4.25. Struktur der ATM-Zelle an der 4B/5B-Schnittstelle.

Sowohl SONET/SDH als auch DS3 benötigen eine Rahmenstruktur, um Zellen zwischen Geräten zu übertragen. Die physikalischen Verbindungsprotokolle übertragen Rahmen, auch wenn Datenzellen vorhanden sind. Stehen keine Zellen mit Daten zur Übertragung an, gibt die ATM-Schicht leere Zellen an den Transmission Convergence Sublayer weiter. Die SONET/SDH-Rahmen müssen 8000mal pro Sekunde gesendet werden, unabhängig davon, ob Daten zur Übertragung anstehen oder nicht. Wird die Verbindung zwischen zwei Endpunkten nicht für die Übertragung von Benutzerdaten benutzt, werden Rahmen übertragen, die nur aus Leerzellen bestehen.

Die 4B/5B-Schnittstelle benutzt keine Rahmenstruktur. Sie baut ausschließlich auf dem Prinzip auf, daß jede Zelle mit zwei T-Symbolen auf die Verbindung geschickt wird. Zwei T-Symbole kennzeichnen den Start einer Zelle. Dies deshalb, weil ein T-Symbol sich nie im Zellkopf oder in der Nutzlast befinden kann und auch nicht Teil der 16 Datensymbole ist. Deshalb weiß eine Einrichtung, daß das T-Symbol kein Datenelement, sondern der Beginn der Zelle ist. Der Start der Zelle muß immer durch zwei aufeinanderfolgende T-Symbole gekennzeichnet sein. Ein T-Symbol reicht nicht aus.

Ein Empfänger, der die 10-Bit-Sequenz erkennt, die durch zwei hintereinanderfolgende T-Symbole entsteht, beginnt, die Datenbits des ersten Bit nach der 10-Bit-Sequenz zu zählen. Das erste Bit nach dem Start der Zelle (d.h. das elfte Bit der

ATM-Bitübertragungsschicht

Sequenz) ist das erste Bit des ersten Datensymbols. Auf diese Weise geht kein Bit der Datensequenz verloren. Wird ein Bit trotzdem nicht erkannt bzw. geht es verloren, ist das gleichbedeutend mit dem Verlust eines Datensymbols.

Die Symbole J und K sind zusätzliche Steuersymbole. Sie werden zur Taktaufrechterhaltung benutzt, wenn keine Daten übertragen werden. Die Symbole erzeugen eine Signalsequenz, aus der die Empfangseinrichtung ihren Empfangstakt erzeugt.

Abbildung 4.26 zeigt mehrere Zellen, die an einer 4B/5B-Schnittstelle ankommen. Zwischen den Zellen gibt es eine Lücke, in der Abbildung durch J- und K-Symbole dargestellt. Das JK-Symbolpaar stellt sicher, daß der Empfangstakt zwischen zwei Zellen synchronisiert wird. Jeder Zelle sind zwei T-Symbole vorangestellt, die der Empfangseinrichtung anzeigen, daß nun Zellen folgen.

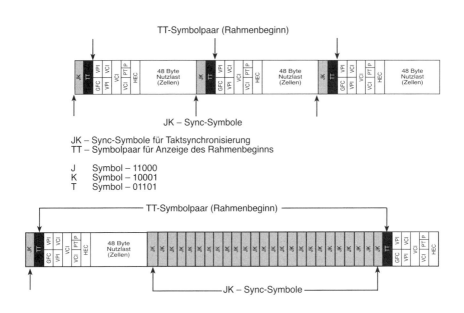

Abbildung 4.26. ATM-Format an einer 4B/5B-Schnittstelle.

Theoretische Grundlagen

8B/10B-Schnittstelle

Auch die 8B/10B-Schnittstelle wird im LAN-ATM-Bereich eingesetzt, wenngleich sie inzwischen an Bedeutung verloren hat. Sie stellt 155,52 Mbit/s zur Verfügung und entspricht also in der Datenrate der SONET STS-3c-Schnittstelle.

In Teilaspekten ist sie der 4B/5B-Schnittstelle ähnlich. Beispielsweise konvertiert sie die 8-Bit-Bytes direkt in 10-Bit-Symbole. Die 10-Bit-Symbole werden aus den gleichen Gründen wie die 5-Bit-Gruppen der 4B/5B-Schnittstelle benötigt.

Auch ist die Bruttoübertragungsrate wie bei der 4B/5B-Schnittstelle größer als die eigentliche Datenübertragungsrate. Bei der 8B/10B-Schnittstelle beträgt die Bruttoübertragungsrate 194,40 Mbit/s, die Datenrate 155,52 Mbit/s.

Im Unterschied zu 4B/5B benutzt die 8B/10B-Schnittstelle aber eine Rahmenstruktur zur Übertragung. Der Rahmen besteht aus 27 Zellgruppen, die nacheinander übertragen werden. Aufgrund der 27 Zellblöcke spricht man von der 8B/10B-Schnittstelle auch als „blockorientierter" Schnittstelle.

Abbildung 4.27 zeigt den Beginn des Zellblocks aus 27 Zellen. Jeder Zellblock aus 27 Zellen beginnt mit einer Overhead-Zelle. Sie wird Physical Layer Operations, Administration and Maintenance Cell (PLOAM) genannt.

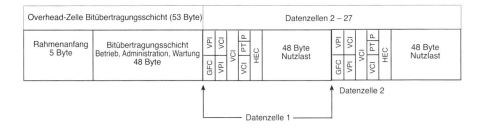

Abbildung 4.27. ATM-Zellstruktur an der 8B/10B-Schnittstelle.

Die erste Overhead-Zelle wird für die Rahmensynchronisation und für die Aufrechterhaltung der Verbindung benötigt. Sie wird vom Convergence Sublayer generiert.

ATM-Bitübertragungsschicht

Abbildung 4.28 zeigt die 53 Byte lange PLOAM-Zelle. Sie synchronisiert die Rahmen auf der Empfängerseite und zeigt den Beginn des 27-Zellen-Rahmens an. Danach folgen 26 Zellen mit Benutzerdaten. Auf einen Rahmen folgt sofort der nächste Block aus 27 Zellen, dem wiederum eine eigene PLOAM-Zelle vorangestellt ist.

Die Rahmen werden kontinuierlich übertragen. Stehen keine Datenzellen zur Übertragung an, werden Leerzellen übertragen. Was die Rahmenfunktionen anbelangt, arbeitet die 8B/10B-Schnittstelle ähnlich wie die SONET- und DS-3-Schnittstelle.

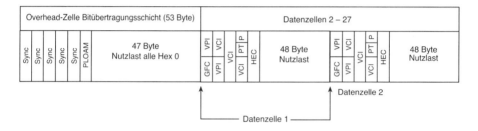

Abbildung 4.28. PLOAM-Zelle.

Die ersten 5 Byte der PLOAM-Zelle werden zur Synchronisation des 27 Zellen langen Rahmens benötigt. An der Stelle, an der bei den oben genannten Schnittstellen Standardinformationen im Zellkopf stehen, zum Beispiel VPI/VCI, befinden sich bei der 8B/10B-Zellstruktur die Synchronisierungssymbole.

Abbildung 4.28 zeigt einen Detailaufriß der PLOAM-Zelle. Die Synchronisierungssymbole weisen den Empfänger auf die folgende Gruppe aus 27 Datenzellen hin. Es ist entscheidend, daß der Empfänger die ersten fünf Synchronisierungssymbole der PLOAM-Zelle erkennt. Die Synchronisierungssymbole stellen eine spezifische 10-Bit-Kode-Gruppe dar, die kein einziges Datenbyte enthält.

Drei Symbole sind Steuersymbole, die für die Synchronisierung an der 8B/10B-Schnittstelle benutzt werden. Sie werden nur an der Schnittstelle benutzt und nicht über das Netz übertragen. Auch die PLOAM-Zelle wird nur zwischen zwei benachbarten 8B/10B-Schnittstellen und nicht im Netz übertragen.

Die ersten 4 Bytes der PLOAM-Zelle sind mit Synchronisierungssymbolen kodiert. Sie sind nötig, um den Takt des Empfängers zu synchronisieren und die Ankunft der 27-Zellen-Gruppe anzuzeigen. Das fünfte Symbol ist das „sync 2 symbol", ein weiteres Synchronisierungssymbol, das benutzt wird, um die PLOAM-Zelle (die erste Zelle) und damit die folgenden 26 Datenzellen exakt darzustellen.

Der Empfänger prüft, ob die ersten vier Sync Characters ihn erreichen, und synchronisiert den Takt. Die Ankunft des Sync 2-Symbols zeigt an, daß mit dem nächsten Bit (nach dem Sync 2-Symbol) die Zählung des ersten Bit des 10-Bit-Datensymbols beginnen soll. Das erste Datensymbol ist das erste Symbol des Nutzlastteils der Overhead-Zelle.

Das erste Byte der PLOAM-Nutzlastzelle wird zur Anzeige von Fehlern auf der 8B/10B-Verbindung benutzt. Die restlichen 47 Byte der PLOAM-Zelle sollten auf den Hexadezimalwert 0 gesetzt sein.

Die Nutzlast befindet sich in den 26 Benutzerzellen jedes Rahmens (Blocks). Die 8B/10B-Schnittstelle überträgt diesen Rahmen kontinuierlich. Deshalb kann die Kapazität einer ATM-Schnittstelle kalkuliert werden, indem das Verhältnis 26/27 (26 Benutzerzellen für jede 27-Zell-Gruppe) mit der Datenrate von 155.520.000 Bit pro Sekunde multipliziert wird. Das Ergebnis ist eine Kapazität von 149.760.000 Bit pro Sekunde, die derjenigen der SONET STS-3c-Schnittstelle entspricht.

V ATM-Schicht

Die ATM-Schicht stellt Nutzern und Anwendungen die benötigten Transportdienste zur Verfügung. Die Anwendungen können Protokollfunktionen der höheren Schichten wie Daten-, Video- und Sprachprotokolle sein.

Allgemeine Charakteristika

Der Basisdienst, den die ATM-Schicht bereitstellt, ist der Informationstransfer zwischen den Nutzern und dem ATM-Netz durch Aufbau von virtuellen Verbindungen zwischen den Endpunkten des ATM-Netzes.

Der Verbindungsaufbau erfolgt nach bestimmten Parametern, die die Charakteristika der Verbindung, z. B. benötigte Datenrate, akzeptierbare Verzögerung usw., spezifizieren. Virtuelle Verbindungen können über die vorher beschriebenen physikalischen Medien und Schnittstellen aufgebaut werden.

Ein ATM-Netz besteht aus zwei generellen Systemtypen: Endpunkt- und Durchgangssystemen. Die Systeme in den Endpunkten sind Endgeräte im Nutzerumfeld, wie Workstations und Netzserver. Die Durchgangssysteme sind ATM-Vermittlungsknoten. Alle Verbindungen werden zwischen zwei Endpunkten des Netzes aufgebaut. Die Durchgangssysteme dazwischen leiten die Informationen weiter.

Die Verbindungen können dauerhaft oder für eine gewisse Zeit aufgebaut werden. Dauerhaft eingerichtete Verbindungen, auch Festverbindungen genannt, werden manuell konfiguriert, indem die beiden Endpunkte miteinander verbunden werden. Auch die Deaktivierung der Verbindung muß manuell erfolgen. Festverbindungen werden Permanent Virtual Circuits (PVC) genannt. Ein Ausfall einer virtuellen Festverbindung aufgrund eines Netzfehlers wird in der Regel nicht durch automatische Umschaltung auf eine Alternativverbindung behoben.

Verbindungen, die dynamisch entsprechend den Anforderungen der Nutzer und Nutzerapplikationen auf- und abgebaut werden, nennt man Switched Virtual Circuits (SVC) oder virtuelle Wählverbindungen. Der Auf- und Abbau der SVC-Verbindungen erfolgt durch das Signalisierungsprotokoll. SVC-Verbindungen, die aufgrund eines Netzfehlers ausfallen, werden automatisch durch die Fehlerbehebungsprozedur des Netzes behoben.

Theoretische Grundlagen

Eine PVC- und SVC-Verbindung wird über eine virtuelle Kanalverbindung (Virtual Channel Connection/VCC) und eine virtuelle Pfadverbindung (Virtual Path Connection/VPC) aufgebaut. Jede virtuelle Kanal- und Pfadverbindung ist mit einer individuellen Kennzeichnung, Identifier genannt, versehen. Das Verbindungsmanagement erfolgt mit Hilfe dieser Virtual Path Identifier (VPI) und Virtual Channel Identifer (VCI).

ATM unterstützt Punkt-zu-Punkt-, Punkt-zu-Mehrpunkt- und Mehrpunkt-zu-Mehrpunkt-Verbindungen. Punkt-zu-Punkt-Verbindungen werden von einem Nutzer/einem Dienst zu einem zweiten Nutzer/Dienst aufgebaut. Punkt-zu-Mehrpunkt-Verbindungen werden von einem Nutzer, Root genannt, zu mehreren anderen Punkten im Netz, den sog. Leaves, aufgebaut. Informationen, die die Leaves aussenden, werden nur vom Root-Gerät empfangen. Mehrpunkt-zu-Mehrpunkt-Verbindungen werden zwischen Nutzergruppen aufgebaut. Jede Information, die innerhalb dieser Gruppe gesendet wird, kann von jedem Gruppenmitglied empfangen werden.

Das ATM-Netz unterstützt diese Verbindungstypen, indem es verschiedene Dienste für den Aufbau, den Erhalt und den Abbau der Verbindung bereitstellt.

Abbildung 5.1 zeigt die Funktionsschichten des ATM-Modells. Die Bitübertragungsschicht wurde bereits beschrieben. Dieses Kapitel beschäftigt sich mit der ATM-Schicht.

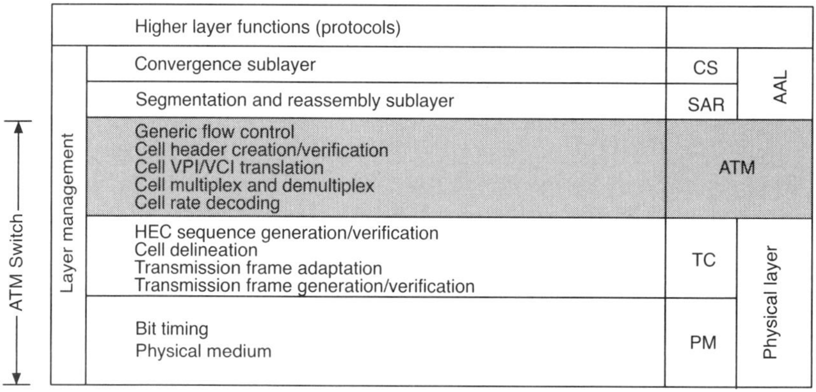

Higher layer functions (protocols)			
Convergence sublayer	CS	AAL
Segmentation and reassembly sublayer	SAR	
Generic flow control Cell header creation/verification Cell VPI/VCI translation Cell multiplex and demultiplex Cell rate decoding	ATM	
HEC sequence generation/verification Cell delineation Transmission frame adaptation Transmission frame generation/verification	TC	Physical layer
Bit timing Physical medium	PM	

Abbildung 5.1. Funktionsschichten des ATM-Modells.

ATM-Schicht

Die ATM-Schicht stellt folgende Funktionen bereit:
- Flußkontrolle
- Generierung des Zellkopfes
- Entfernung des Zellkopfes
- VPI- und VCI-Übersetzung
- Multiplexen der Zellen auf die physikalischen Schnittstellen
- Demultiplexen der Zellen von den physikalischen Schnittstellen
- Entkoppeln der Zellraten
- Überlastkontrolle des Netzes
- Zellverlust
- Traffic Shaping
- Traffic Policing
- Verbindungszuordnung und -entfernung

Flußkontrolle

Unter Flußkontrolle (Generic Flow Control) versteht man die Möglichkeit, die durch eine Endstation angeforderte Bandbreite zuzuordnen bzw. bei Bedarf einzuschränken, um sicherzustellen, daß das Netz nicht durch einige wenige Endgeräte (oder ein einziges Endgerät) überlastet wird.

Generierung des Zellkopfes

Die ATM-Schicht erstellt die eigentliche Zelle, indem sie den Zellkopf kreiert und ihn der Nutzlast hinzufügt. Erst danach sind die Voraussetzungen zum Transport der Zelle durch das ATM-Netz gegeben.

In Abbildung 5.2 ist die Grundstruktur einer Zelle mit dem 5 Byte großen Zellkopf und der 48 Byte großen Nutzlast dargestellt.

Abbildung 5.3 zeigt die einzelnen Felder des ATM-Zellkopfes in zwei Darstellungsweisen. Der Zellkopf wird seriell Bit für Bit übertragen, wie in der linearen Darstellungsform (unteres Bild) gezeigt.

Theoretische Grundlagen

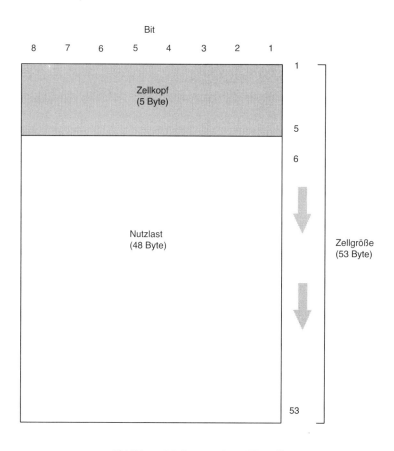

Abbildung 5.2. Format einer ATM-Zelle.

Die Darstellung zeigt das Format der ATM-Zelle an der Teilnehmer-Netz-Schnittstelle (UNI). Nur hier wird das Feld für die Flußsteuerung in der Zelle kodiert. Das Flußsteuerungsfeld wird nur zwischen dem Endgerät im Endpunkt des ATM-Netzes und dem ersten Vermittlungsknoten benötigt, d.h. es wird nicht durch das gesamte ATM-Netz hindurch bis zum gegenüberliegenden Endknoten in der Zelle mitgetragen.

ATM-Schicht

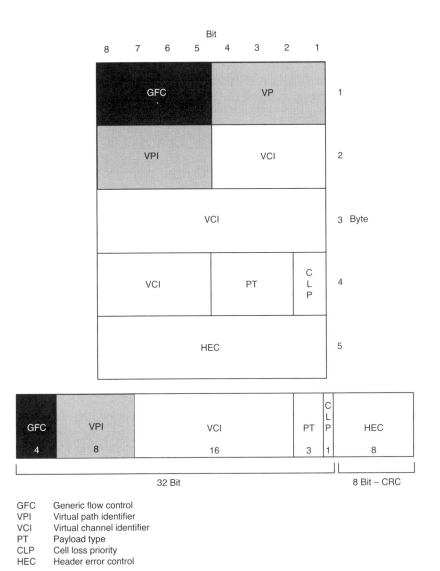

Abbildung 5.3. Format des ATM-Zellkopfes an der Teilnehmer-Netz-Schnittstelle (UNI).

Theoretische Grundlagen

Abbildung 5.4 stellt das ATM-Zellenformat an der Netz-Netz-Schnittstelle (NNI) dar. Der einzige Unterschied zwischen dem NNI- und UNI-Zellformat besteht in der Erweiterung des VPI-Feldes von 8 auf 12 Bit. Nur an der NNI-Schnittstelle wird ein 12-Bit-VPI-Feld benutzt.

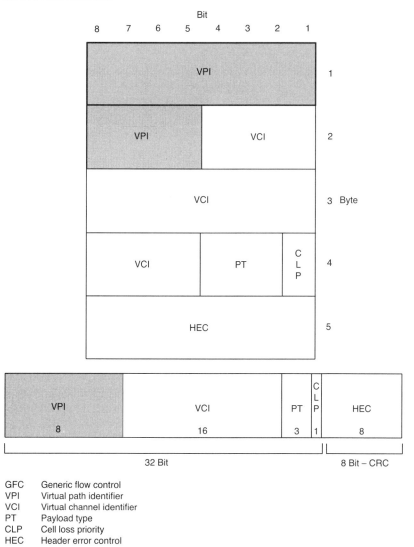

GFC	Generic flow control
VPI	Virtual path identifier
VCI	Virtual channel identifier
PT	Payload type
CLP	Cell loss priority
HEC	Header error control

Abbildung 5.4. Format des ATM-Zellkopfes an der Netz-Netz-Schnittstelle (NNI).

ATM-Schicht

Abbildung 5.5 zeigt das gesamte Zellformat aus Zellkopf und Nutzlast. Die ATM-Schicht leitet die ATM-Zelle aufgrund der Informationen im Zellkopf durch das Netz. Die Nutzlast erkennt die ATM-Schicht als 8 Byte-Gruppe aus 384 Eins- und Null-Bit. Innerhalb der Nutzlast gibt es keine Steuer- oder sonstige Information, die von der ATM-Schicht benötigt wird.

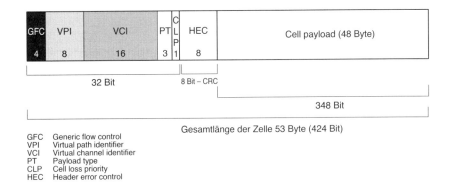

Abbildung 5.5. Format der ATM-Zelle an der Teilnehmer-Netz-Schnittstelle (UNI).

Im folgenden werden die wichtigsten Felder innerhalb eines Zellkopfes beschrieben.

Generic Flow Control

Das Generic Flow Control-Feld (GFC) wird für die Flußkontrolle zwischen einem Endpunkt und einem ATM-Vermittlungsknoten sowie für den Netzzugriff benötigt. Es ist nur an der UNI-Schnittstelle erlaubt und beansprucht die ersten 4 Bit des Zellkopfes.

Für eine ATM-Einrichtung gibt es zwei Möglichkeiten des Netzzugangs: gesteuert oder ungesteuert.

Gesteuerte Endeinrichtungen oder Systeme erhalten von der steuernden Einrichtung eine Art Sendeberechtigung. Dadurch wird die Zellenaussendung aller Verbindungen an diesem Anschluß begrenzt und damit der Verkehr zu einer bestimmten Vermittlungsstelle limitiert.

Theoretische Grundlagen

Ungesteuerte Endeinrichtungen setzen beim Netzzugang die 4 Bit des GFC-Feldes auf Null.

Eine Endeinrichtung, die zehn oder mehr „0000"-kodierte Zellen innerhalb 30.000 Zellzeiten (±10.000) erhält, informiert die Management-Einheit der ATM-Schicht.

Zellen auf Verbindungen zwischen ATM-Vermittlungsstellen beinhalten kein GFC-Feld. Dieses wird vom ATM-Vermittlungsknoten überschrieben und als Erweiterung für den VPI benutzt.

Virtual Path Identifier

Der Virtual Path Identifier (VPI) kennzeichnet eine virtuelle Pfadverbindung in einem ATM-Netz.

Das VPI-Feld ist an der UNI-Schnittstelle 8 Bit lang. Es wird an der NNI-Schnittstelle auf 12 Bit ausgedehnt, indem die ATM-Vermittlungsstelle das GFC-Feld überschreibt und den VPI auf 12 Bit erweitert.

Das 8 Bit lange VPI-Feld an der UNI unterstützt max. 256 virtuelle Pfade, das 12 Bit lange VPI-Feld an der NNI max. 4096 virtuelle Pfade pro mit einem anderen Vermittlungssystem verbundenen Port.

Laut Spezifikation des ATM-Forums beginnt das VPI-Feld mit Bit 5 von Oktett 2. Die VPI-Bit müssen zugewiesen sein, nicht zugeordnete VPI-Bit müssen auf „0" gesetzt werden.

Der VPI-Wert 0 ist reserviert. Alle virtuellen Kanäle von Pfad 0 sind Managementfunktionen vorbehalten.

Virtual Channel Identifier

Jeder virtuelle Kanal innerhalb eines ATM-Netzes ist mit einem eigenen Virtual Channel Identifier (VCI) gekennzeichnet.

Das VCI-Feld ist an der NNI- und UNI-Schnittstelle 16 Bit lang. Das 16 Bit lange VCI-Feld unterstützt pro Pfad einer ATM-Schnittstelle max. 65.536 Kanäle.

Die Gesamtanzahl von Kanälen pro Pfad beträgt 65.536, die von Pfaden 256, so daß eine Teilnehmer-Netz-Schnittstelle max. 16.777.216 Verbindungen unterstützt.

ATM-Schicht

Laut Spezifikation des ATM-Forums beginnt das VCI-Feld mit Bit 4 von Oktett 4. Die VCI-Bit müssen zugewiesen sein, nicht zugeordnete VCI-Bit müssen auf „0" gesetzt werden.

Die VCI-Werte 0-15 sind für die Management-Einheit der ATM-Schicht reserviert. Der VCI-Wert 16 ist für eine weitere Netzmanagementeinrichtung, Interim Local Management Entity genannt, reserviert, und die Werte 17-31 sind anderen Managementfunktionen vorbehalten. Diese Regelung gilt für jeden Pfad.

Die reservierten VCI-Werte sind den Managementfunktionen und -steuereinheiten zugeordnet und werden von diesen benutzt. Der erste virtuelle Kanal, der für Nutzerdaten zur Verfügung steht, ist der virtuelle Kanal 32, der mit dem virtuelle Pfad-Wert 1 oder höher beginnt.

Es gibt eine Anzahl von vordefinierten VPI/VCI-Werten, die in Tabelle 5.1 aufgeführt sind.

VPI	VCI	Bedeutung
0000 0000	0000 0000 0000 0000	Anzeige einer nicht-zuordbaren Zelle
0000 0000	0000 0000 0000 0001	Meta-Signalisierung (Default)
yyyy yyyy	0000 0000 0000 0001	Meta-Signalisierung
0000 0000	0000 0000 0000 0010	Genereller Broadcast (Default)
yyyy yyyy	0000 0000 0000 0010	Genereller Broadcast
aaaa aaaa	0000 0000 0000 0011	Management-Zelle, Segment (F4 flow)
aaaa aaaa	0000 0000 0000 0100	Management-Zelle, Ende-zu-Ende (F4 flow)
0000 0000	0000 0000 0000 0101	Punkt-zu-Punkt-Signalisierung (Default)
yyyy yyyy	0000 0000 0000 0101	Punkt-zu-Punkt-Signalisierung

y = entspricht jedem VPI-Wert außer „0".
a = Dieses Bit ist für die damit zusammenhängenden Funktionen der ATM-Schicht verfügbar.

Tabelle 5.1. Vordefinierte VPI/VCI-Werte.

Theoretische Grundlagen

Nutzlasttyp

Das Payload Type-Feld (PT) ist 3 Bit lang und zeigt an:

- ◆ eine Zelle, die aus Nutzerdaten oder Managementinformationen besteht.
- ◆ eine Null- oder Eins-Zelle
- ◆ die Überlastung des Netzes.

Das PT-Feld zeigt an, ob es sich um eine Zelle mit Nutzerinformationen handelt, oder um eine Zelle, die von einer ATM-Managementeinheit im Netz generiert wurde. Zellen mit Nutzerdaten müssen an eine Nutzerapplikation überreicht werden, Zellen mit Managementinformationen nicht.

Handelt es sich um eine Zelle mit Nutzerdaten, gibt die ATM-Schicht diese Zelle an die ATM-Adaptionsschicht (AAL) weiter. Man unterscheidet zwei Arten von Zellen, die Nutzerdaten enthalten: Typ-0- und Typ-1-Zellen. Die Unterscheidungen werden vom AAL der Quellstation benutzt, um dem AAL der Zielstation anzuzeigen, daß die angekommene Meldung vollständig ist.

Die Quell-AAL übergibt die Nutzlast der ATM-Schicht. Außerdem gibt sie an, ob die Nutzlast eine „fortlaufende Mitteilung" enthält, oder ob es sich um das „Ende einer Mitteilung" handelt.

Die AAL schließt eine „fortlaufende Mitteilung" ab, indem sie anzeigt, daß die Nutzlast eine Service Data Unit (SDU) mit Nutzerdaten vom Typ „0" ist. Das „Ende einer Mitteilung" wird angezeigt, indem im PT-Feld eine SDU vom Typ 1 gesetzt wird. Die Anzeige des Zelltyps wird im PT-Feld des Zellkopfes plaziert.

Gibt die Ziel-AAL die Nutzlast an die ATM-Schicht zurück, zeigt sie an, ob die Nutzlast „fortlaufend" ist, oder ob es sich um das „Ende einer Mitteilung" handelt.

Für Nutzlasten, die den „Beginn einer Mitteilung" enthalten, gibt es keinen speziellen Indikator. Eine Nutzlast, die unmittelbar auf eine Nutzlast mit einem Mitteilungsende folgt, enthält immer eine „fortlaufende Mitteilung".

Der AAL-Dienst der Klasse 5 funktioniert beispielsweise ausschließlich auf Basis dieses Verfahrens.

Das PT-Feld zeigt außerdem an, wenn das Netz überlastet ist. Eine Zelle, die Überlast im Netz auslöst, wird als „congested" gekennzeichnet. Dadurch wird der Empfangsstation mitgeteilt, daß der Pfad, den diese Zelle nimmt, überlastet ist. Die Empfangsstation kann daraufhin den Netzadministrator auf die Überlast aufmerksam machen. Die Überlasterkennung erfolgt ausschließlich durch die Empfangsstation. Empfangene Zellen werden als überlastet gekennzeichnet, aber nicht als überlastet markierte Zellen weitergeleitet.

Ein ATM-Vermittlungssystem, das eine Zelle erhält, die als Überlast-Zelle gekennzeichnet ist, verändert die Anzeige nicht, auch wenn die vom Vermittlungssystem abgehende Verbindung nicht überlastet ist.

Die Einrichtung im Endpunkt des ATM-Netzes, die eine oder mehrere als „congested" markierte Zellen erhält, weiß nicht, auf welcher Verbindungsstecke die Überlast aufgetreten ist.

Der Payload Indicator kann folgende Bedeutungen haben:

Wert	Bedeutung
000	Zelle mit Benutzerdaten, Überlast aufgetreten=falsch, SDU Typ=0
001	Zelle mit Benutzerdaten, Überlast aufgetreten=falsch, SDU Typ=1
010	Zelle mit Benutzerdaten, Überlast aufgetreten=wahr, SDU Typ=0
011	Zelle mit Benutzerdaten, Überlast aufgetreten=wahr, SDU Typ=1
100	Management-Zelle
101	Management-Zelle, Ende-zu-Ende
110	Für zukünftige Nutzung reserviert (Ressourcen-Management)
111	Für zukünftige Nutzung reserviert

Tabelle 5.2. Anzeige des Payload-Typs.

Cell Loss Priority

Der Cell Loss Priority-Wert (CLP) zeigt die Priorität einer Zelle an. Das CLP-Feld ist ein Bit lang.

Es gibt zwei Prioritäten: „0" für Zellen mit hoher und „1" für solche mit niederer Priorität. Generell werden alle Zellen als Zellen mit hoher Priorität übertragen. Zellen mit niederer Priorität müssen extra mit CLP=1 gekennzeichnet werden.

Ein ATM-Vermittlungssystem kann die Zellpriorität ändern, wenn die Parameter für den Verbindungsaufbau nicht eingehalten worden sind. Diesen Prozeß nennt man „Cell tagging". Dabei wird aus einer Zelle mit hoher Priorität eine Zelle mit niederer Priorität.

Im Falle einer Überlast wird eine Zelle mit niederer Priorität vom Vermittlungssystem vor allen anderen Zellen mit hoher Priorität weggeworfen.

Header Error Control

Das Header Error Control-Feld (HEC) ist eine 8-Bit-Kombination und dient dazu, Bitfehler im Zellkopf zu erkennen, d.h. die Fehlerfreiheit des Zellkopfes festzustellen. Einzelne Bitfehler können behoben, mehrere erkannt werden. Ob eine Erkennung oder Behebung erfolgt, hängt von der Bitübertragungsschicht ab.

Das HEC-Feld betrifft nicht die Nutzlast, sondern nur den Zellkopf, da sich der ATM-Teil des Netzes nicht für den Inhalt der Nutzlast interessiert. D.h. die Nutzlast wird nicht auf Bitfehler hin überprüft.

Der HEC-Wert wird an jedem Vermittlungsknoten neu errechnet. Dies ist notwendig, weil sich die Werte im Zellkopf ändern können.

Folgende Aktionen lösen eine HEC-Neukalkulation aus:

- ◆ Das GFC-Feld wird beim Passieren der Zelle durch die NNI überschrieben.
- ◆ Die VPI- und VCI-Felder werden in neue Werte übersetzt.
- ◆ Der Indikator für den Nutzlasttyp ist so gesetzt, daß er eine Überlast im Netz anzeigt.
- ◆ Das Cell Loss Priority-Feld ist, weil die Verbindungsparameter nicht mehr stimmten, so geändert worden, daß die Zelle zu einer Zelle mit niederer Priorität geworden ist.

Schnittstelle	Bitlänge an UNI	Bitlänge an NNI
Generic Flow Control	4	0
Virtual Path Identifier	8	12
Virtual Channel Identifier	16	16
Payload Type Indicator	3	3
Cell Loss Priority	1	1
Header Error Control	8	8
Gesamt	40 (5 Byte)	40 (5 Byte)

Tabelle 5.3. Struktur des Zellkopfes.

Entfernung des Zellkopfes

Die Empfangsstation entfernt den Zellkopf, bevor sie die Nutzlast an die höheren Schichten weiterreicht. Vor der Präsentation der Zellen-Nutzlast an die AAL-Einheit auf der Empfangsseite, gibt die ATM-Schicht bestimmte Informationen des Zellkopfes an die AAL weiter, z.B. Typ der Nutzerzelle, Priorität und Überlastanzeige.

Übersetzung des Zellkopfes

VPI und VCI haben nur lokale Bedeutung. Die Werte können beim Durchlaufen der Zelle durch das Netz wechseln. Ein Vermittlungsknoten muß die eingehenden VPI/VCI-Werte in ausgehende VPI/VCI-Werte übersetzen können. Wird der Zellkopf übersetzt, muß der HEC-Wert an jedem Vermittlungsknoten neu kalkuliert werden.

Multiplexen und Demultiplexen von Zellen

Die ATM-Schicht multiplext die Zellen von einer Vielzahl von Eingangsports auf genau einen Ausgangsport. Eine ATM-Einrichtung in einem Endpunkt des ATM-Netzes hat nur einen Port. Der gesamte Verkehr muß auf diesen einen Port gemultiplext werden.

Die ATM-Einheit des Vermittlungsknotens hat eine Vielzahl von Eingangs- und Ausgangsports. Zellen von mehreren Eingangsports, die über die gleiche Verbindung geschickt werden, müssen auf diesen Ausgangsport gemultiplext werden.

Zellen, die über eine Inter-Switch-Verbindung (NNI-Verbindung) geschickt werden, können für unterschiedliche Lokationen bestimmt sein. Die ATM-Einrichtung muß die Zellen, die am Eingangsport ankommen, demultiplexen und die Zellen daraufhin auf die verschiedenen Ausgangsports multiplexen.

Entkopplung der Zellenrate

Unter der Entkopplung der Zellenrate versteht man den Prozeß, bei dem die ATM-Schicht einen nicht kontinuierlichen Zellstrom von einem Nutzer erhält, diesen in einen kontinuierlichen Strom mit Nutzerdatenzellen und leeren Zellen wandelt und an die Bitübertragungsschicht weitergibt.

Eine OC-3C-SONET-Verbindung und eine 8B/10B-Verbindung transportieren 353.207,55 Zellen pro Sekunde, eine DS-3-Verbindung 96.000 Zellen pro Sekunde.

Theoretische Grundlagen

Genau genommen, muß die Verbindung mit Zellen komplett aufgefüllt sein. Hat eine ATM-Einheit nicht genug Datenzellen, um die Verbindung zu füllen, erzeugt die ATM-Schicht Leerzellen.

Die Erzeugung von Leerzellen variiert mit der Nutzerdatenrate und der Schnittstellengeschwindigkeit. Eine SONET/SDH-Schnittstelle hat eine wesentlich höhere Kapazität als eine DS-3/E-3-Schnittstelle. Deshalb werden zur Auffüllung einer unterbenutzten SONET/SDH-Verbindung weit mehr Zellen benötigt.

Eine ATM-Einrichtung mit einer 4B/5B-Schnittstelle muß keine Zellen auffüllen, da sie keine Rahmenübertragung benutzt, sondern die Zellen einzeln überträgt.

Überlastkontrolle

Es kann vorkommen, daß die Summe der Datenraten aller Eingänge größer als die aller Ausgänge ist. Tritt auf einer Verbindung mehr Verkehr auf, als sie aufgrund ihrer Kapazität weiterleiten kann, spricht man von Überlast (Congestion).

Zu Überlast kommt es in der Regel, wenn eine Verbindung ihre Maximalkapazität nahezu erreicht hat. Manche Vermittlungssysteme melden den Zustand einer Verbindung und zeigen an, wenn sie kurz davor ist, an ihre Kapazitätsgrenze zu stoßen.

Hat eine Verbindung ihre Auslastungsgrenze erreicht und kommt an dieser Verbindung eine weitere Zelle an, kann sie nicht weiterverarbeitet werden und wird weggeworfen.

Überlast kann Zellenverluste zur Folge haben. Wird die Gefahr der Überlast allerdings erkannt, bevor die Kapazitätsgrenze endgültig erreicht ist (z.B. bei 90 %), können Zellenverluste vermieden werden. Der Vermittlungsknoten wirft die Zelle nicht weg, sofern er ausreichend Kapazität hat. Sollen bei Überlast trotzdem Zellen weiterverarbeitet werden, kann dies durchgeführt werden. Allerdings wird der Zellkopf so modifiziert, daß angezeigt wird, daß eine Überlast aufgetreten ist.

Empfängt eine Einrichtung eine Zelle, bei der im Zellkopf das sog. Congestion Indication Bit gesetzt ist, weiß sie, daß im Netz Überlast aufgetreten ist, allerdings weiß sie nicht, auf welchem Verbindungsabschnitt die Überlast aufgetreten ist.

ATM-Schicht

Zellverlust

Zellen können in bestimmten Situationen „weggeworfen" (Cell Discarding) werden. Die folgenden Faktoren können zum Wegwerfen einer Zelle und damit zu Zellverlust führen:

- Ankunft einer Zelle an einer ATM-Einrichtung mit einem Fehler im Header Error Control-Feld. In diesem Fall ist die HEC-Überprüfung negativ, und die ATM-Einrichtung weiß, daß der Zellkopf fehlerhaft ist. Allerdings weiß sie nicht, ob der VPI/VCI-Wert korrekt ist. Die Zelle wird weggeworfen.
- Ankunft einer Zelle an einer Verbindung, die nicht aufgebaut ist. Eine Zelle erreicht eine ATM-Einrichtung mit den Werten VPI=2 und VCI=2039. Diese ATM-Einrichtung hat aber keine Verbindung mit dieser Wertekombination. Die Zelle wird weggeworfen.
  Jede Einrichtung zeigt die von ihr max. unterstützte Anzahl von VPI- und VCI-Bit an. Eine UNI stellt max. 256 virtuelle Pfade und 65.536 virtuelle Kanäle bereit. Manche Einrichtungen unterstützen aber auch eine geringere Anzahl von Pfaden und Kanälen. Angenommen eine Einrichtung zeigt an, daß sie 16 virtuelle Pfade und 1024 virtuelle Kanäle unterstützt, dann kann sie ankommende Zellen auch nur auf diesen zur Verfügung stehenden Pfaden und Kanälen weiterleiten. Ankommende Zellen mit anderen VCI/VPI-Kombinationen werden weggeworfen.
- Eine ankommende Zelle hat ein PT-Feld mit zwei Werten, die reserviert sind (z.B. 110 und 111). Alle Zellen mit reservierten Werten werden laut Spezifikation des ATM-Forums weggeworfen.
- Eine ankommende Zelle muß auf einer überlasteten Verbindung weitergeleitet werden. Es gibt keine Auffang- und nur eine begrenzte Speichermöglichkeit bzw. der Speicher ist belegt. Nach einer kurzen Zeit (Bruchteile von Sekunden) wird die Zelle weggeworfen.

Traffic Shaping

Unter Traffic Shaping versteht man den Prozeß, der sicherstellt, daß eine Einrichtung, die beim Verbindungsaufbau akzeptiert hat, daß sie nur bis zu einer bestimmten Grenze Informationen ins Netz aussenden darf, diese Grenze auch einhält.

Theoretische Grundlagen

Der Mechanismus wird von den Einrichtungen benutzt, um die für die Übertragung eines Zellstroms erforderlichen Charakteristika zu erzeugen. Das Prinzip des Traffic Shaping basiert auf der Anzahl der Zellen, die über einen virtuellen Kanal oder Pfad übertragen werden.

Veranlaßt eine Einrichtung einen Verbindungsaufbau durch das ATM-Netz, vereinbart sie bestimmte Parameter, die für die Übertragung notwendig sind, und gibt gleichzeitig sog. Maximalwerte an, die sie gerade noch akzeptiert. Hierzu gehören z.B. die maximal mögliche Übertragungsrate, die maximal mögliche Burstgröße und die maximal mögliche Verzögerung.

Die max. mögliche Rate, bei der eine Einrichtung eine Zelle auf das Netz schickt, nennt man Peak Cell Rate (PCR) oder Spitzendurchsatz. Er wird für jede einzelne Verbindung festgelegt.

Die Sustainable Cell Rate (SCR) beschreibt einen mittleren erreichbaren Durchsatz, den ein Endgerät zum Netz hin senden kann.

Auf diese Weise kann der Netzadministrator mit den Ressourcen effektiver arbeiten, und zwar auf der Basis eines Durchschnittswertes, der über eine gewisse Dauer von dieser Einrichtung erzeugt wird. Durch Orientierung an der durchschnittlichen Auslastung statt an der Spitzenauslastung können die Netzressourcen effizienter eingesetzt werden.

Traffic Shaping ist übertragungsorientiert. Der Prozeß geht davon aus, daß sich eine Einrichtung an die vereinbarte maximale Zahl von Zellaussendungen hält. Oder anders gesagt, eine Einrichtung ist selbst dafür verantwortlich, ihre Übertragungsspitzen auszugleichen, und damit die getroffene Vereinbarung einzuhalten.

Zu beachten ist, daß Traffic Shaping eine optionale Funktion ist, d.h. daß nicht alle Vermittlungssysteme, vor allem in privaten Netzen, diese implementiert haben und deshalb auch nicht nach dem oben beschriebenen Prinzip funktionieren.

Traffic Policing

Traffic Policing wurde für den Fall entwickelt, daß eine Einrichtung die Einhaltung ihrer vereinbarten Spitzenlast nicht selbst überwachen kann.

Traffic Policing ist empfangsorientiert. Eine Endeinrichtung, die akzeptiert hat, daß sie nur bis zu einem gewissen Maximalwert Verkehr aussendet, muß diese Vereinbarung nicht einhalten. Die Empfangseinrichtung, in diesem Fall der Vermittlungsknoten, kann auswählen, ob er die maximale Informationsrate, die er erhält, auch aktiv unterstützt.

Der Vermittlungsknoten überwacht die eingegangenen Vereinbarungen für Durchsatz und Spitzendurchsatz für jede einzelne VPI/VCI-Kombination, allerdings nicht unbedingt auf Port-Basis. Die Summe der maximalen Werte aller Verbindungen an einem Port stellt einen Anhaltspunkt für das Maximum pro Port dar.

Ein privates Vermittlungssystem muß nicht unbedingt Mechanismen für Traffic Policing implementiert haben. Anders dagegen eine öffentliche Vermittlungsstelle. Sie muß sicherstellen, daß sich eine Überlast im privaten Netz nicht im öffentlichen Netz fortsetzt.

Ein Vermittlungssystem, das Traffic Policing-Mechanismen implementiert hat, kann nach wie vor auch Verkehrsspitzen über den vereinbarten Maximalwerten weiterleiten, sofern es dafür freie Kapazität hat.

Das Vermittlungssystem kann ausgewählt werden, „Cell tagging" bereitzustellen. Werden Zellen übertragen, obwohl der vereinbarte Verkehrswert erreicht ist, kann die Cell Loss Priority Indication dieser Zelle auf einen niederen Wert gesetzt werden, d.h. die Zelle wird weggeworfen.

Bei Netzüberlast werden Zellen mit niederer Priorität zuerst weggeworfen. Je nach Schwere der Überlast werden alle oder nur eine Anzahl von Zellen mit niederer Priorität weggeworfen. Auch Zellen mit hoher Priorität können weggeworfen werden, wenn das Wegwerfen von Zellen mit niederer Priorität den Zustand der Überlast nicht beseitigt.

UNI-Signalisierung

Die Teilnehmer-Netz-Signalisierung stellt die für den Auf- und Abbau von Verbindungen notwendigen Prozeduren an der UNI-Schnittstelle zur Verfügung. Derzeit im Einsatz sind UNI 3.0 und 3.1; Version 4.0 ist in Bearbeitung.

UNI 3.0

UNI 3.0 ist eine Erweiterung der UNI-Spezifikation 2.0. Die wichtigste Ergänzung war die Definition von Verkehrskontrollen bei Verkehrsspitzen und die Gewährleistung des Betriebs über bestehende Übertragungssysteme. Dem AAL CS wurde eine Verkehrssteuerinformation, das Service-specific Connection-Oriented Protocol (SSCOP), hinzugefügt, was sich im Betrieb aber als wenig hilfreich erwies. Im Jahr 1993 modifizierte die ITU-T die bestehende Version des Q.93B-Signalisierungsprotokolls, und das ATM-Forum stimmte im Gegenzug die UNI 3.0 auf diese Spezifikation ab. So entstand UNI 3.1.

UNI 3.1

In UNI 3.1 wurde die Verbindungsinitialisierung des ATM-Forums auf die ITU-T Q.93B-Empfehlung abgestimmt, so daß Kompatibilität zwischen beiden Definitionen gewährleistet ist. Da UNI 3.0 auf dem ITU-T SSCOP-Protokoll und UNI 3.1 auf der ITU-T-Q.29X0-Spezifikation basiert, ist keine Rückwärtskompatibilität zwischen den beiden UNI-Versionen möglich.

Das UNI-Protokoll hat folgende Funktion:

- Dynamische Verbindungsallokation (SVC)
- Punkt-zu-Punkt-Verbindungen
- Punkt-zu-Mehrpunkt-Verbindungen
- Client-Registrierungsprozeß
- Unterstützung von ATM-Transportdiensten der Klassen X, A und C
- Einrichten von Virtual Connection Identifiers
- Öffentliche und private UNI-Adressen
- Separater Signalisierungskanal und Signalisierungsfunktionen
- Fehlererkennung

Die UNI-Signalisierung umfaßt die Signalisierungsfunktionen, die für den Aufbau von dynamischen Punkt-zu-Punkt- und Punkt-zu-Mehrpunkt-Verbindungen benötigt werden.

Jede Verbindung durch das ATM-Netz wird auf Basis von Verbindungsparametern aufgebaut. Die Parameter charakterisieren den vom ATM-Netz angeforderten Dienst-Level sowie den Endpunkt der Verbindung. Die Parameter werden durch den Service Requestor in Form von Steuernachrichten umgesetzt. Die sog. Congestion Control Messages dienen dazu, dem Netz und dem Endpunkt der Verbindung die Service-Parameter mitzuteilen.

Signalisierungsfunktionen

Für den Aufbau einer Punkt-zu-Punkt-Verbindung werden folgende Steuernachrichten benötigt: SETUP, Connect, Call Proceeding und Connect Acknowledgement. Die Meldungen, die zum Aufbau einer Verbindung benötigt werden, nennt man RELEASE und RELEASE COMPLETE Messages. Andere an der UNI verfügbare Meldungen sind STATUS ENQUIRY und STATUS.

Die ATM-Verbindung wird anhand der VPI/VCI-Kombination überwacht. Der VPI-Wert identifiziert eine virtuelle Pfad-, der VCI-Wert eine virtuelle Kanalverbindung.

Das Ziel einer Verbindung ist, bestimmte Einrichtungen der Quellstation der gegenüberliegenden Empfangsstation mitzuteilen, z.B.

- ATM-Adaptationsschicht
- ATM-Schicht
- VPI/VCI-Werte
- physikalischer Port
- angeforderter Service

Auf Basis dieser Parameter werden Beziehungen zwischen den in den Übertragungsvorgang involvierten End- und Durchgangssystemen aufgebaut mit dem Ziel, den Informationsfluß über die physikalischen Einrichtungen des ATM-Netzes sicherzustellen.

Durch Benutzung von VPI/VCI-Werten kann ein Vermittlungssystem eine logische Verbindung für den Informationstransport zur Zieleinrichtung aufbauen.

Das ATM-Netz benutzt diese Parameter zur Gewährleistung des angeforderten Service-Levels und der Verbindungscharakteristika.

Verbindungsauf-/-abbau

Vor einem Verbindungsaufbau müssen folgende Kriterien festgelegt werden:

- Basis-Service
- VC-Verfügbarkeit
- Verfügbarkeit der physikalischen und virtuellen Netzressourcen
- Verfügbarkeit der angeforderten Quality of Service (QoS)
- Verfügbarkeit des angeforderten Endsystems
- die Bereitschaft des Endsystems, den erforderlichen Service bereitzustellen.

Eine über das ATM-Netz aufgebaute Verbindung ist immer eine virtuelle Wählverbindung. Die Verbindungen werden adhoc auf- und wieder abgebaut.

Theoretische Grundlagen

Für den dynamischen Aufbau einer Wählverbindung sind bestimmte Signalisierungsprozeduren erforderlich. Diese werden durch die SAAL-Einheit (Signalling Adaptation Layer) in jeder ATM-Einrichtung bereitgestellt. Die SAAL-Einheit nutzt für die Übertragung der Informationen einen speziell hierfür reservierten Signalisierungskanal. Dieser ist mit VPI=0 und VCI=5 fest vorgegeben. Sämtliche Informationen für den Rufauf- und -abbau sowie den Erhalt der Verbindung werden über diesen reservierten Kanal abgewickelt.

Verbindungsaufbauprozedur

Bevor eine Übertragung stattfinden kann, muß eine Verbindung erfolgreich aufgebaut werden. Voraussetzung dafür ist, daß das Netz den Zielteilnehmer, zu dem die Verbindung geschaltet werden soll, und dessen Lokation kennt. Desweiteren müssen die beiden Teilnehmer den geforderten Service-Level bereitstellen können.

Client-Registrierung

Um die Verbindung zu einem bestimmten Endpunkt im ATM-Netz schalten zu können, muß das Netz den gerufenen Teilnehmer sowie seine Lokation kennen. Deshalb muß sich jeder Netzteilnehmer am Netz anmelden (Client Registration). Die Registrierungsprozedur wird automatisch gestartet, sobald sich eine Netzeinrichtung in den laufenden Netzbetrieb einschaltet.

Während der Registrierungsprozedur teilt die Einrichtung im Endpunkt des ATM-Netzes über die UNI-Schnittstelle ihre Adreßinformation dem ATM-Vermittlungsknoten mit. Aufgrund dieser Anmeldeprozedur kennt der ATM-Vermittlungsknoten die Lokation jedes einzelnen Teilnehmers am Netz. Auf Basis dieser Information ist der Vermittlungsknoten in der Lage, Verbindungen dynamisch zwischen den Endpunkten zu schalten.

Vergleichbar mit der Telefonnummer im Fernsprechnetz hat jede Einrichtung im ATM-Netz eine individuelle Adresse, anhand derer sie identifizierbar ist. In ATM-Netzen ist die Teilnehmeradresse 20 Byte lang.

ATM-Schicht

ATM-Port-Adresse

Der Aufbau der ATM-Adresse, wie sie vom ATM-Forum vorgeschlagen wurde, folgt dem Format für den OSI Network Service Access Point (ISO 8348). Drei Formate sind möglich:

- Data Country Code (DCC): Der Länderkode gibt an, in welchem Land der Adreßteilnehmer gemeldet ist.
- International Code Designator (ICD): Kennung derjenigen Institution, die für die Adreßregistrierung zuständig ist.
- E.164-Adresse: ISDN-Rufnummernplan, der international festgelegt ist.

Einrichtungen in öffentlichen Netzen unterstützen entweder eine enkapsulierte Adresse oder eines der drei oben genannten Adreßformate. Eine ATM-Einrichtung muß in der Lage sein, jede andere ATM-Einrichtung, die eines der erlaubten Formate benutzt, zu erkennen. Abbildung 5.6 stellt den Aufbau der drei möglichen Adreßformate dar.

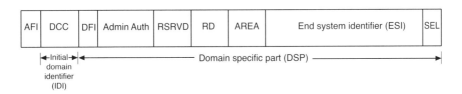

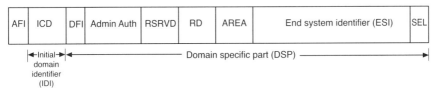

Abbildung 5.6. ATM-Adreßformate.

Theoretische Grundlagen

Die ATM-Adresse besteht aus zwei Teilen: dem Nutzerteil und dem Netzteil. Der Nutzerteil der Adresse setzt sich aus dem End System Identifier (ESI) und dem Selector Field (SEL) zusammen. Der Netzteil besteht aus dem Authority Format Identifier (AFI), Administrative Authority, Routing Domain und den Area Fields. Der Nutzerteil einer Adresse ist grundsätzlich nur einmal im ATM-Netz vorhanden.

Die Prozedur für die Adreßregistrierung wird durch das Interim Local Management Interface ausgelöst, indem es über die UNI-Schnittstelle Informationen über das Netz schickt. Adreßinformationen werden bei der Initialisierung und dynamisch auf Anfrage ausgesandt. Bei Unterbrechung einer UNI-Verbindung werden die Adreßinformationen vom Netz genommen.

Während des Austausches der Adreßinformationen erstellt die ATM-Einrichtung im Endpunkt den Nutzerteil der Adresse. Das Netz bzw. das Vermittlungssystem fügt den Netzteil für diese Endeinrichtung hinzu. Das Netz kann den vom Endpunkt hinzugefügten Teil der Netzadresse akzeptieren oder ablehnen. Umgekehrt kann die Endeinrichtung das vom Netz vorangestellte Präfix akzeptieren oder ablehnen.

Nach Beendigung des Adreßregistrierungsprozesses stehen sowohl dem Netz als auch der Endeinrichtung die notwendigen Informationen für einen Verbindungsaufbau zur Verfügung.

Der Verbindungsaufbau besteht aus folgenden Prozeduren:

1. Der rufende oder sendende Teilnehmer initiiert den Verbindungsaufbau, indem er eine SETUP Message über den Signalisierungskanal (VPI=0, VCI=5) zum Empfänger schickt.
2. Das Netz überprüft die Verfügbarkeit und die Autorisierung des anrufenden Teilnehmers als Voraussetzung für den Verbindungsaufbau. Ist die Überprüfung positiv, kann das Netz dem rufenden Teilnehmer mit einer CALL PROCEEDING Message antworten, um seine SETUP-Message zu bestätigen (optional).
3. Daraufhin muß der gerufene Teilnehmer dem Netz bekanntgeben, daß er den Ruf entgegennimmt, indem er eine CONNECT Message aussendet. Danach schickt das Netz dem rufenden Teilnehmer ebenfalls eine CONNECT Message, um ihm mitzuteilen, daß der Angerufene den Ruf akzeptiert.
4. Der rufende Teilnehmer bestätigt daraufhin die CONNECT Message mit einem CONNECT ACKNOWLEDGEMENT.

Nach erfolgreichem Abschluß dieser Prozedur ist der Rufer mit dem gewünschten Teilnehmer verbunden.

Verbindungsanfragen, die einen Service-Level benötigen, der vom ATM-Netz nicht bereitgestellt werden kann, werden abgewiesen. Die UNI-Schnittstelle unterstützt nur eine begrenzte Form von Bestätigungen und nur einige Parameter-Werte. Will oder kann der gerufene Teilnehmer den Ruf nicht annehmen, antwortet er dem Netz mit einer RELEASE COMPLETE Message. Das Netz bzw. der Vermittlungsknoten gibt diese Meldung an den Anrufer weiter.

Die Mitteilung RELEASE COMPLETE hat nur lokale Bedeutung und beinhaltet keine Bestätigung, daß die Verbindung nicht aufgebaut werden soll.

Eine Einrichtung kann die Richtigkeit des Status einer Peer Entity überprüfen, indem sie eine STATUS ENQUIRY-Mitteilung veranlaßt. Diese wird benutzt, um den Rufstatus einer in eine virtuelle Verbindung involvierten Einrichtung zu überprüfen.

Ein Endpunkt, der eine Verbindung mit mehreren Einrichtungen zur gleichen Zeit aufbauen will, sendet eine SETUP Message aus, um einen Verbindungsaufbau mit der ersten gewünschten Zielstation zu veranlassen. Nach Abschluß dieses Verbindungsaufbaus ist der Teilnehmer, der den Ruf ausgelöst hat, als Root-Teilnehmer mit einem Leave-Teilnehmer verbunden. Der Root-Teilnehmer sendet daraufhin die Mitteilung ADD PARTY über den Signalisierungskanal an das Vermittlungssystem. Diese Meldung weist das Netz darauf hin, daß ein weiterer Leave-Teilnehmer zugeschaltet werden soll.

Eine Verbindungsaufbauanfrage mit der Mitteilung ADD PARTY wird mit einer Meldung ADD PARTY REJECT oder RELEASE COMPLETE, die an den rufenden Teilnehmer vom Netz zurückgeschickt wird, abgelehnt. Soll nur ein einzelner Teilnehmer in einer Punkt-zu-Mehrpunkt-Konfiguration, nicht aber alle, abgeschaltet werden, wird die Meldung DROP PARTY ausgesandt.

Die VPI- und VCI-Werte sind nur 3 Byte lang. Die Länge von 3 Byte reicht aus, um jede Einrichtung mit einer individuellen Adresse an das Netz anzuschließen. Ein ATM-Vermittlungssystem kann eine Vielzahl von Verbindungen unterstützen, weil nach der Konfiguration der entsprechende Eingang von Zellen (VPI/VCI-Werte) an jedem Port erwartet werden kann. Das Vermittlungssystem ist so konfiguriert, daß exakt bekannt ist, an welchen Port die Zellen zu senden sind und welche VPI/VCI-Werte für den Ausgang benutzt werden können.

Theoretische Grundlagen

Informationsfluß durch das ATM-Netz

AAL-Verbindung

Die ATM-Adaptionsschicht (ATM Adaptation Layer/AAL) gibt die Nutzerinformation an die ATM-Schicht weiter. Dabei wird die Nutzerinformation zur Nutzlast der Zelle. Zusätzlich zur Nutzerinformation leitet die ATM-Adaptionsschicht weitere, die Nutzlast betreffende Informationen weiter (Tabelle 5.4).

Parameter	Übertragungsrichtung
ATM-SDU	beide
SDU-Typ	beide
Submitted Loss Priority	Von AAL nach ATM
Received Loss Priority	Von ATM nach AAL
Überlast festgestellt	Von ATM nach AAL

Tabelle 5.4. Zwischen AAL und ATM-Schicht ausgetauschte Parameter.

Die sendende ATM-Einrichtung benutzt die Informationen der ATM-Adaptionsschicht zusammen mit Informationen, die beim Verbindungsaufbau generiert wurden, um den Zellkopf zu erstellen.

Die sendende ATM-Einrichtung erstellt den Zellkopf einschließlich VPI/VCI-Information, Nutzlasttyp (SDU) und Zellpriorität. Der Zellkopf wird der Nutzlast beigefügt und zusammen mit der Zelle über das Netz übertragen.

Die Werte des Zellkopfes können sich beim Durchlaufen der Zelle durch das Netz ändern. Die ATM-Schicht ist für die VPI/VCI-Übersetzung verantwortlich, die notwendig ist, um die Zelle durch das Netz zu führen. Die Zellpriorität kann durch den Vermittlungsknoten, z.B. bei Überlast im Netz, geändert werden.

Zellenfluß

Abbildung 5.7 zeigt zwei Nebenstellenanlagen, die über das ATM-Netz miteinander verbunden sind. Die Verbindung soll eine virtuelle Festverbindung sein. Jede Daten- oder Sprachinformation, die von PBX 1 auf dieser Verbindung übertragen wird, erreicht PBX 2.

ATM-Schicht

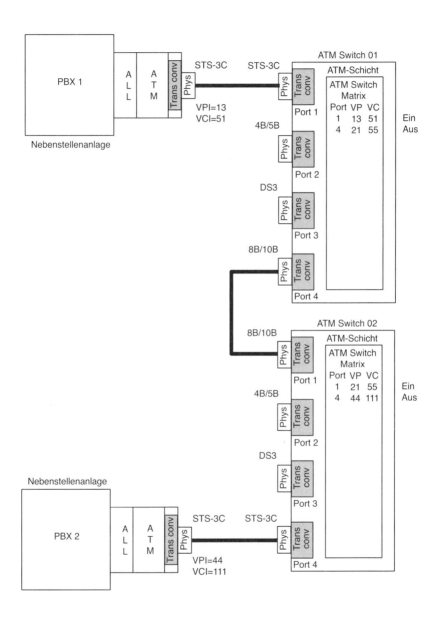

Abbildung 5.7. Verbindung zweier Nebenstellenanlagen über das ATM-Netz.

Theoretische Grundlagen

Der ATM-Vermittlungsknoten 01 vermittelt jede Zelle, die an seinem Port 1 ankommt und den VPI-Wert 13 und den VCI-Wert 51 trägt, nach Port 4. Während der Vermittlung der Zelle nach Port 4 wird der VPI/VCI-Wert übersetzt, in unserem Beispiel in die Werte VPI=21 und VCI=55.

Die Zellen erreichen den ATM-Vermittlungsknoten 02 an Port 1. Er weiß, daß er die Zellen über seinen Port 4 ausschicken muß und daß er die VPI/VCI-Werte erneut übersetzen muß (VPI=44, VCI=111).

Wenn die Zellen die Nebenstellenanlage PBX 2 erreichen, werden sie vom SONET-Rahmen entfernt und der ATM-Schicht präsentiert. Die ATM-Schicht gibt den Nutzlastteil der Zelle zusammen mit den Indikatoren innerhalb des Zellkopfes an die ATM-Adaptionsschicht weiter. Die ATM-Adaptionsschicht rekonstruiert die ursprüngliche Information und übergibt sie der PBX-Steuersoftware und diese leitet sie sofort an den Angerufenen weiter.

Zellen, die an den anderen Ports des Vermittlungsknotens 01 mit den gleichen VPI/VCI-Werten ankommen, werden komplett anders behandelt. Der entscheidende Faktor für die Behandlung einer Zelle ist der Eingangsport und die Konfigurationsparamter des Vermittlungsknotens.

Abbildung 5.8 zeigt ein komplexeres Netz, das aus einem Router sowie ATM-Direktstationen und -Servern besteht.

Station A soll mit Station C verbunden werden. Station A ist an ein Ethernet-LAN angeschlossen, das über den Router 01 mit dem ATM-Netz verbunden ist. Station C ist ebenfalls Teilnehmer in einem Ethernet-LAN und ebenfalls über Router 01 an das ATM-Netz angeschlossen. Beide Stationen benutzen das TCP/IP-Protokoll.

Keine der beiden Stationen ist ATM-Direktteilnehmer. Router 01 stellt für beide Stationen der Endpunkt des ATM-Netzes dar. Die physikalische Verbindung zwischen Router 01 und Vermittlungsknoten 01 stellt die Teilnehmer-Netz-Schnittstelle dar. Die ATM-Verbindung und die mit ihr zusammenhängenden Parameteranforderungen beziehen sich nur auf die Verbindung zwischen Router 01 und Vermittlungsknoten 01.

Die Verbindungen von Station A zu Router 01 und von Station C zu Router 01 sind Ethernet-Verbindungen, d.h. sie stellen keine ATM-Endpunkte dar und sind nicht Teil des ATM-Netzes.

ATM-Schicht

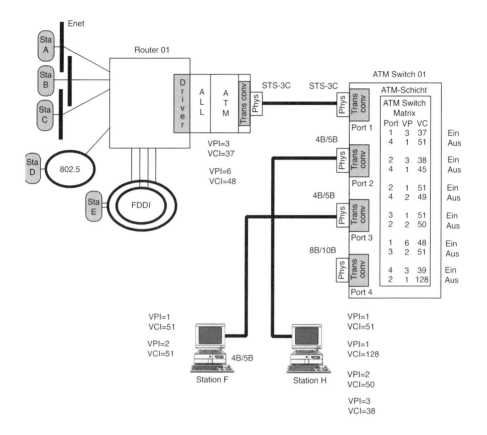

Abbildung 5.8. Router-Anschluß an ein ATM-Netz

Abbildung 5.9 zeigt die Aktionen an Station A, die kein ATM-Teilnehmer ist und das ATM-Netz nicht kennt. Sie kennt nur den Ethernet-Netzbereich, in dem sie selbst Teilnehmer ist.

Es werden folgende Abläufe ausgelöst:

1. Die Anwendung gibt die Applikationsdaten an die TCP-Schicht.
2. Den Applikationsdaten wird ein 24 Byte langer TCP-Kopf hinzugefügt.
3. Die TCP-Applikationsdaten werden an die IP-Schicht weitergereicht.
4. Die IP-Schicht fügt ihnen den IP-Kopf (24 Byte) hinzu.
5. Das IP-Paket wird dem Data Link Layer übergeben.

Theoretische Grundlagen

6. Der LLC-Sublayer fügt den LLC-Kopf hinzu.
7. Die LLC-Protokolldateneinheit wird der MAC-Teilschicht übergeben.
8. Die MAC-Teilschicht fügt einen Ethernet Header und Trailer an. Die Applikationsdaten sind jetzt in den Ethernet-Rahmen verpackt (encapsulated).
9. Die MAC-Schicht überträgt den MAC-Rahmen über das Ethernet.

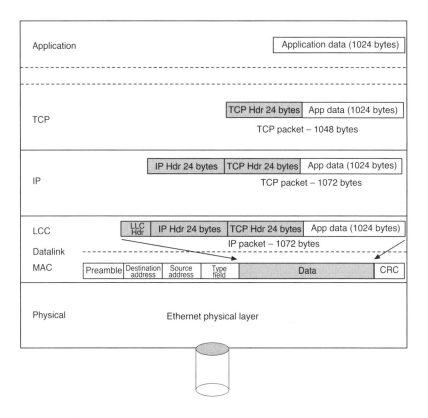

Abbildung 5.9. Datenfluß zu Station A (entsprechend OSI-Modell).

Abbildung 5.10 zeigt die Aktionen, die am Router ausgelöst werden. Die Darstellung setzt voraus, daß eine ATM-Verbindung zwischen Router 01 und Router 02 bereits aufgebaut ist.

ATM-Schicht

Der Router führt folgende Schritte durch:

1. Entfernung des Ethernet-Rahmens.
2. Entfernung des LLC-Kopfes.
3. Er bestimmt, daß die Informationen über die ATM-Verbindung geschickt werden muß.
4. Das IP-Paket wird der ATM-Adaptionsschicht übergeben.
5. Der AAL Convergence Sublayer bereitet das Paket für die Segmentierung vor.
6. Der AAL Segmentation and Reassembly Layer segmentiert die CS PDU in 48 Byte große Einheiten.
7. Der AAL SAR gibt die Information an die ATM-Schicht weiter und spezifiziert die Parameter, den Typ der Nutzlast und die Priorität der Zelle.
8. Die ATM-Schicht fügt den ATM-Zellkopf an, legt den VPI/VCI-Wert (in unserem Beispiel VPI=3, VCI=37), Zelltyp und Priorität fest, kalkuliert die HEC usw.
9. Die ATM-Schicht übergibt die Zelle dem SONET Transmission Convergence Sublayer.
10. Der SONET Transmission Convergence Sublayer schließt die Zelle in einen STS-3c-SONET-Rahmen ein.
11. Der SONET-Rahmen wird auf das physikalische Medium geschickt.

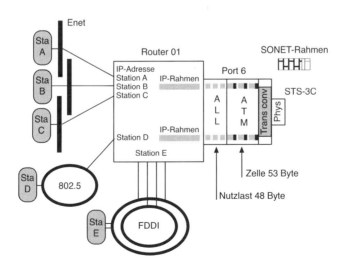

Abbildung 5.10. Datenfluß an der ATM-Router-Schnittstelle.

Theoretische Grundlagen

Gehen wir zu Abbildung 5.8 zurück. Der SONET-Rahmen erreicht den Vermittlungsknoten 01. Folgende Aktionen werden am Vermittlungsknoten ausgelöst:

1. Der SONET Transmission Convergence Sublayer taktet den SONET-Rahmen.
2. Der SONET Transmission Convergence Sublayer führt die Zell-Ausrichtung durch, um sicherstellen, daß er die Zelle richtig im Rahmen plaziert hat.
3. Der empfangende SONET Transmission Convergence Sublayer gibt die Zelle an die ATM-Schicht des Vermittlungsknotens 01.
4. Die ATM-Bitübertragungsschicht überprüft den Zellkopf mit Hilfe des HCE (8-Bit CRC).
   Das HCE-Feld enthält nur einen Cyclic Redundancy Check (CRC) für den Zellkopf. Die ATM-Schicht ist nicht für Fehler der Nutzlast verantwortlich. Ist der Zellkopf nicht korrekt, können die VCI/VPI-Bit zerstört sein. Wenn durch die HEC-Prüfung der Fehler nicht ermittelt werden kann, kann die ATM-Schicht nicht mit Bestimmtheit sagen, daß die Zelle die richtige Zielstation erreicht. Zellen mit fehlerhaften Zellköpfen werden nicht der ATM-Adaptionsschicht übergeben.
   Verläuft der HEC-Test nicht erfolgreich, wird die Zelle weggeworfen.
5. Angenommen der HEC-Test war erfolgreich, dann befragt die ATM-Einrichtung ihre Tabelle, an welchen Port sie die Zelle am besten weiterleiten soll. Außerdem bestimmt sie die neuen VPI/VCI-Werte.
6. Die ATM-Schicht übersetzt die VPI/VCI-Werte der Zelle von VPI=3 und VCI=37 in VPI=1 und VCI=51. Danach gibt sie die Zelle zur Übertragung an den Convergence Sublayer an Port 4.
7. Der 8B/10B Transmission Convergence Sublayer platziert die Zelle in einen 8B/10B-Rahmen. Der 8B/10B-Rahmen ist eine Gruppierung aus 27 Zellen, wobei die erste Zelle für die Steuerung zuständig ist.
8. Die Zelle wird in Symbole von 10 Bit dekodiert.
9. Der 8B/10B-Rahmen wird an das Medium weitergegeben.

Abbildung 5.11 zeigt eine Applikation, die über eine DS-1-Verbindung (T1) und eine DS-3-Verbindung (T3) über das ATM-Netz übertragen wird.

Jeder Port an Endpunkt A erreicht den gegenüberliegenden Port in Endpunkt B über eine virtuelle Festverbindung über das ATM-Netz. Virtuelle Wählverbindungen sind nicht notwendig.

Jeder Port hat eine eigene Verbindung mit einer eigenen VPI/VCI-Kombination.

ATM-Schicht

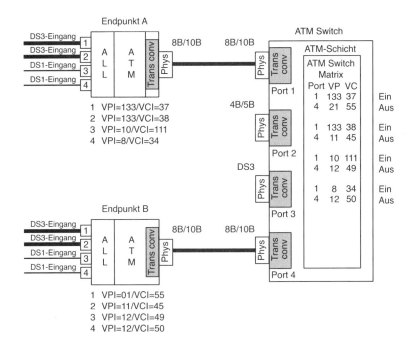

Abbildung 5.11. Schaltung von DSn-Verbindungen über das ATM-Netz.

Managementfunktionen der ATM-Schicht

Die Managementeinheit der ATM-Schicht überwacht den lokalen Austausch der Informationen zwischen der ATM-Adaptionsschicht und der ATM-Schicht sowie den Informationsaustausch mit anderen Managementeinheiten, z.B. über den Aufbau und die Steuerung von Verbindungen. Jede ATM-Einheit hat eine Managementeinheit für jede Schicht.

Die Signalisierung ist für den Aufbau von Verbindungen zuständig. Die ATM-Managementeinheit veranlaßt und antwortet auf Verbindungsnachrichten, die in der UNI-Signalisierung beschrieben sind.

Die ATM-Managementeinheit führt Netzmanagementaufgaben im ATM-Netz einschließlich Fehler- und Verkehrsüberwachung aus. Das Fehlermanagement umfaßt die Alarmüberwachung und Überprüfung, ob alle Verbindungen ordnungsgemäß geschaltet sind. Unter der Alarmüberwachung versteht man die Fehlerbeobachtung in virtuellen Pfaden und virtuellen Kanälen. Die Verbindungsüberwachung erfolgt über Schleifenbildung.

In den Bereich Verkehrsmanagement fallen Funktionen wie Überwachung und Steuerung der Verkehrscharakteristika, mit dem Ziel, die Einhaltung der beim Verbindungsaufbau vereinbarten Parameter sicherzustellen.

Die ATM-Managementeinheiten überwachen die virtuellen Pfade und virtuellen Kanäle. Informationen, die Pfad- und Kanalfehler melden, werden „F4 Flows" und „F5 Flows" genannt. Abbildung 5.12 zeigt diese Managementinformationsströme in Verbindung mit anderen Managementinformationsströmen. Außerdem ist die Beziehung zwischen der Bitübertragungsschicht und den Anforderungen des Managements auf der ATM-Schicht dargestellt.

Alle in Abbildung 5.12 grau dargestellten Elemente sind Managementströme auf der Bitübertragungsschicht. Sie melden Probleme auf physikalischen Verbindungen. Der Teil oberhalb der grauen Linie in der Darstellung zeigt die logischen Teile des Kommunikationspfades. Sie stellen die virtuellen Pfade und virtuellen Kanäle dar, die die ATM-Einheit für die Weiterleitung und Steuerung der Nutzerinformation benutzt. Diese „virtuellen" Pfade und Kanäle befinden sich auf der ATM-Schicht.

Die logischen Pfade und logischen Kanäle sind ATM-orientierte Einrichtungen. Die Bitübertragungsschicht ist nur dafür verantwortlich, Signale von dem Punkt zu empfangen, an dem sie den physikalischen Netzeinrichtungen übergeben werden, bzw. Signale von dem Punkt zu empfangen, an dem sie von den physikalischen Einheiten abgegeben werden.

Der Managementinformationsstrom F4 registriert und meldet Probleme auf virtuellen Pfaden, F5 auf virtuellen Kanälen.

ATM-Schicht

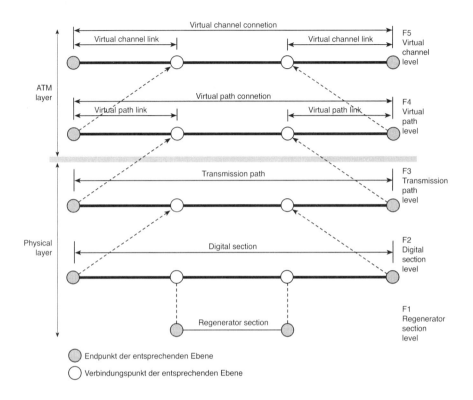

Abbildung 5.12. Hierarchie der ATM-Managementinformationsströme.

Fehler, die sich auf einem virtuellen Pfad ereignen, müssen nicht unbedingt Auswirkungen auf andere virtuelle Pfade haben. Fällt ein virtueller Pfad aus, werden Problemdiagnosen für diesen virtuellen Pfad veranlaßt, indem Informationen über den virtuellen Pfad geschickt werden.

Die ATM-Spezifikation verlangt, daß Managementinformationen über den Pfad übertragen werden, an dem ein Fehler festgestellt wurde. Die Managementinformation wird immer über die virtuellen Pfade 3 und 4 übertragen. Wie im vorherigen Kapitel erwähnt, sind die ersten 32 Kanäle (Kanal 0-31) jedes Pfades für spezielle Zwecke, z.B. Managementinformationsübertragung, reserviert.

Theoretische Grundlagen

Probleme könnten auf einem einzigen Kanal in einem virtuellen Pfad auftreten. Beispielsweise wird ein Problem auf Kanal 42, Pfad 2 festgestellt. Alle anderen Kanäle scheinen ordungsgemäß zu funktionieren. Ein Fehler, der auf einer virtuellen Kanalverbindung auftaucht, ist ein F5 Flow.

Die Managementinformation (z.B. Schleife) muß auf dem betroffenen Kanal erscheinen, so daß der Fehler auf diesem Kanal richtig festgestellt werden kann. Da Kanal 42 von Pfad 2 aber ein Kanal für Nutzerinformation und die Zelle eine Managementzelle ist, wird sie der ATM-Adaptionsschicht übergeben.

Die ATM-Managementeinheit muß anzeigen, daß diese Zelle, während sie über den Nutzerdatenkanal läuft, nicht der ATM-Adaptionsschicht übergeben werden muß. Die Anzeige, daß es sich um eine Managementinformation handelt, erfolgt im PT-Feld des Zellkopfes.

Das PT-Feld wird so gesetzt, daß es die Zelle als Managementzelle identifiziert, d.h. der Wert des PT-Feldes wird auf „100" oder „101" gesetzt. Dadurch wird die Managementinformation nicht der ATM-Schicht übergeben.

ATM-Verkehrsmanagement

Die wichtigste Funktion des ATM-Verkehrsmanagements ist es, die Netzlast zu steuern und das Netz vor Mißbrauch zu schützen.

Verbindungen müssen beim Verbindungsaufbau bekanntgeben, wie viele Zellen sie über einen gewissen Zeitraum maximal über das Netz schicken wollen. Die max. Zellrate wird Spitzenlast (Peak Cell Rate/PCR) genannt. Jede Verbindung hat eine eigene Spitzenlast. Der Sender muß die beim Verbindungsaufbau ausgehandelten Lastbedingungen akzeptieren. Das Prinzip der Spitzenlast wurde eingeführt, damit der Netzadministrator die Netzressourcen optimal planen und vergeben kann. Eine Verbindung, die sich nicht an die ausgehandelte Spitzenlast hält, erzeugt Überlast.

Die ATM-Managementeinheit stellt Richtlinien (policing) bereit, die sicherstellen, daß die auf die Verbindung geschickte Last nicht größer als die beim Verbindungsaufbau ausgehandelte Spitzenlast ist. Überlast im Netz kann durch Wegwerfen von Zellen (Cell Tagging) ausgeglichen werden.

Beim „Cell Tagging" wird die Cell Loss Priority einer Zelle mit höherer Priorität, die über eine Verbindung übertragen wird, deren ausgehandelte Spitzenlast nahezu erreicht ist bzw. durch die Übertragung dieser Zelle überschritten wird, so geändert, daß die Zelle zu einer Zelle mit niederer Priorität wird. Zellen niederer Priorität werden bei Überschreitung des Spitzenwertes entsprechend „weggeworfen". Sind gerade sie die Verursacher der Überlast, so sind sie die ersten, die zum Wegwerfen bestimmt werden.

Interim Local Management Interface

Das Interim Local Management Interface ist Teil der UNI-3.1-Spezifikation und berichtet den Status des Netzes und der Netzeinrichtungen an die Netzmanagementeinheit. ILMI nutzt eine fest definierte virtuelle Verbindung der ATM-UNI, um zwischen Switches und mit Managementapplikationen über SNMP zu kommunizieren. ILMI kann nur Schnittstellen zwischen Netzen überwachen; die Spezifikation unterstützt kein Ende-zu-Ende-Management über Netze hinweg.

Die UNI-Schnittstelle hat eine Managementeinheit (UME), welche die an der UNI anfallenden Informationen über den Netzstatus und den Status der Einrichtungen weiterleitet.

Das Interim Local Management Interface unterstützt den Austausch von Informationen mit anderen UNI-Managementeinheiten in Hin- und Rückrichtung. Die Informationen an den UNI-Managementeinheiten können Informationen mit der Bitübertragungsschicht und der ATM-Schicht austauschen.

Das Interim Local Management Interface baut auf einer Management Information Base (MIB) in Minimalform auf. Jede UNI-Schnittstelle muß mit einem entsprechenden Managementagent ausgerüstet sein.

Entsprechend der Festlegung des ATM-Forums muß jede ATM-Einrichtung eine oder mehrere UNI-Schnittstellen unterstützen. Jede UNI-Schnittstelle wiederum muß das Interim Local Management Interface unterstützen.

Die ILMI-Funktionen liefern Informationen über:

- ◆ Gerätestatus
- ◆ Gerätekonfiguration
- ◆ Status der Bitübertragungsschicht
- ◆ Status der ATM-Schicht
- ◆ Virtuelle Pfad-Verbindungen
- ◆ Virtuelle Kanal-Verbindungen

Theoretische Grundlagen

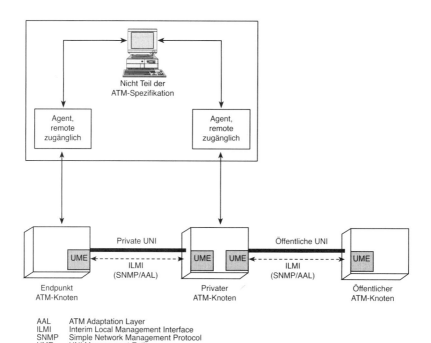

Abbildung 5.13. ATM Interim Local Management Interface.

Abbildung 5.13 zeigt die UNI-Managementeinheiten in den benachbarten Knoten. Jede UNI-Managementeinheit kann Informationen von der benachbarten UNI-Managementeinheit erhalten.

Die NNI-Schnittstelle wurde vom ATM-Forum bisher noch nicht spezifiziert, weshalb es auch keine Managementschnittstelle für Verbindungen zwischen Vermittlungssystemen gibt.

Die ILMI-Spezifikation legt nicht fest, welche Informationen an die ATM-Managementeinheit weitergegeben werden.

Die ILMI benutzt das SNMP-Protokoll über AAL 5, um die gesammelten Daten an die Netzmanagementstation weiterzuleiten.

Das Simple Network Management Protocol beobachtet folgende Funktionen und Aktionen:

- Die Einkapselung einer SNMP-Mitteilung in den AAL-5-Service.
- Die Reservierung eines VCC für ILMI-Mitteilungen.
- Die Benutzung von VCI 16 für ILMI-Mitteilungen.
- Cell Loss Priority „0" für Mitteilungen des Interim Local Management Interface.
- daß die max. Verbindungsauslastung nicht mehr als etwa 1 % des ILMI-Verkehrs auf der Verbindung überschreitet.

Erweiterungen durch UNI-Version 4.0

Die UNI-Version 4.0 bringt wesentliche Änderungen in der Signalisierung von QoS-Parametern und im Verkehrsmanagement. Dies sind:

Verbindungsteilnahme einer Leave-Station

UNI 3.1 erlaubt es einem Leave-Teilnehmer nicht, an einer Punkt-zu-Mehrpunkt-Verbindung teilzunehmen. Nur der Root-Teilnehmer konnte dies durch eine ADD PARTY Message veranlassen. Mit UNI 4.0 ist es möglich, daß eine Leave-Station selbst initiiert, daß sie an einer bestehenden Punkt-zu-Mehrpunkt-Verbindung teilnehmen kann.

ABR-Signalisierung

UNI 4.0 definiert die Signalisierungprozeduren, die für ABR-Services auf Punktzu-Punkt-Verbindungen benötigt werden.

ATM Anycast

ATM Anycast erlaubt es den ATM-Teilnehmern, Punkt-zu-Punkt-Verbindungen zu einem ATM-Endsystem, das Mitglied einer ATM-Gruppe ist, aufzubauen. Der Teilnehmer, der die Verbindung aufbaut, benutzt die Gruppenadresse in seiner Setup Message.

Proxy-Signalisierung

Ein Teilnehmer, Proxy Signaling Agent (PSA) genannt, kann für einen anderen Teilnehmer, der keine Signalisierungsfunktion im ATM hat, die Signalisierung vornehmen. Beispielsweise können so einem Server, der mehrere physikalische ATM-Verbindungen mit der gleichen ATM-Adresse hat, Signalisierungsfunktionen bereitgestellt werden. Der Vorteil ist, daß die Teilnehmer den Server über mehrere Verbindungen erreichen, d.h. einen Bandbreitenvorteil haben, und dabei immer die gleiche einheitliche Adresse nutzen können. Beispielsweise ist es möglich, daß Server mit Netzschnittstellenkarten mit 4 x 155 Mbit/s bis zu 622 Mbit/s mit der gleichen Adresse unterstützen.

ATM-Gruppenadressierung

UNI 4.0 definiert Gruppenadressen, die mehr als ein Endsystem identifizieren. Endsysteme können Mitglieder entweder keiner oder mehrerer Gruppen sein. Ein Beispiel für eine ATM-Gruppe sind mehrere Server, die den gleichen Dienst im ATM-Netz bereitstellen.

Virtuelle UNIs

Über virtuelle UNIs können mehrere Nutzer über eine einzelne physikalische UNI versorgt werden. Jeder Nutzer ist einem oder mehreren VPCs zugeordnet, während ein Cross-connect VPC dazu dient, die VPCs der Nutzer vor dem Switch zusammenzufassen. Die Nutzer müssen festgelegte Signalisierungskanäle benutzen (VPI=0 und VCI=5 für UNI oder 16 für ILMI). Der Switch hat eine Übersetzungstabelle, um den Signalisierungskanal eines Nutzers dem Cross-connect VPC anzupassen.

Verkehrsmanagement für UNI 4.0

Traffic Management (TM) 4.0 definiert die Verkehrsmanagementanforderungen in einem ATM-Netz mit dem Ziel, Überlast zu verhindern. TM 4.0 beschreibt die ATM-Service-Architektur, die Quality of Services auf der ATM-Schicht, Verkehrsvereinbarungen sowie die Verkehrsmanagement-Funktionen und -Abläufe.

Im Teil Service-Architektur sind die fünf Service-Kategorien, die auf der ATM-Schicht bereitgestellt werden, einschließlich ABR-Service, erklärt.

Teil ATM Layer QoS definiert die QoS-Parameter, die auf der ATM-Schicht eingegangen werden können.

Traffic Contract definiert die Verkehrsparameter, die im Traffic Descriptor enthalten sind und beschreibt die Verbindungscharakteristika. Die Parameter werden mit dem Netz während des Verbindungsaufbaus verhandelt und müssen während der Zeit des Verbindungsaufbaus erfüllt werden.

Im letzten Teil werden die Funktionen und Prozeduren für das Verkehrsmanagement definiert, u.a. Connection Admission Control (CAC)-Funktion, Usage Parameter Control (UPC), selektiver Zellenverlust, Traffic Shaping, EFCI, Frame Discard und ABR-Flußsteuerung.

ABR in 4.0

Wird der ABR-Service benutzt, müssen die Endsysteme über Traffic Shaping Überlast verhindern. Ein Endsystem verhandelt dabei den Spitzenwert der Zellenrate (Peak Cell Rate, PCR) und optional die maximale Zellenrate (Maximum Cell Rate, MCR), d.h. die Rate, die der Sendestation erlaubt ist, zu senden.

Eine Sendestation, die den ABR-Service nutzt, paßt den Sendevorgang laufend über dynamisches Traffic Shaping an die ständigen Kapazitätsveränderungen der Netzressourcen an. Dynamisches Traffic Shaping basiert auf Informationen aus dem Netz, die über sog. Resource Management Cells übermittelt werden. TM 4.0 definiert die Struktur und den Inhalt der RM-Zellen.

Ein sendendes Endsystem kann die Mindestzellenrate, die sog. Minimum Cell Rate (MCR), aushandeln. Ist die ausgehandelte MCR nicht gleich null, werden in dem Umfang, wie die MCR ausgehandelt wurde, Ressourcen fest garantiert. Die Sendestation schickt RM-Zellen an die Zielstation. Die Zielstation fügt den RM-Zellen die benötigten Informationen hinzu und sendet sie zurück.

Auf Basis dessen wird die erlaubte Zellenrate, die sog. Allowed Cell Rate (ACR), kalkuliert. Die ACR ist die Rate, bei der die Sendestation senden darf.

Eine Zielstation oder ein Switch kann zu jeder Zeit RM-Zellen aussenden, um die ACR neu auszuhandeln.

Die RM-Zellen können durch den Switch, sofern notwendig, modifiziert werden. Dadurch ist es möglich, die erlaubte ACR an die zur Verfügung stehenden Ressourcen anzupassen.

Services und QoS in UNI 4.0

TM 4.0 definiert die folgenden Service-Klassen:

Constant Bit Rate (CBR)

Der CBR-Service wird für Applikationen mit konstanter Datenrate benutzt, wie Sprachdienste.

Real-Time Variable Bit Rate (rt-VBR)

rt-VBR-Services werden von Echtzeitapplikationen benutzt, die bestimmte Verzögerungsbedingungen von der Sende- zur Empfangsstation benötigen. rt-VBR-Verbindungen sind durch folgende Parameter charakterisiert: Peak Cell Rate (PCR), Sustainable Cell Rate (SCR), Maximum Burst Size (MBS) und Maximum Cell Transfer Delay (MaxCTD).

Non Real-time VBR-Services (nrt-VBR)

Nrt-VBR-Services werden von Nicht-Echtzeitapplikationen benutzt, z.B. File Transfer. nrt-VBR-Verbindungen sind durch folgende Parameter charakterisiert: PCR, SCR und MBS. Applikationen, die den nrt-VBR-Service nutzen, erwarten geringe Zellenverluste; Verzögerungsbedingungen sind nicht an den nrt-VBR-Service gebunden.

Unspecified Bit Rate (UBR)

UBR-Services werden von Applikationen benutzt, die keine Echtzeitanforderungen haben und variable Bitraten aussenden. Der UBR-Service nutzt den PCR-Parameter zur Anzeige.

Available Bit Rate (ABR)

ABR wird auf Verbindungen eingesetzt, auf denen die Bitrate nach dem Verbindungsaufbau dynamisch angepaßt werden kann. Ein Flußsteuerungsmechanismus definiert die dynamischen Veränderungen über RM-Zellen. Die Parameter, die den ABR-Service charakterisieren, sind PCR und MCR.

Private Network-Network Interface (PNNI)

Das Private Network-Network Interface (PNNI) oder Private Network Node Interface (beide Begriffe werden vom ATM-Forum akzeptiert) ist das Protokoll, mit dem ATM-Vermittlungsknoten in privaten ATM-Netzen untereinander kommunizieren. Der Abschluß der PNNI-Standardisierung im April 1996 ist ein wichtiger Schritt in Richtung Multivendor-ATM-Netze. PNNI ermöglicht den Aufbau von heterogenen ATM-Netzen und ist die Voraussetzung dafür, daß ATM-Knoten unterschiedlicher Hersteller miteinander kommunizieren können. PNNI erlaubt auch, daß die Connection Management Systeme der verschiedenen Hersteller Daten miteinander austauschen und virtuelle Wählverbindungen zwischen den unterschiedlichen privaten Vermittlungssystemen aufbauen können.

PNNI Phase 0, auch als Interim Interswitch Signalling Protocol (IISP) bekannt, wurde Mitte 1995 standardisiert. IISP beschränkt sich auf statisches Routing zwischen den ATM-Vermittlungsknoten und ist deshalb in großen Netzen nur bedingt verwendbar.

PNNI Phase 1 ist ein Link State Protocol, das den Aufbau sehr großer ATM-Netze ermöglicht. Es wurden zwei Protokolle definiert: das Topologie-Protokoll zur Verteilung der Informationen über die Netztopologie an die einzelnen Teilnehmer und ein Signalisierungsprotokoll für den Verbindungsaufbau zwischen den Vermittlungssystemen. Das Signalisierungsprotokoll basiert auf der UNI-Definition und wurde um Routing-Funktionen erweitert.

PNNI-Charakteristika

PNNI (Private Network-Network Interface) ist ein dynamisches, hierarchisches Link State Routing-Protokoll, das zur Bildung großer ATM-Netze eingesetzt wird. Außerdem definiert es die Signalisierungsanforderungen zum Aufbau von Punkt-zu-Punkt- und Punkt-zu-Mehrpunkt-Verbindungen über das ATM-Netz.

Abbildung 5.12 zeigt ein typisches ATM-Netz, bestehend aus verschiedenen Gruppen von ATM-Vermittlungsknoten. Eine Gruppe von Vermittlungsknoten wird in der PNNI-Spezifikation privates Vermittlungssystem genannt. Jedes private Vermittlungssystem in Abbildung 5.12 könnte von einem anderen Hersteller stammen. In einer solchen Konfiguration erlaubt es PNNI, die Topologie-Informationen über die einzelnen privaten Vermittlungssysteme an die anderen privaten Vermittlungssysteme im Netz weiterzuleiten.

Theoretische Grundlagen

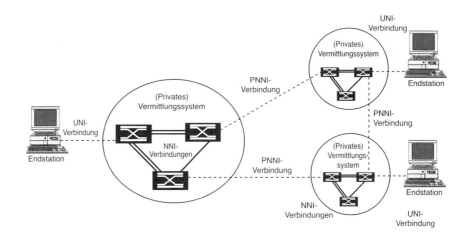

Abbildung 5.12. ATM-Netz mit PNNI-Vermittlungsknoten.

Durch die Verteilung der Topologie-Informationen, die auf der ATM-Adreßstruktur aufbauen, erhält jedes private Vermittlungssystem einen Überblick über den hierarchischen Aufbau des gesamten ATM-Netzes. Auf Basis dieser Informationen können Ende-zu-Ende-Verbindungen durch das Netz berechnet werden.

Funktionsweise von PNNI

PNNI ermöglicht den Aufbau von heterogenen ATM-Netzen und ist die Voraussetzung dafür, daß ATM-Knoten unterschiedlicher Hersteller miteinander kommunizieren können. Darüber hinaus erlaubt PNNI, daß die Connection Management Systeme der verschiedenen Hersteller Daten miteinander austauschen und virtuelle Wählverbindungen zwischen den unterschiedlichen privaten Vermittlungssystemen aufbauen.

Ohne die hierarchische Natur des PNNI-Protokolls müßte jeder einzelne ATM-Vermittlungsknoten die gesamten Topologiedaten des Netzes kennen, speichern und pflegen. Die Aneignung dieser Topologiedaten und ihre konstante Pflege sowie die Aneignung der Information, wie jeder Knoten im Netz erreichbar ist (Erreichbarkeitsinformation), würde sehr viel unnötigen Verkehr generieren und Bandbreite ginge verloren. Die hierarchische Natur von PNNI reduziert diesen Verkehrs-Overhead wesentlich.

ATM-Schicht

Abbildung 5.13 zeigt das in Abbildung 5.12 dargestellte ATM-Netz aus PNNI-Sicht. Die privaten Vermittlungssysteme sind als logische Gruppen dargestellt.

Wie OSPF (Open Shortest Path First) ist PNNI ein hierarchisches Link-State-Routing-Protokoll, das Vermittlungssysteme in logische Gruppen, Peer Groups genannt, zusammenfaßt. Eine Peer Group (PG) ist eine Ansammlung logischer Knoten (unter einem logischen Knoten versteht man die abstrakte Repräsentation eines Vermittlungssystems als ein Punkt im Netz), von denen jeder Informationen mit anderen Mitgliedern in der PG austauscht, so daß alle Mitglieder das gleiche Bild bzw. Wissen über ihre eigene und andere Peer Groups haben.

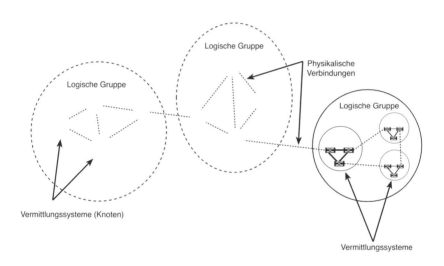

Abbildung 5.13. Aufbau des ATM-Netzes aus PNNI-Sicht.

Abbildung 5.14 zeigt ein Beispiel der Adressierungsstruktur, wie sie von PNNI benutzt wird. Peer Group Identifiers (PGIDs), die auf dem ATM-Adressierungsschema basieren, definieren und bilden die einzelnen Peer Groups. Vermittlungsknoten mit identischen PGIDs bilden eine Peer Group, indem sich die benachbarten Knoten ihre PGIDs über Hello-Pakete mitteilen. Knoten mit der gleichen PGID gehören zur gleichen Peer Group, die durch ihre ID definiert ist. Haben die Vermittlungsknoten unterschiedliche PGIDs, wissen sie, daß sie zu unterschiedlichen Peer Groups gehören.

Theoretische Grundlagen

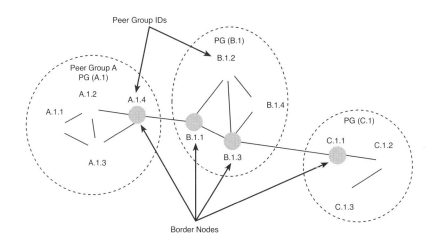

Abbildung 5.14. Peer Group-Bildung in einem PNNI-Netz.

Nach der Bildung der einzelnen Peer Groups ernennt jede Peer Group einen Peer Group Leader (PGL). Dieser Vermittlungsknoten repräsentiert seine Peer Group und damit alle zugehörigen logischen Knoten dieser Peer Group gegenüber der Peer Group der nächsten Ebene. Er empfängt die Link State Updates (LSUs) aus der Peer Group der nächsten Ebene und gibt sie an die Mitglieder seiner Gruppe weiter. Umgekehrt sendet er die Topologie-Informationen über seine Peer Group an die Peer Group über ihm. Die Rolle des PGL ist vergleichbar mit der des Designated Routers in OSPF.

Die Peer Group Leader zweier benachbarter Peer Groups unterhalten eine Verbindung untereinander, Routing Control Channel genannt, über die sie die Topologie-Informationen austauschen und somit die nächsthöhere Peer Group bilden. In Abbildung 5.15 bilden beispielsweise Peer Group A, vertreten durch den Peer Group Leader A.3 und Peer Group B, vertreten durch Peer Group Leader B.4, die nächsthöhere Peer Group C. Peer Group C besteht also aus den Logical Group Nodes A und B.

In sehr großen Netzen können mehrere hierarchische Ebenen über dieses Verfahren gebildet werden. In unserem Beispiel würde Peer Group C wiederum durch einen eigenen Peer Group Leader in der nächsten Hierarchieebene vertreten sein.

ATM-Schicht

Ein logischer Knoten in einer Peer Group, der eine oder mehrere physikalische Verbindungen zu einem Knoten in einer anderen Peer Group hat, wird Grenzknoten (Border Node) genannt. Grenzknoten tauschen über Hello-Pakete Informationen über ihre Peer Group aus, zum Beispiel wer der Peer Group Leader ist und welcher nächsthöheren Peer Group sie angehören (Abbildung 5.13).

PNNI beinhaltet außerdem die Erstellung und Verteilung einer Topologie-Datenbank, die alle Elemente einer Routing Domain beschreibt, d.h. einer logischen Gruppe von Knoten, die alle die gleiche PGID haben. Diese Datenbank umfaßt alle Informationen, die notwendig sind, um einen Weg von einem Knoten zu jeder beliebigen anderen Adresse in dieser oder in einer anderen Routing Domain zu ermitteln.

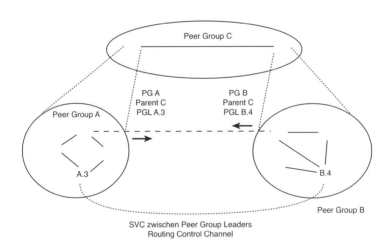

Abbildung 5.15. Hierarchiebildung in einem PNNI-Netz.

Die Knoten tauschen Datenbankinformationen über PNNI Topology State Elements (PTSEs) untereinander aus. PTSEs beinhalten Topologie-Charakteristika (zum Beispiel ob eine bestimmte Verbindung unterstützt wird), die aus dem Status der Verbindung oder des Knotens gewonnen werden (zum Beispiel Verfügbarkeit). PNNI gehört zu der Art von Link State Routing-Protokollen, bei der die Topologie-Information für die Wegeauswahl in der Datenbank enthalten ist. In der Topologie-Datenbank jedes Knotens sind diejenigen PTSEs gesammelt, die der Knoten kennt, und zwar in der Darstellung, wie dieser Knoten zu diesem Zeitpunkt die Routing Domain sieht.

Quality-of-Service

Auf der Basis der Informationen in der Topologie-Datenbank jedes Knotens, einschließlich der Verkehrscharakteristika der Verbindung und der angeforderten Serviceparameter, wird der Verlauf jeder einzelnen Verbindung im ATM/PNNI-Netz berechnet. Der ermittelte Weg muß alle Anforderungen erfüllen. Muß beispielsweise ein MPEG-2-Videostrom mit einer notwendigen Bandbreite von 30 Mbit/s über das ATM-Netz übertragen werden, muß PNNI einen Weg finden, der die Anforderungen für diesen Videostrom, zum Beispiel eine bestimmte Zellentransportrate und bestimmte Effizienzkriterien, voll erfüllt. Dies gilt für alle Verbindungsabschnitte, über die der Videostrom geleitet wird. Jede Bandbreitenreduzierung oder der Wechsel der Effizienzkriterien durch das ATM-Netz würde die Qualität des Videos beeinflussen.

Verbindungsaufbau zum Transport von Benutzerdaten

Um Daten von einem ATM-Endgerät zu einem andern über ein PNNI-Netz zu übertragen, signalisiert das Endgerät seinem ATM-Vermittlungsknoten einen Verbindungswunsch einschließlich der ATM-Zieladresse über einen Signalisierungskanal entsprechend Q.2931. Der ATM/PNNI-Vermittlungsknoten legt aufgrund der Daten in seiner Topologie-Datenbank und der Anforderungen an die Verbindung den Weg fest. Dieser Prozeß wird Generic Call Admission Control (GCAC) genannt. Nachdem festgestellt wurde, daß die geforderte Verbindung und die geforderten QoS bereitgestellt werden können, ermittelt der ATM-Knoten den besten Weg innerhalb seiner eigenen Peer Group und durch die Peer Groups der höheren Ebenen. Dabei erstellt er die Designated Transit List (DTL), in welcher der Weg durch das ATM-Netz mit allen Vermittlungsknoten und Peer Groups, die die Zellen auf ihrem Weg zur Zielstation durchlaufen, festgehalten wird.

Die DTL wird jedem ATM/PNNI-Vermittlungsknoten entlang des Weges mitgeteilt. Auf Basis der DTL aktiviert jeder Knoten seine eigene Call Admission Control (CAC) für diesen Ruf. Die CAC stellt sicher, daß die QoS-Parameter für jeden Knoten und Verbindungsabschnitt bereitgestellt werden, ohne die garantierten QoS-Parameter für andere Verbindungen zu beeinträchtigen. Stehen die QoS-Parameter bereit, wird die DTL an den nächsten Vermittlungsknoten weitergeleitet. Stehen sie nicht bereit, verfügt PNNI über einen Mechanismus, Crankback genannt, der den Ruf an den vorangegangenen Knoten in der Peer Group zurückgibt, damit dieser einen Alternativweg über andere Knoten ermitteln kann.

ATM-Schicht

Abbildung 5.16 verdeutlicht die Funktionsweise des Crankback. Die Quelle fordert eine Verbindung von D.1.1 nach D.1.5 an. Es wird der Weg von D.1.1 über D.1.2 nach D.1.4 und D.1.5 ausgewählt. Bei D.1.4 ereignet sich während der Durchschaltung ein CAC-Fehler. Die Crankback-Funktion gibt daraufhin die Verbindungsanforderung an D.1.2 zurück. Daraufhin wird die Anforderung über den Alternativweg D.1.3 zur Zielstation D.1.5 geleitet.

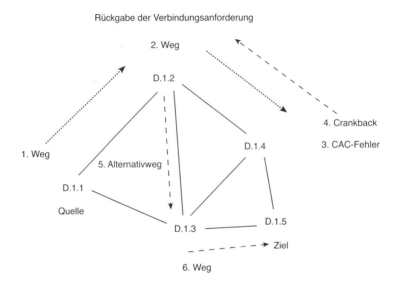

Abbildung 5.16. Crankback in einem ATM/PNNI-Netz.

Ist ein Weg durch das Netz gefunden, gibt der letzte ATM/PNNI-Vermittlungsknoten vor der Zielstation dem ersten Knoten nach der Sendestation die Information, daß die Verbindung akzeptiert wurde und die Daten gesendet werden können.

Skalierbarkeit

PNNI ist stärker skalierbar als andere Routing-Protokolle. Wie bereits erwähnt, bildet PNNI auf Basis der ATM-Adreßstruktur hierarchische Gruppen, die aus ATM-Knoten mit der gleichen PGID bestehen. Außerdem arbeitet PNNI mit Datenbanken, in der die Elemente des ATM-Netzes (Verbindungen und Knoten) enthalten und beschrieben sind. Die Wegermittlung erfolgt auf Basis der Datenbankinformation und der Gruppenzusammenarbeit. Das Hauptmerkmal der hierarchischen Struktur von PNNI ist, sich in Netzen, in denen die Adreßstruktur gleichzeitig die Topologie reflektiert, selbst zu konfigurieren. Dadurch ist das PNNI-Protokoll vor allem für große ATM-Netze geeignet. Im Gegensatz zu OSPF, auf dessen Modell PNNI aufbaut, unterstützt PNNI mehr als hundert hierarchische Ebenen.

VI ATM-Adaptionsschicht

Aufgabe der ATM-Adaptionsschicht ist es, die Informationen von den höheren Schichten an das ATM-Netz anzupassen.

Allgemeine Charakteristika

Das ATM-Netz kann nur Zellen transportieren. Deshalb müssen andere Transportformate wie Rahmen, Pakete, Sprachströme in Zellen umgewandelt werden.

Die Aufgabe der Adaptionsschicht ist es, die unterschiedlichen Informationstypen, die die Nutzer über das ATM-Netz senden, auf ATM-Zellen abzubilden und Zellenlaufzeiten in Abhängigkeit des Informationstyps auszugleichen. Man unterscheidet zwei generelle nutzerabhängige Dienstekategorien.

Ein Nutzer kann sich beispielsweise im lokalen Netzbereich befinden, d.h. eine Workstation, ein PC, eine Brücke, ein Router oder ein Netzserver sein. Ebenso kann sich der Nutzer im WAN-Bereich befinden, d.h. eine E1-, E3-Verbindung o.ä. sein. Der Nutzer eines ATM-Netzes ist immer die Einrichtung im Endpunkt des ATM-Netzes, d.h. die ATM-Adaptionsschicht bildet die Peripherie des ATM-Netzes. Beim Erreichen der Nutzerinformation in der ATM-Adaptionsschicht wird das ankommende Informationsformat aufgeteilt und geht als ATM-Nutzlast in die ATM-Zelle ein. Am Empfangsende wird aus der ATM-Nutzlast das Originalformat wiederhergestellt und dem Nutzer übergeben.

War der Sender beispielsweise eine Workstation in einem lokalen Netz, dann bestand das Originalformat zum Beispiel aus einem IP-Paket. War dieses länger als 48 Byte, mußte es auf mehrere ATM-Zellen aufgeteilt werden. Am Empfangsende wird das IP-Paket wiederhergestellt und dem Empfänger, zum Beispiel ebenfalls eine Workstation, übergeben. Stammen die an der ATM-Adaptionsschicht ankommenden Informationen beispielsweise von einer Datendirektverbindung aus dem WAN, kommen die Informationen als Folge einzelner Bits an und werden auf die Nutzlast der ATM-Zelle aufgeteilt.

Theoretische Grundlagen

Verkehrscharakteristika

Die ATM-Adaptionsschicht ist entsprechend den Anforderungen, die die Informationsübertragung in heutigen Netzen stellt, in fünf Diensttypen eingeteilt (Abbildung 6.1).

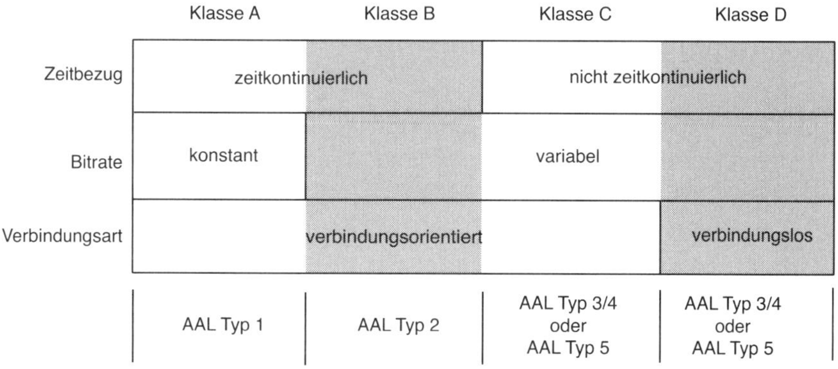

	Klasse A	Klasse B	Klasse C	Klasse D
Zeitbezug	zeitkontinuierlich	zeitkontinuierlich	nicht zeitkontinuierlich	nicht zeitkontinuierlich
Bitrate	konstant	variabel	variabel	variabel
Verbindungsart	verbindungsorientiert	verbindungsorientiert	verbindungsorientiert	verbindungslos
	AAL Typ 1	AAL Typ 2	AAL Typ 3/4 oder AAL Typ 5	AAL Typ 3/4 oder AAL Typ 5

Abbildung 6.1. Dienstklassen und Verkehrsanforderungen.

AAL-Diensttyp 1

Der Diensttyp 1 paßt Daten mit konstanter Bitrate an das ATM-Netz an. Die Daten erreichen die AAL-Schicht als Strom einzelner Bits, die in der Reihenfolge ihrer Ankunft übertragen werden. Zusätzlich zur Anpassung und Übertragung stellt der AAL-Dienst 1 den Takt zwischen Quell- und Zielstation bereit.

Die ATM-Adaptionsschicht besteht aus zwei Teilschichten: dem Convergence Sublayer und dem Segmentation and Reassembly Sublayer. Beide Teilschichten arbeiten bei der Anpassung der konstanten Datenströme an ATM-Zellen zusammen und werden von der Managementeinheit der ATM-Adaptionsschicht gesteuert. Diese stellt folgende Funktionen bereit:

ATM-Adaptionsschicht

- Aufbau einer AAL1-Verbindung zwischen den Peer Entities der AAL 1.
- Erneuter Verbindungsaufbau im Falle eines Fehlers, zum Beispiel Signalverlust.
- Abbau der AAL-1-Verbindung.
- Beobachtung des konstanten Bitstroms am Eingangsport.
- Beobachtung des Zugangs zur ATM-Schicht, um zu überprüfen, ob Zellen weggeworfen wurden.

Convergence Sublayer

Der Convergence Sublayer ist in bezug auf die Bitrate am Eingangsport dienstabhängig. Er muß zum Beispiel in der Lage sein, einen Bitstrom mit 1,544 Mbit/s von einem Bitstrom mit 2,048 Mbit/s zu unterscheiden.

Abbildung 6.2 zeigt die Übertragung eines konstanten Datenstroms an einem D1- und DS-3-Port durch den AAL-Diensttyp 1.

Der Convergence Sublayer sammelt 376 Bit für die ATM-Nutzlast. Die Summe von 376 Bit ergibt nur eine Nutzlast mit 47 Byte. Die Differenz von einem Byte zur Gesamtnutzlast von 48 Byte einer ATM-Nutzlastzelle ergibt sich aus dem Overhead, den der Segmentation and Reassembly Layer benötigt.

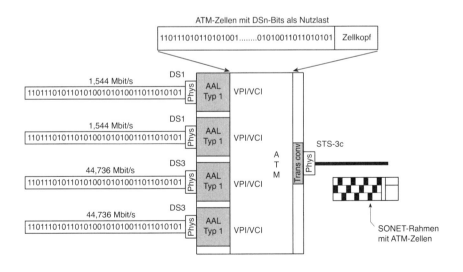

Abbildung 6.2. AAL-Dienst, Klasse A zur Übertragung des E-n-Dienstes.

ATM LAN Guide

Theoretische Grundlagen

Segmentation and Reassembly Sublayer (SAR)

Der Segmentation and Reassembly Sublayer (SAR) ist von der Bitrate unabhängig. Er nimmt die ankommenden Bit und faßt sie zur Nutzlast zusammen. Neben den Daten gehen Overhead-Informationen in die Nutzlast ein, aufgrund derer die ATM-Adaptionsschicht der Zielstation den Bitstrom exakt rekonstruieren kann. Abbildung 6.3 zeigt das Format einer Protocol Data Unit (PDU) des AAL-Typ-1-Dienstes.

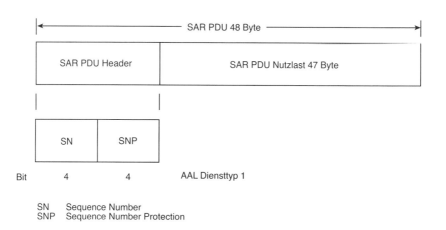

SN Sequence Number
SNP Sequence Number Protection

Abbildung 6.3. Datenübertragung mit einer Protocol Data Unit auf dem SAR Sublayer durch Diensttyp 1.

Die Overhead-Informationen bestehen aus der Sequenznummer (SN) und dem Sequenznummernfeld (SNP). Das erste Bit der Sequenznummer ist das Convergence Sublayer Indication Bit, das den Takt an der Empfangsstation erzeugt. Die Sequenznummer (3 Bit) numeriert die Zellen, und das SNP-Feld überprüft die Reihenfolge der Zellennutzlast.

Der Convergence Sublayer stellt die folgenden Funktionen bereit:

- ◆ Beobachtung von Signalverlusten am Eingangsport.
- ◆ Erzeugung der Convergence Sublayer PDU mit 47 Byte.
- ◆ Erkennung verlorengegangener SAR PDUs auf der Empfangsseite.
- ◆ Erkennung zeitversetzt eingegangener Zellen, so daß der Datenstrom nicht mehr korrekt zusammengesetzt werden kann (Starvation Condition).
- ◆ Erhaltung der Bitintegrität bis zum AAL-1-Ausgangsport.

ATM-Adaptionsschicht

Die SAR-Schicht ist für folgende Funktionen zuständig:

- Erzeugung der SAR-Nutzlast (48 Byte) zur Übergabe an die ATM-Schicht.
- Beobachtung, ob Zellen aufgrund einer Überlastsituation weggeworfen wurden.
- Empfang der ATM-Nutzlast auf der Empfangsseite.
- Übergabe der empfangenen SAR-Nutzlast an den Convergence Sublayer.

Der AAL-Diensttyp 1 stellt außerdem folgende Dienste bereit:
- Erhaltung der notwendigen Bitrate am Port.
- Aufrechterhaltung des für die Bitrate benötigten Takts.
- Behebung von Starvation Conditions durch Generierung und Aussenden von Alarmsignalen am DS-n- oder E-n-Ausgangsport.

AAL-Diensttyp 2

Der AAL-Diensttyp 1 unterstützt Dienste der Klasse B, d.h. zeitkontinuierliche Daten mit variabler Bitrate. Er ist noch nicht vollständig definiert. Abbildung 6.4 stellt die SAR PDU für den AAL-Diensttyp 2, wie sie derzeit vorliegt, dar.

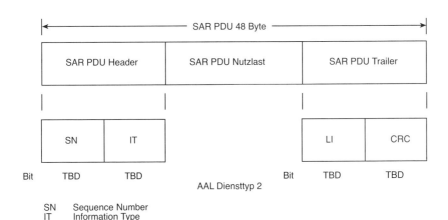

Abbildung 6.4. SAR Protocol Data Unit für AAL-Diensttyp 2.

AAL-Diensttyp 3/4

Der AAL-Diensttyp 3/4 dient der Übertragung von Datendiensten der Klasse C und D. Er paßt Datenpakete bzw. Datenrahmen an ATM-Zellen an. Er arbeitet auf der Eingangsseite wie eine strukturierte Dateneinheit (zum Beispiel Datenrahmen), wobei diese sehr lang sein kann. Die Rahmen werden in 48 Byte große Nutzlasteinheiten segmentiert und dann der ATM-Schicht übergeben. Der AAL-Diensttyp 3/4 kann Datenrahmen bzw. Datenpakete variabler Länge bis 65.535 Byte transportieren.

Der AAL-Diensttyp 3/4 besteht aus zwei Teilen: einem dienstspezifischen und einem generellen Teil.

Dienstspezifischer Teil

Der dienstspezifische Teil des AAL-Diensttyps 3/4 besteht aus einem Service Access Point (SSP), der dem Nutzer zusätzliche Funktionen bereitstellt. Die Benutzung des SSP ist nicht zwingend. Der SSP ist inaktiv, solange er nicht per Software aktiviert wird. Die SSP-Funktionen wurden bisher nicht vom ATM-Forum spezifiziert.

Genereller Teil

Der allgemeine Teil des AAL-Dienstes 3/4 hat die Aufgabe, bitorientierten Datenverkehr variabler Länge sequentiell zu übertragen. Die Funktionen des generellen Teils wurden in die beiden Unterfunktionen des Common Part Convergence Sublayer (CPCS) und des Segmentation and Reassembly Sublayer aufgeteilt. Beide arbeiten bei der Umwandlung von ankommenden Datenrahmen in Nutzlasteinheiten zusammen.

Convergence Sublayer

Der Common Part Convergence Sublayer überprüft die Protokolldateneinheiten auf Fehler und falsche Zusammenstellung. D.h. der AAL-Diensttyp 3/4 registriert das Vorhandensein von Fehlern in der übertragenen Information. Allerdings werden die Fehler nicht korrigiert, auch als fehlerhaft erkannte Rahmen und Zellen werden nicht erneut übertragen.

ATM-Adaptionsschicht

Die Protokollrahmen werden dem Convergence Sublayer zur Vorbereitung für die ATM-Schicht übergeben. Der sendende CS-Layer fügt dem Protokollrahmen Header und Trailer hinzu, damit die CS auf der Empfangsseite den Originalrahmen rekonstruieren und eventuelle Fehler erkennen kann. Im Falle eines Fehlers wird zwar keine Neuübertragung der fehlerhaften Zelle oder des fehlerhaften Rahmens veranlaßt, aber es besteht eine Corrupted Delivery Option, d.h. die Applikation kann fehlerhafte Daten annehmen.

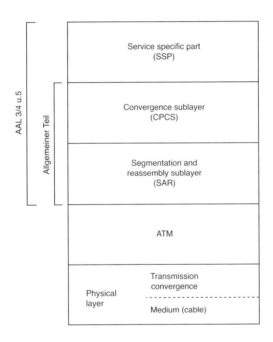

Abbildung 6.5. AAL-Diensttyp 3/4.

Die CPCS-Teilschicht stellt Nutzern zwei Dienste bereit:

Message Mode Service

Dieser Service zeigt an, daß die Informationseinheit, die zum CPCS transportiert wurde, aus einem ganzen Protokollrahmen besteht. Die CPCS verarbeitet den gesamten Datenrahmen als eine Einheit weiter.

Streaming Mode Service

Der Streaming Mode Service betrifft die Art und Weise, wie die Information durch die Applikation bzw. das Protokoll dem Convergence Sublayer präsentiert wird. Das Protokoll übergibt den Rahmen als Bitstrom und nicht als Einheit. Die CPCS-Teilschicht kann aufgrund dieses Verfahrens den Datentransfer beginnen, bevor sie den gesamten Datenrahmen erhalten hat.

Nachdem die Dateneinheit der CPCS-Teilschicht zur Übertragung übergeben wurde, erstellt die CPCS die CPCS PDU. Die CPCS Protocol Data Unit besteht aus Header und Trailer, aus deren Information die CPCS auf der Empfangsseite den Datenrahmen exakt rekonstruieren kann. Die CPCS PDU wird der SAR-Schicht übergeben, die diese in Nutzlasteinheiten segmentiert.

Segmentation and Reassembly Sublayer

Die SAR-Teilschicht ist vom Protokollformat unabhängig. Die CS-Teilschicht erzeugt eine vordefinierte CS PDU, deren Format die SAR-Teilschicht nicht kennt. Die SAR-Teilschicht übernimmt diese im Format fest vorgegebene, aber in der Länge variable CPCS PDU und segmentiert sie in Nutzlasteinheiten zur Weitergabe an die ATM-Schicht. Zusätzlich zum Informationsanteil fügt die SAR-Teilschicht Steuerinformationen in die Nutzlast ein, aus denen die SAR-Teilschicht auf der Empfangsseite die CPCS PDU zurückgewinnen kann.

Abbildung 6.6 zeigt den Informationsfluß durch die ATM-Einrichtungen in einzelnen Schritten vom Erreichen der Nutzeranwendungsdaten bis zur Übertragung als Zelle über das Netz.

Die Schritte laufen wie folgt ab:

1. Die Daten werden von der Applikations-/Protokollschicht dem Diensttyp 3/4 der ATM-Adaptionsschicht übergeben.
2. Die CPCS akzeptiert die Information und bereitet sie zur Segmentierung vor, indem sie zunächst durch Hinzufügen von Header und Trailer die CPCS PDU erstellt. Der Header kennzeichnet den Beginn der CPCS PDU und reserviert den benötigten Speicher. Der Trailer kennzeichnet das Ende der CPCS PDU und die Länge der Nutzlast. Beide, Header und Trailer, dienen der Rekonstruktion des Originalformats durch die AAL-Schicht auf der Empfangsseite.
3. Die CPCS PDU wird der SAR-Teilschicht übergeben. Die SAR-Teilschicht nimmt die ersten 44 Byte der CPCS PDU und schließt sie in eine 48 Byte lan-

ATM-Adaptionsschicht

ge Nutzlasteinheit ein. Danach fügt sie der 44 Byte langen CPCS-Information einen eigenen, 2 Byte langen Header und einen 2 Byte langen Trailer hinzu.
4. Die 48 Byte große Nutzlasteinheit wird der ATM-Schicht übergeben.
5. Die ATM-Schicht ergänzt die Nutzlast um den Zellkopf und formt so die vollständige ATM-Zelle mit 53 Byte.
6. Die ATM-Zelle wird der Bitübertragungsschicht präsentiert.
7. Der Transmission Convergence Sublayer der Bitübertragungsschicht plaziert die Zelle in einen Rahmen zur Übergabe an das Kabel. Das Einfügen in einen Rahmen erfolgt nur bei SONET/SDH-, DS-3- und 8B/10B-Schnittstellen. Die 4B/5B-Schnittstelle fügt jeder ATM-Zelle einen Start Delimiter hinzu und schickt sie nacheinander auf das pysikalische Medium.
8. Das Kabel überträgt das Signal bis zum nächsten ATM-System.

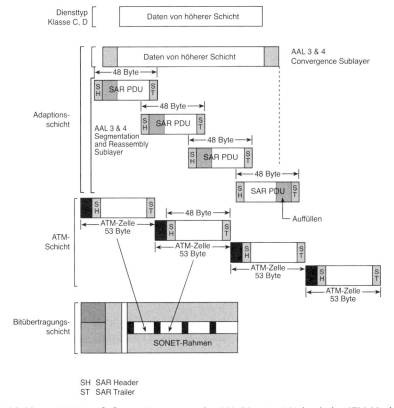

SH SAR Header
ST SAR Trailer

Abbildung 6.6. Datenfluß unter Benutzung des AAL-Dienstes 3/4 durch das ATM-Modell.

Theoretische Grundlagen

AAL-Diensttyp 5

Der AAL-Diensttyp 5 ist dem AAL-Diensttyp 3/4 sehr ähnlich. Wie dieser ist er in einen dienstspezifischen und in einen allgemeinen Teil gegliedert. Die Hauptunterschiede sind in der Funktionsweise der SAR-Teilschicht und in der Vermeidung von Overhead auf dieser Teilschicht zu sehen.

Der AAL-Diensttyp 3/4 basiert auf einem sehr komplexen Protokoll, das signifikanten Overhead auf der SAR-Teilschicht erzeugt. Jede Nutzlast beinhaltet 4 Byte SAR Overhead. Außerdem führt der AAL-Diensttyp 3/4 für jede Zelle eine Fehlerprüfung durch. Im Gegensatz hierzu stellt der AAL-Diensttyp 5 ein weit einfacheres Adaptionsverfahren bereit. Der AAL-Diensttyp 5 fügt der CPCS PDU zum Beispiel nur am Ende eine Information bei, die sicherstellt, daß auf der gegenüberliegenden CPCS-Seite das Originalformat wiederhergestellt werden kann. Auch läßt die SAR-Schicht beim AAL-Diensttyp 5 nicht ihren eigenen Overhead mit in den Nutzlastteil einfließen. Des weiteren prüft der AAL-Diensttyp 5 nicht jede einzelne Nutzlast auf Fehler, sondern nur die gesamte CPCS PDU.

Weiterhin verursacht der Diensttyp AAL 3/4 Overhead bei der Verarbeitung der Nutzlast, zum Beispiel bei der Feststellung der Nutzlastlänge bzw. der Länge der Nutzerinformation innerhalb des Nutzlastteils der Zelle. Hier entsteht zusätzliche Overhead-Information, die benötigt wird, da die AAL 3/4-SAR bestimmen muß, ob die ihr präsentierte Information den gesamten Nutzlastteil füllt oder nicht. Die AAL 5-SAR verläßt sich auf die CPCS-Schicht und darauf, daß sie ihr CPCS PDUs übergibt, die exakt durch 48 teilbar sind. In diesem Fall ist eine Segmentierung ohne signifikanten Overhead möglich, da die CPCS PDU genau 48 Byte oder ein Mehrfaches von 48 groß ist.

Die SAR-Teilschicht von AAL-Diensttyp 5 nimmt die ersten 48 Byte der CPCS PDU und gibt sie zusammen mit der notwendigen Verbindungsinformation (SDU-Typ, Cell Loss Priority) an die ATM-Schicht weiter. Danach verfährt sie mit den nächsten 48 Byte in der gleichen Weise. Eine Berechnung des Nutzlastteils bzw. des Informationsanteils der Nutzlast ist nicht notwendig. Durch dieses vereinfachte Verfahren entsteht weit weniger Overhead als beim AAL-Diensttyp 3/4.

Abbildung 6.7 zeigt, wie Informationen mit Hilfe des AAL-Diensttyps 5 durch das ATM-Netz fließen.

ATM-Adaptionsschicht

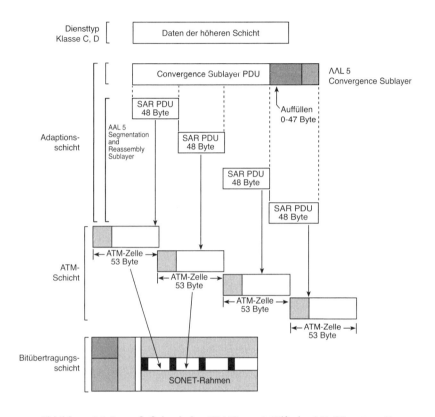

Abbildung 6.7. Datenfluß durch das ATM-Netz mit Hilfe des AAL-Diensttyps 5.

Es laufen folgende Phasen ab:

1. Die Daten werden von der Applikations-/Protokollschicht dem Diensttyp 5 der ATM-Adaptionsschicht übergeben.
2. Die CPCS akzeptiert die Information und bereitet sie zur Segmentierung vor, indem sie zunächst durch Hinzufügen des Trailers den allgemeinen Teil der CPCS-PDU erstellt. Der Trailer enthält den CRC-Test für die Überprüfung der CPCS-PDU sowie die Länge der Nutzlast. Die Trailer-Informationen dienen der Rekonstruktion des Originalformats durch die AAL-Schicht auf der Empfangsseite.

3. Die CPCS PDU wird der SAR-Teilschicht zur Segmentierung übergeben. Die SAR-Teilschicht nimmt die ersten 48 Byte der CPCS PDU und übergibt sie der ATM-Schicht.
4. Die 48 Byte große Nutzlast wird der ATM-Schicht zusammen mit der Information über den Nutzlasttyp (Ende der Zelle oder fortlaufende Zelle sowie Cell Loss Priority) übergeben.
5. Die ATM-Schicht ergänzt die Nutzlast um den Zellkopf und formt so die ATM-Zelle.
6. Die ATM-Zelle wird der Bitübertragungsschicht präsentiert.
7. Der Transmission Convergence Sublayer der Bitübertragungsschicht plaziert die Zelle in einen Rahmen zur Übergabe an das Kabel. Das Einfügen in einen Rahmen erfolgt nur bei SONET/SDH-, DS-3- und 8B/10B-Schnittstellen. Die 4B/5B-Schnittstelle fügt jeder ATM-Zelle einen Start Delimiter hinzu und schickt sie nacheinander auf das physikalische Medium.
8. Das Kabel überträgt das Signal bis zum nächsten ATM-System.

Zellenfluß in ATM-Netzen

Der AAL-Diensttyp 5 leitet Informationen in folgenden Stufen und mit folgenden Informationen weiter:

- ◆ Übernahme der Information von den höheren Schichten.
- ◆ Generieren der CPCS-PDU.
- ◆ Segmentieren der CPCS-PDU in Nutzlasten.
- ◆ Präsentation der Nutzlasten an die ATM-Schicht einschließlich folgender Informationen:
  – Cell Loss Priority für die Übertragung
  – Zelltyp (Nutzer- oder Managementdatenzelle)
- ◆ Anzeige einer Typ-0-Zelle (d.h. fortlaufende Mitteilung).
- ◆ Anzeige einer Typ-1-Zelle (d.h. Ende einer Mitteilung).

Da der Trailer nicht das Ende der Information anzeigt, muß es andere Verfahren geben, um der CPCS anzuzeigen, daß die Mitteilung angekommen ist und daß der CRC nun überprüft werden kann. Der AAL-Diensttyp 3/4 plaziert einen EOM-Indikator im Segmenttyp-Feld des SAR-Headers, um das Ende der Mitteilung anzuzeigen. Da der AAL-Dienststyp 5 auf der SAR-Schicht keinen Header erhält, geht er wie folgt vor:

ATM-Adaptionsschicht

Bei der Übergabe der Nutzlast an die ATM-Schicht informiert der Diensttyp 5 die ATM-Einrichtung, welchen Nutzlasttyp er weitergibt, eine fortlaufende Mitteilung oder das Ende einer Mitteilung. Auf Basis dieser Information erzeugt die ATM-Schicht den Zellkopf.

Abbildung 6.8 zeigt eine Nutzlast mit einer fortlaufenden Mitteilung und mit einem Mitteilungsende.

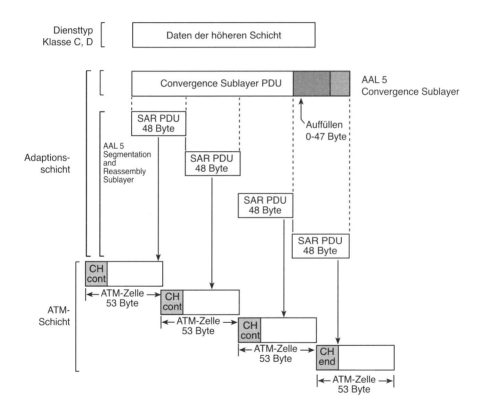

Abbildung 6.8. Anzeige eines Nachrichtenendes und einer fortlaufenden Nachricht durch den AAL-Diensttyp 5.

Theoretische Grundlagen

Es gibt keinen speziellen Indikator, der den Beginn der Nachricht anzeigt. Ein solcher ist nicht notwendig, da die Anzeige „Ende einer Nachricht" beide Funktionen übernimmt. Dort, wo eine Nachricht endet, beginnt auch die nächste. Deshalb benötigt der AAL-Diensttyp 5 auch nur einen COM- und einen EOM-Indikator. Die erste COM-Mitteilung nach einer EOM-Anzeige ist der Beginn der nächsten Meldung.

Ist die Information fehlerfrei, gibt die CPCS die Zelle an die höheren Schichten weiter. Verläuft der CRC-Test negativ und hat die Verbindung eine Corrupted Delivery Option festgestellt, wird das fehlerhafte Paket an die höheren Schichten weitergeben. Spezifiziert die Verbindung, daß fehlerhafte Daten nicht übergeben werden dürfen, wird das Paket weggeworfen.

Die Protokolle der höheren Schichten veranlassen daraufhin eine erneute Übertragung des gesamten Protokollrahmens. Die höheren Schichten arbeiten nicht auf Zellenbasis. Entweder wird der gesamte Rahmen von der Empfangsstation empfangen oder nicht. Deshalb gibt es auch keine Möglichkeit, nur die Übertragung einer einzelnen fehlerhaften Zelle zu veranlassen.

Im Unterschied zu AAL 3/4 wird beim AAL 5 die Anzeige, ob es sich um eine fortlaufende Mitteilung oder um das Ende einer Mitteilung handelt, im Zellkopf übertragen, beim AAL-Diensttyp 3/4 befindet sich diese Information im Segmenttyp-Feld der Nutzlast.

Teil 2
LAN-ATM-Migration

VII LAN-ATM-Internetworking-Ansätze heute

In den nächsten Jahren werden herkömmliche Shared Media LANs und lokale Netze auf Switching-Basis parallel nebeneinander existieren. Deshalb müssen Lösungen gefunden werden, wie die installierten LANs in ein ATM-Backbone integriert bzw. wie LAN-Endgeräte über ein ATM-Backbone miteinander und mit ATM-Endgeräten kommunizieren können. Denn die Interoperabilität der bestehenden Netze und Netzprotokolle mit den neuen ATM-Umgebungen ist die Voraussetzung für die erfolgreiche Einführung von ATM.

Generelle Aspekte

In die Praxis umgesetzt wurden drei ATM-Internetworking-Ansätze, die entweder durch die Internet Engineering Task Force (IETF) in sog. Requests for Comment (RFC) oder durch das ATM-Forum spezifiziert wurden. Dies sind:

- Multiprotocol Encapsulation over ATM (RFC 1483)
- Classical IP over ATM (RFC 1577)
- LAN Emulation (ATM-Forum)

Diese Verfahren sind von der IETF spezifiziert bzw. vom ATM-Forum standardisiert und werden heute in gemischten LAN/ATM-Umgebungen angewandt.

Zusätzlich wurde Multiprotocol over ATM (MPOA) spezifiziert. Die Implementation der Standardvorgaben in die Komponenten erfolgt gerade, und Tests in der Praxis stehen noch aus.

Multiprotocol Encapsulation over ATM

In RFC 1483 sind zwei Methoden der Einschachtelung (Encapsulation) von LAN-Datenpaketen genannt (Abbildung 7.1):

- Multiplexen mehrerer Protokolle über einen virtuellen ATM-Kanal (ATM VC) unter Benutzung der Logical Link Control Encapsulation (LLC).
- Multiplexen eines einzigen Protokolls über einen virtuellen ATM-Kanal (ATM VC) unter Benutzung des VC-basierenden Multiplexverfahrens.

LLC-Encapsulation

Bei der LLC-Encapsulation werden die LAN-Datenpakete auf der LLC-Teilschicht in AAL5 CPCS-PDUs eingeschachtelt und über einen einzigen virtuellen Kanal (VC) übertragen. Auf diese Weise können alle LAN-Protokolle (Ethernet, Token Ring und FDDI) über ein ATM-Netz übertragen werden.

Die LLC Encapsulation wird benötigt, wenn nur ein virtueller Kanal für die Übertragung mehrerer Protokolle benutzt wird. Damit die Empfangseinrichtung im Endpunkt die PDU identifizieren kann, muß das PTI-Feld die Information zur Identifikation des benutzten Protokolls enthalten. Bei dieser Methode der Einschachtelung wird die LLC-Header-Information vor der PDU plaziert.

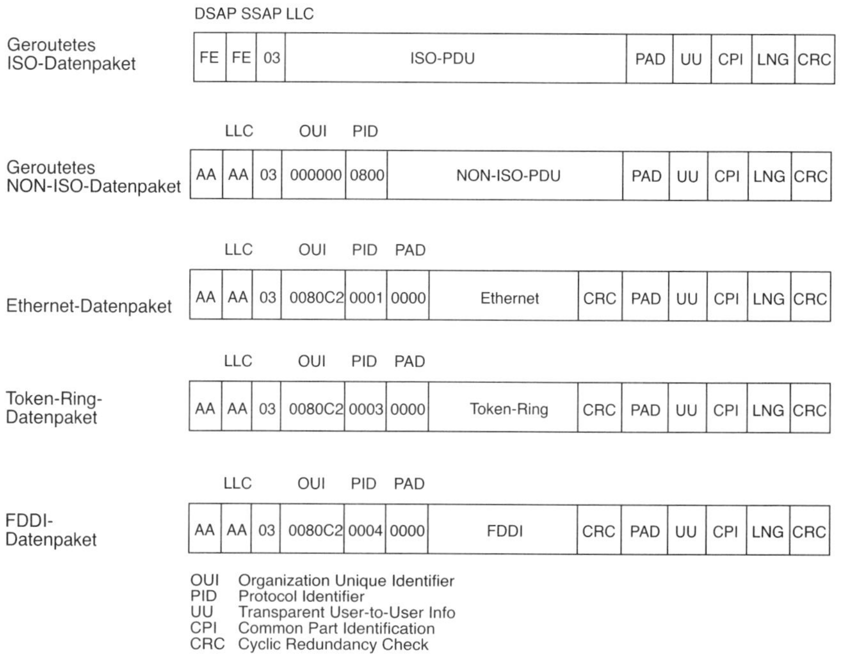

	DSAP SSAP LLC								
Geroutetes ISO-Datenpaket	FE	FE	03	ISO-PDU	PAD	UU	CPI	LNG	CRC

	LLC		OUI	PID						
Geroutetes NON-ISO-Datenpaket	AA	AA	03	000000	0800	NON-ISO-PDU	PAD	UU	CPI	LNG	CRC

	LLC		OUI	PID	PAD						
Ethernet-Datenpaket	AA	AA	03	0080C2	0001	0000	Ethernet	CRC	PAD	UU	CPI	LNG	CRC

	LLC		OUI	PID	PAD						
Token-Ring-Datenpaket	AA	AA	03	0080C2	0003	0000	Token-Ring	CRC	PAD	UU	CPI	LNG	CRC

	LLC		OUI	PID	PAD						
FDDI-Datenpaket	AA	AA	03	0080C2	0004	0000	FDDI	CRC	PAD	UU	CPI	LNG	CRC

OUI Organization Unique Identifier
PID Protocol Identifier
UU   Transparent User-to-User Info
CPI Common Part Identification
CRC Cyclic Redundancy Check

Abbildung 7.1. LLC-Encapsulation nach RFC 1483

Dieses Verfahren eignet sich vor allem für ATM-Umgebungen, die entweder nur aus virtuellen Festverbindungen bestehen, oder die virtuelle Wählverbindungen nicht unterstützen.

VC-basierendes Multiplexen

Beim VC-basierenden Multiplexen muß der virtuelle Kanal (VC) das benutzte Netzprotokoll erkennen können. Für jedes Protokoll muß ein separater VC zur Verfügung stehen. In diesem Fall muß die LLC-Header-Information nicht in der Nutzlast plaziert und übertragen werden. Dadurch wird weniger Bandbreite benötigt, und es fällt weniger Verarbeitungsoverhead an. Aus diesem Grund ist es effizienter als die LLC-Encapsulation, setzt aber ein Netz aus virtuellen Wählleitungen (SVC) voraus.

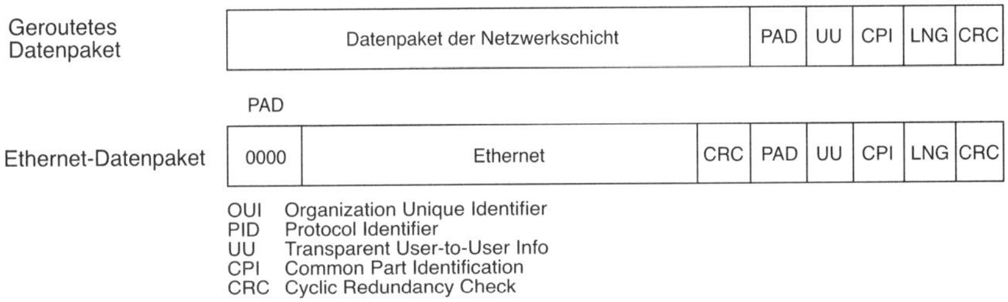

Geroutetes Datenpaket		Datenpaket der Netzwerkschicht		PAD	UU	CPI	LNG	CRC
		PAD						
Ethernet-Datenpaket	0000	Ethernet	CRC	PAD	UU	CPI	LNG	CRC

OUI Organization Unique Identifier
PID Protocol Identifier
UU Transparent User-to-User Info
CPI Common Part Identification
CRC Cyclic Redundancy Check

Abbildung 7.2. VC-basierendes Multiplexen nach RFC 1483

ATM-Bridging

Verhält sich eine ATM-Schnittstelle wie eine Brücke, muß sie PDUs im Brückenmode weiterleiten oder verteilen (floating) können.

Floating heißt, daß alle PDUs an alle Lokationen geschickt werden, indem jede PDU auf jeden VC kopiert und über einen virtuellen Punkt-zu-Multipunkt-Kanal ausgesandt wird.

Forwarding einer PDU setzt voraus, daß alle ATM-Schnittstellen im Netz sich wie eine Forwarding-Brücke verhalten. D.h., daß sie alle MAC-Adressen, die jedem einzelnen VC zugeordnet sind, kennen und speichern. Damit eine ATM-Brücke über den Lernmodus verfügt, muß das Zellenformat der LLC-Einschachtelungsmethode entsprechen.

LAN-ATM-Migration

Classical IP over ATM

In RFC 1577 ist die Benutzung des Internet Protocol (IP) und des Adress Resolution Protocol (ARP) in einem ATM-Netz, das wie ein logisches IP-Subnetz (LIS) konfiguriert ist, beschrieben. Der Zweck dieses Verfahrens ist, daß IP-Datagramme und ARP-Anfragen und -Antworten über das ATM-Netz unter Benutzung des AAL5-Dienstes geschickt werden können. RFC 1577 ist wie folgt spezifiziert:

- Alle IP-Pakete müssen das LLC/SNAP Encapsulation-Verfahren benutzen.
- Für Übertragungen auf allen virtuellen Kanälen in einem LIS muß eine Übertragungseinheit mit einer standardisierten Maximalgröße verwendet werden.
- Für die Auflösung der IP-Adresse in eine ATM-Adresse muß grundsätzlich das ATM-ARP-Protokoll verwendet werden.
- Ein virtueller Kanal ist identisch mit einem logischen IP-Subnetz (LIS).

LLC			OUI		Ethertype					
AA	AA	03	000000	08 06	ATMARP/InATMARP	CRC	PAD	UU	CPI	LNG	CRC

Abbildung 7.3. IP-Encapsulation nach RFC 1577.

IP-Subnetzanforderungen

In jedem LIS müssen die zu diesem LIS gehörenden Endgeräte und Router eindeutig und unabhängig von anderen Einrichtungen, die sich in anderen LIS befinden, konfiguriert sein. Die einzelnen LIS arbeiten völlig unabhängig voneinander. Die Kommunikation zwischen den LIS bzw. zwischen Einrichtungen, die sich außerhalb eines LIS befinden, erfolgt über einen Router.

Die IP-Mitglieder müssen folgenden Anforderungen genügen:

LAN-ATM-Internetworking-Ansätze heute

- Alle IP-Mitglieder müssen die gleiche Subnetzadresse und Adreßmaske haben.
- Alle Mitglieder sind mit dem gleichen ATM-Netz verbunden.
- Alle Mitglieder müssen Zugang zur Einrichtung haben, die die ATM-ARP-Funktion bereitstellt.
- Alle Mitglieder müssen VC in IP-Adressen auflösen können.
- Alle Mitglieder müssen in der Lage sein, über ein voll vermaschtes Internet zu kommunizieren.

Der Nachteil dieses Verfahrens ist, daß es optimal nur in IP-Umgebungen eingesetzt werden kann; in Multiprotokoll-Umgebungen sind umständliche IP-Encapsulation-Techniken notwendig.

Ergänzende RFCs

Im Umfeld „Classical IP over ATM" wurden bzw. werden einige RFCs in Ergänzung der bestehenden erarbeitet. Dies sind:

- RFC 1626. Er definiert eine Default MTU (Maximum Transmission Unit) zur Benutzung über ATM AAL5.
- RFC 1755. Er definiert die Signalisierungsanforderungen, um IP über ATM zu unterstützen.
- RFC 1821. Er definiert die Anforderungen, die nötig sind, um Echtzeit-Services in eine IP-ATM-Netzinfrastruktur zu integrieren.
- RFC 2022. Er befaßt sich mit der Unterstützung von Multicasts über UNI-3.0/3.1-basierende ATM-Netze (MARS).

LAN-Emulation, Version 1.0

Die zumindest aus heutiger Sicht einfachste, effizienteste und universellste Methode der LAN-ATM-Kommunikation ist die durch das ATM-Forum standardisierte LAN-Emulation (LANE).

Generelle Vorteile der LAN-Emulation

Sie hat im Vergleich zu den oben genannten Verfahren im wesentlichen drei Vorteile:

LAN-ATM-Migration

- ◆ Es können alle heutigen LAN-Protokolle ohne Modifizierung über das ATM-Netz betrieben werden.
- ◆ ATM Clients können mit Clients in herkömmlichen Shared Media LANs transparent kommunizieren.
- ◆ Es werden virtuelle LANs unterstützt.
- ◆ Virtuelle LANs können Shared Media- und ATM-übergreifend sein.

Da bei der LANE die MAC-Adresse auf eine ATM-Adresse abgebildet wird, ist das Verfahren protokolltransparent, d.h. es können alle typischen LAN-Protokolle wie IP, IPX, DECNet, NetBIOS usw. über das ATM-Netz übertragen werden. Dabei werden virtuelle Wähl- und Festverbindungen (sog. SVCs und PVCs) unterstützt. Die Protokolltransparenz des Verfahrens ermöglicht die Beibehaltung der typischen LAN-Protokolle auch in einer ATM-Umgebung und ist Voraussetzung dafür, daß alle heutigen LAN-Umgebungen in eine ATM-Infrastruktur integriert werden können.

Aus Anwendersicht noch entscheidender ist, daß die typischen LAN-Dienste wie verbindungsloser Datentransport, Broadcasts und Multicasts, auch in einer ATM-Umgebung unterstützt werden. LAN-Endgeräte gehen z.B. davon aus, daß

- ◆ Datenpakete, die von einer beliebigen Station („blind") auf das Netz geschickt werden, auf Basis der MAC-Adresse zur Zielstation gelangen, und daß
- ◆ Broadcasts anhand einer speziellen MAC-Zieladresse, die sie als Multicast oder Broadcast kennzeichnet, zu allen am LAN angeschlossenen Endgeräten oder einer bestimmten Endgeräte-Gruppe geschickt werden können.

ATM-Netze stellen diese Dienste nicht von sich aus bereit. Sie sind verbindungsorientiert und transportieren Daten über virtuelle Kanäle. Ein solcher virtueller Kanal muß vor jeder Datensendung zwischen der Sende- und Zielstation aufgebaut werden.

Damit die bereits installierte LAN-Anwendungssoftware auch in einer ATM-Umgebung ohne Kommunikationseinschränkungen und ohne umfangreiche Anpassung genutzt werden kann, ist es notwendig, einen ATM-Service zu definieren, der die typischen LAN-Dienste wie Broadcasts, Multicasts und verbindungslosen Verkehr über das ATM-Netz emuliert und der über Software in den Endgeräten und Netzsystemen unterstützt wird. Existiert ein solcher LAN-Emulationsdienst, können LAN-Endgeräte (z.B. Workstations, Server, Bridges usw.) an ein ATM-Netz angeschlossen werden, während die Software-Applikationen sich so verhalten, als ob sie nach wie vor an einem herkömmlichen Shared Media LAN angebunden wären.

Darüber hinaus ist ein solcher Emulationsdienst die Voraussetzung dafür, daß lokale Netze und ATM-Netze über Bridging-Verfahren miteinander verbunden werden und Software-Applikationen, die in einem ATM-Endgerät installiert sind, mit solchen in traditionellen LAN-Endgeräten bzw. LAN-Endgeräte über das ATM-Netz miteinander kommunizieren können. Damit profitiert der Anwender sowohl von der höheren Bandbreite des ATM-Netzes als auch davon, daß ihm die typischen LAN-Dienste in einer ATM-Umgebung weiterhin zur Verfügung stehen und er dadurch seine gesamte LAN-Peripherie einschließlich der LAN-Applikationssoftware auch in einer ATM-Umgebung ohne Kommunikationseinschränkungen nutzen kann.

Ein weiterer Vorteil von emulierten LANs ist, daß die Bildung virtueller Netze möglich und dadurch die gesamte Administrationsproblematik, die sich in den herkömmlichen Shared Media LANs durch die ständige Segmentierung und Subnetzbildung ergeben hat, vereinfacht wird.

LANE-Spezifikation des ATM-Forums

Die ATMF LANE Specification (ATMF LANE Version 1.0) definiert die Emulation von lokalen Netzen über ein ATM-Backbone-Netz.

Generell ermöglicht die LAN-Emulation:

- ◆ den Betrieb von LAN-Applikationen über ein ATM-Netz.
- ◆ die Verbindung von lokalen Netzen über ein ATM-Backbone-Netz.
- ◆ die Verbindung von Servern und Workstations im ATM-Netz und mit solchen in herkömmlichen lokalen Netzen.
- ◆ mehreren emulierten LANs, die logisch getrennt sind (VLANs), die Benutzung des gleichen physikalischen ATM-Netzes.
- ◆ die Beschreibung eines Protokolls zwischen Clients und einem bestimmten Service.

LANE-Basiskonzept

In der LANE-Spezifikation ist ein emuliertes LAN (ELAN) als Gruppe von im ATM-Netz angebundenen Geräten definiert. In ELANs können die Teilnehmer in einem herkömmlichen lokalen Netz über das gleiche Switchsystem mit ATM-angebundenen Geräten kommunizieren. Ein ATM-Netz kann aus einem oder mehreren emulierten LANs bestehen. Jedes emulierte LAN ist jedoch völlig unabhängig von den anderen emulierten LANs. Im Sinne eines Shared Media LANs stellt ein emuliertes LAN eine einzige Broadcast-Domain dar. Broadcast Frames von einem Mitglied in einem bestimmten ELAN werden nur an die Mitglieder dieses ELANs verteilt. D.h. nur die Teilnehmer in einem emulierten LAN können direkt miteinander kommunizieren; zur Kommunikation zwischen zwei emulierten LANs wird grundsätzlich ein Router oder eine Brücke benötigt.

Während ein ATM-Endgerät zu mehreren ELANs gehören kann, kann eine herkömmliche LAN-Station, die am ATM-Netz angeschlossen ist, immer nur Mitglied in einem ELAN sein.

Die LAN-Emulation spezifiziert nur die Betriebs- und Funktionsweise eines einzelnen emulierten LAN. Ein emuliertes LAN kann entweder ein Ethernet/IEEE-802.3- oder Token Ring/IEEE-802.5-LAN sein. Jedes emulierte LAN besteht aus einem oder mehreren LAN Emulation Clients (LEC) und dem LAN-Emulationsdienst. Der LAN-Emulationsdienst wird über den LAN Emulation Configuration Server (LECS), den LAN Emulation Server (LES) und den Broadcast and Unknown Server (BUS) bereitgestellt. Der LAN Emulation Client ist Teil eines ATM-Systems in einem Endpunkt des ATM-Netzes. Er repräsentiert eine Anzahl von Teilnehmern, die durch ihre MAC-Adressen identifiziert sind. Der LAN-Emulationsdienst kann Teil einer Endstation oder eines Vermittlungsknotens sein; er kann zentralisiert oder auf einzelne Systeme im Netz verteilt sein.

Die Kommunikation zwischen den LAN Emulation Clients sowie zwischen den LAN Emulation Clients und dem LAN-Emulationsdienst erfolgt über virtuelle ATM-Kanäle (VCCs). Jeder LAN Emulation Client kommuniziert mit dem LAN-Emulationsdienst über einen Daten- und einen Steuer-VCC. In emulierten LANs sind virtuelle Wählverbindungen (SVC), virtuelle Festverbindungen (PVC) oder beide Verbindungstypen möglich.

Architekturprinzipien

Die LAN-Emulation kann unter zwei generellen Architekturprinzipien gesehen werden:

- ◆ Die (interne) Schichten-Architektur macht die Abläufe zwischen den einzelnen Schichten deutlich, die bei der Interaktion zwischen den LAN-Emulationseinheiten und anderen Einheiten in den Endstationen stattfinden.
- ◆ Das User-to-Network Interface spezifiziert die Interaktion zwischen einem LAN Emulation Client und dem LAN-Emulationsdienst über das Netz.

LAN-ATM-Internetworking-Ansätze heute

Schichtenmodell

In diesem Architekturmodell arbeiten die einzelnen Schichten über definierte Service-Schnittstellen zusammen. Diese stellen die typischen LAN-Emulationsdienste, wie sie unten erläutert sind, bereit (Abbildung 7.4).

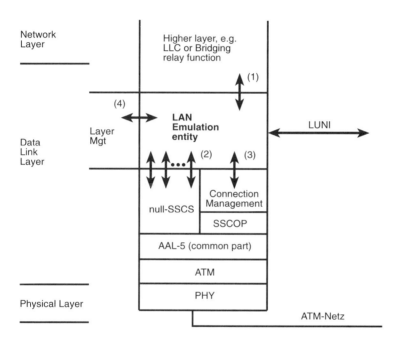

Abbildung 7.4. LANE-Schichtenmodell.

Die Schnittstelle zwischen der LANE-Schicht und den höheren Schichten besteht aus den Einrichtungen, die zum Empfang und zum Senden von Nutzerdaten notwendig sind (1).

LAN-ATM-Migration

Die Schnittstellen zwischen der LANE-Schicht und der ATM-Adaptionsschicht (AAL) beinhalten die Einrichtungen zum Empfangen und Senden der AAL-5-Rahmen (2).

Die Schnittstelle zwischen der LANE-Einheit und der Connection Management Einheit ist zuständig für den Aufbau und Abbau von virtuellen Wähl- und Festverbindungen (3).

Die Schnittstelle zwischen der LANE-Einheit und dem Schichtenmanagement initialisiert und steuert die LANE-Einheit (4).

LAN Emulation User to Network Interface (LUNI)

Die LAN Emulation Clients greifen über das User to Network Interface (LUNI) auf den LAN-Emulationsdienst zu (Abbildung 7.5).

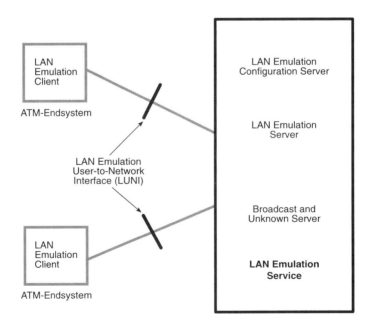

Abbildung 7.5. LAN Emulation User to Network Interface (LUNI).

LANE-Dienste

Die LAN-Emulation kann als Service betrachtet werden, der sowohl den ATM- als auch den LAN-Clients in einem gemischten ATM/LAN-Netz angeboten wird. Die LAN-Emulation stellt folgende Dienste bereit (Abbildung 7.6):

- Initialisierung
- Registrierung
- Adreßauflösung
- Datenweiterleitung

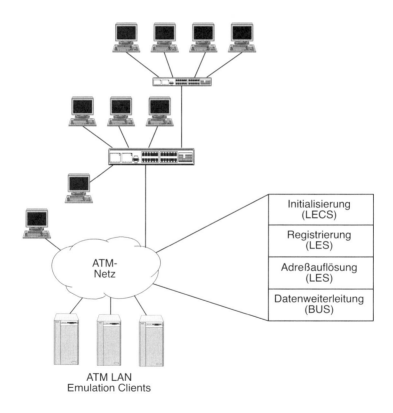

Abbildung 7.6. Dienste, die die LAN Emulation den LAN- und ATM-Clients bereitstellt.

Initialisierung

Bei der Initialisierung erhält die LANE die ATM-Adresse(n) der LANE-Services, die in einem bestimmten ATM-Netzbereich zur Verfügung stehen. Die LANE-Services bestehen aus dem LAN Emulation Server (LES), LAN Emulation Configuration Server (LECS) und Broadcast and Unknown Server (BUS). Dadurch kann sich ein Client an einem emulierten LAN, das durch die ATM-Adresse des LANE-Service spezifiziert wurde, an- oder abmelden. Desweiteren ermöglicht der Service dem Client zu erklären, ob er Anfragen zur Adreßauflösung für alle Pakete, die an eine nicht registrierte Zielstation gerichtet sind, erhalten will. Der Initialisierungsprozeß besteht aus folgenden Abläufen: Start der Initialisierung, Verbindung zum LAN Emulation Configuration Server, Konfigurationsphase, Netzeintrittsphase, Registrierung und Verbindungsaufbau zum BUS.

Registrierung

Während des Registrierungsprozesses teilen die LAN Emulation Clients ihre Adresse oder ihre Wegebeschreibung (in Source-Routing-Umgebungen) dem LAN Emulation Server mit.

Adreßauflösung

Bei der Adreßauflösung erfolgt die Zuordnung der ATM-Adresse und der MAC-Adresse eines LANE Clients (z.B. Unicast, Broadcast oder Segment/Brückenpaar).

Datenweiterleitung

Bei der Weiterleitung von Daten von der Sende- zur Zielstation werden folgende Schritte durchlaufen:

- ◆ Encapsulation der LANE Protocol Data Unit (LE-PDU) in einen AAL5-Rahmen und Übertragung durch den LAN Emulation Client auf der Sendeseite.
- ◆ Weiterleitung des AAL5-Rahmens durch den LAN-Emulationsdienst.
- ◆ Erhalt und Decapsulation des AAL5-Rahmens durch den LAN Emulation Client auf der Empfangsseite.

Implementation des LANE-Dienstes

Der LAN-Emulationsdienst wird dem Endgerät über die LAN Emulation Clients (LEC) bereitgestellt. Die LECs sind üblicherweise in den ATM-Endstationen entweder als Teil des Software-Treibers oder auf einem speziellen Prozessor, der Teil der ATM-Adapterkarte ist, implementiert. Die LAN-Emulation wird in folgenden beiden Konfigurationen eingesetzt:

1. In den sog. ATM-Durchgangssystemen (z.B. Brücke, Switch, Router). Diese sind für Kommunikationsabläufe zwischen herkömmlichen Shared Media LANs über das ATM-Backbone zuständig.
2. In den ATM-Endgeräten (z.B. PC, Workstation). Sie ermöglichen die Kommunikation entweder zwischen ATM-Endgeräten und Endgeräten in den herkömmlichen Shared Media LANs oder zwischen ATM-Endgeräten.

Damit kann der LAN-Emulationsdienst entweder in einem Durchgangssystem oder einem Endgerät, d.h. einer Brücke, einem Switch, einem Router oder einer Workstation, implementiert oder aber Teil des ATM-Netzes sein, d.h. in einem ATM-Vermittlungsknoten oder einem ATM-Gerät bereitgestellt werden. Möglich ist außerdem die zentralisierte Bereitstellung des LANE-Dienstes oder die Verteilung über mehrere Systeme.

LANE-Komponenten

Ein Netz, in dem der LANE-Dienst angeboten wird, besteht zumindest aus einem oder mehreren LAN Emulation Clients (LEC) sowie den Komponenten, die den eigentlichen LANE-Dienst bereitstellen, d.h. LAN Emulation Server (LES), LAN Emulation Configuration Server (LECS) sowie Broadcast and Unknown Server (BUS). Die LAN Emulation Clients sind im Client/Server-Modell an die eigentlichen LANE-Komponenten angeschlossen.

LAN Emulation Client (LEC)

Der LAN Emulation Client ist ein Softwarepaket, das in ATM-Endsystemen und sog. Edge Devices implementiert ist und den herkömmlichen LAN-Endgeräten die LANE-Services bereitstellt. Jedes ATM-Endgerät, das Mitglied in einem ELAN sein will, muß mindestens eine LEC-Software implementiert haben.

LAN-ATM-Migration

Die LEC-Software kann Teil der Treiber-Software in einer Workstation oder in einem Server sein, oder sie kann in Edge Devices wie Switches und Routern implementiert sein. LAN-nach-ATM-Edge Devices müssen mindestens eine LEC-Software implementiert haben.

Ein ATM-Endgerät muß für jedes ELAN, bei dem es Mitglied ist, eine separate LEC-Software implementiert haben.

Der LEC hat folgende Aufgaben:

Er leitet Daten über die ATM-Schnittstelle weiter, löst Adressen auf und nimmt Steuerfunktionen wahr. Den Softwareapplikationen der höheren Schichten stellt der LEC eine Ethernet- oder Token-Ring-Schnittstelle für Kommunikationsabläufe innerhalb eines emulierten LANs das LANE User Network Interface (LUNI) bereit.

Ein LEC kommuniziert mit anderen LECs und den LAN Emulation Services über einen ATM-VCCs.

LAN Emulation Configuration Server (LECS)

Der LECS übernimmt die Zuordnung von LANE Clients zu verschiedenen emulierten LANs. Die Zuordnung erfolgt auf Basis der LECS-Konfigurationsdatenbank und der Informationen, die ihm von den Clients zur Verfügung gestellt werden. Jeder LEC, der den LECS um Konfigurationsinformationen anfragt, wird einem bestimmten LANE-Service zugeordnet, indem der LECS dem LEC die ATM-Adresse des LES mitteilt.

Der LEC kann die Adresse des LECS auf drei unterschiedlichen Wegen erfahren:

- ◆ Der LEC fragt das Interim Layer Management Interface (ILMI) um die LECS-Adresse nach.
- ◆ Der LEC nutzt die Well-known-Adresse des Konfigurationsservice, um einen Konfigurations-VCC zum LECS aufzubauen. Die Well-known-Adresse des LECS ist definiert und lautet:

    x47007900000000000000000000-00A03E000001-00

- ◆ Der LEC nutzt einen „Well-known" Permanent Virtual Circuit (PVC) (VPI = 0; VCI = 7).

Dieses Verfahren macht es möglich, jeden LEC entweder auf Basis seiner physikalischen Lokation (ATM-Adresse) oder des LAN-Ziels, das er repräsentiert, einem beliebigen emulierten LAN zuzuordnen.

Optional kann der LEC vom LECS durch Benutzung eines Konfigurationsprotokolls Informationen erhalten. Mit Hilfe des LECS können sich die LEC automatisch konfigurieren.

LAN Emulation Server (LES)

Dem LAN Emulation Server kommt die Koordination der Steuerprozesse in einem emulierten LAN zu; er kann in jedem ATM-Gerät im Netz implementiert sein. Der LES verfügt über eine Einrichtung, in der die MAC- und ATM-Adressen aller LECs und/oder Wegeinformationen über die LECs registriert sind, anhand derer die Adreßauflösung durchgeführt werden kann. Er benutzt dazu das LAN Emulation Address Resolution Protocol (LE ARP).

Ein LEC, der eine Datensendung veranlaßt, bei der eine MAC-Adresse oder eine Wegebeschreibung in eine ATM-Adresse aufgelöst werden muß, fragt beim LES die ATM-Adresse der Zielstation an. Der LES antwortet dem LEC entweder direkt, sofern er die Information selbst bereitstellen kann, oder er leitet die Anfrage als Broadcast über den BUS an andere LECs weiter, die evtl. antworten können.

Broadcast and Unkown Server (BUS)

Der BUS ist für Broadcast-, Multicast- und bestimmte Unicast-Sendungen zuständig. D.h. er leitet alle Datenpakete mit Broadcast- und Multicast-Adressen, die ein LEC auf das Netz sendet, an alle Teilnehmer im emulierten LAN weiter. Außerdem unterstützt er den LES und LECS beim Auffinden von ATM-Adressen, wenn der LES eine MAC-ATM-Adreßauflösung nicht durchführen konnte, bzw. wenn einem LEC die entsprechende ATM-Adresse nicht bekannt ist. Unicast-Frames, die von einem LEC gesendet werden, bevor die Adresse der Zielstation in eine ATM-Adresse aufgelöst wurde, d.h. bevor eine virtuelle Direktverbindung zu dieser Zielstation aufgebaut wurde, leitet er ebenso weiter.

Pro emuliertem LAN gibt es einen BUS, dem jeder LEC in diesem emulierten LAN zugeordnet ist. Der gesamte Broadcast- und Multicast-Verkehr, sowie der Verkehr, der an unbekannte Stationen gerichtet ist, wird über den BUS geleitet. Die Multicast-Server-Funktion des BUS ist die Voraussetzung dafür, daß den LAN Emulation Clients ein verbindungsloser Datendienst, wie er in Shared Media LANs üblich ist, bereitgestellt werden kann. Die Hauptaufgaben des BUS sind, Multicast-MAC-Adressen, z.B. Gruppenadressen, Broadcast- und funktionale Adressen, an die entsprechenden Stationen zu verbreiten, Unicast-Datenpakete, deren MAC-Adresse nicht in eine direkte ATM-Verbindung aufgelöst wurde, weiterzuleiten und Datenpakete mit Source-Routing-Information zu verteilen.

LAN-ATM-Migration

Mindestanzahl von LANE-Komponenten

Ein einzelnes ELAN kann theoretisch aus maximal 65.278 LECs bestehen. Jedes ELAN muß mindestens einen logischen LES und einen logischen BUS haben. Sind die LES- und BUS-Funktionen über mehrere Geräte verteilt, müssen beide, LES und BUS, diesem ELAN gegenüber als eine einzelne logische Einheit erscheinen. Die LANE-Spezifikation definiert nicht den Mechanismus, durch den der LES und/oder BUS auf mehrere Geräte verteilt wird. Jeder LEC muß mit seinem zugeordneten LES und BUS für sein spezielles ELAN verbunden sein.

Der LEC nutzt unterschiedliche VCCs für Steuerverkehr, z.B. LE_ARP-Anfragen, und für Datenverkehr, z.B. encapsulierte Ethernet-Frames. Jeder VCC überträgt nur Verkehr für sein zugehöriges ELAN.

LANE-Verbindungen

Ein LAN Emulation Client hat für den Transport der Steuerdaten, z.B. LE_ARP-Requests, und für den Transport der Nutzdaten, in diesem Falle eingeschachtelte IEEE-802.3- und IEEE-802.5-Pakete, unterschiedliche virtuelle Verbindungen (VCC) zu den einzelnen Komponenten der LANE. Dabei transportiert jede VCC Daten nur für ein einzelnes emuliertes LAN. Die VCCs stellen somit eine Vermaschung zwischen den LECs und den übrigen LANE-Komponenten dar.

Abbildung 7.7 zeigt eine einfache Variante für die Verbindungen einer LUNI-Schnittstelle zwischen den einzelnen Einheiten der LANE mit zwei Clients, dem LECS, LES und dem BUS. Weitere Verbindungen sind optional je nach Implementierung der einzelnen Hersteller möglich.

Steuerverbindungen

Eine Steuer-VCC verbindet den LEC mit dem LECS und transportiert LE_ARP- und Steuer-Pakete. Eine Steuer-VCC überträgt nie Datenpakete. Sie wird als Bestandteil der Initialisierungsphase aufgebaut.

LAN-ATM-Internetworking-Ansätze heute

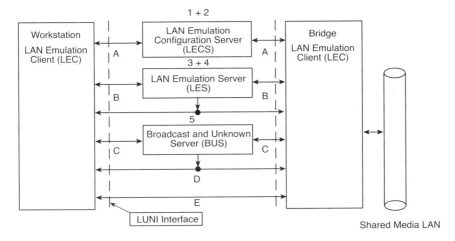

Abbildung 7.7. Grundversion einer LANE-Client-Verbindung über die LUNI.

Virtuelle Konfigurations-Direktverbindung

Diese bi-direktionale VCC kann durch den LEC als Bestandteil der LECS-Verbindungsphase aufgebaut werden und wird benutzt, um Konfigurationsinformationen einschließlich der Adresse des LES zu erhalten. Die VCC kann während der aktiven Teilnahme am emulierten LAN-Service zur Anfrage nach weiteren Informationen vom LE-Konfigurationsservice aufrechterhalten werden.

Virtuelle Steuer-Direktverbindungen

Der LEC baut während der Initialisierungsphase eine bi-direktionale Punkt-zu-Punkt-Verbindung zum LES auf, um Steuerdaten zu senden. Der LES hat die Option, den Rückwärtspfad für den Transport zum LEC zu nutzen, sofern der LEC Steuerdaten akzeptiert. Diese VCC muß während des gesamten ELAN-Kommunikationsvorganges zwischen LEC und LES erhalten bleiben.

LAN-ATM-Migration

Virtuelle verteilte Steuerverbindung

Der LES hat die Option, während der Initialisierungsphase eine unidirektionale Punkt-zu-Punkt- oder Punkt-zu-Multipunkt-Steuerverbindung für die Verteilung der Steuerfunktion zu den einzelnen Clients aufzusetzen. Diese VCC muß während des gesamten ELAN-Kommunikationsvorganges zwischen LEC und LES erhalten bleiben.

Datenverbindungen

Virtuelle Datenverbindungen verbinden die LECs miteinander und mit dem Broadcast and Unknown-Server. Sie transportieren die IEEE-802.3- und IEEE 802.5-Pakete.

Virtuelle Daten-Direktverbindungen

Bi-direktionale virtuelle Punkt-zu-Punkt-Verbindungen werden zwischen den LECs, die Unicast-Daten aussenden wollen, aufgesetzt. Hat ein LE-Client ein Paket an eine ihm unbekannte ATM-Adresse zu schicken, muß er zuerst einen LE_ARP-Request generieren, um die ihm unbekannte Adresse zu erfahren. Erhält er eine Antwort auf seine Anfrage, setzt er eine Punkt-zu-Punkt-VCC auf, falls diese nicht bereits vorhanden ist, und schickt alle folgenden Daten an dieses LAN-Ziel. Der LANE Client, der einen LE_ARP-Request abschickt und auch einen LE_ARP-Response erhält, ist für die Signalisierung zur Initiierung und Aufrechterhaltung dieser direkten Daten-VCC verantwortlich. Wenn der Client nicht genügend freie Ressourcen für den Verbindungsaufbau zur Verfügung hat, ist er gehalten, andere Verbindungen zu anderen Clients abzubauen und sich so freie Kapazität zu schaffen.

Virtuelle Multicast-Sende- und Weiterleitungsverbindungen

Ein LEC baut eine virtuelle bi-direktionale Punkt-zu-Punkt-Verbindung zum BUS auf. Der Aufbauprozeß ist identisch mit dem des Aufbaus einer direkten Datenverbindung. Dazu wird wiederum der LE_ARP-Prozeß benutzt. Diese VCC wird benutzt, um Multicast-Daten und erstmalige Unicast-Daten zum BUS zu schicken. Falls der LEC Daten vom BUS akzeptiert, kann der Rückkanal mitbenutzt werden. Diese VCC muß während des gesamten ELAN-Kommunikationsvorganges vom LEC aufrechterhalten werden.

Nachdem der LEC die Multicast-Sende-VCC aufgebaut hat, initialisiert der BUS eine Multicast-Weiterleitungsverbindung als Punkt-zu-Multipunkt- oder unidirektionale Punkt-zu-Punkt-Verbindung zum LEC. Der LEC muß diese virtuelle Multicast-Weiterleitungsverbindung akzeptieren, unabhängig vom jeweiligen Typ. Diese VCC muß aufgebaut werden, bevor der LEC aktiv am LANE-Prozeß teilnimmt. Der LEC muß auch diese VCC während des gesamten LANE-Vorganges aufrechterhalten. Der BUS kann somit Pakete sowohl auf dem Rückkanal des Multicast-Sende- als auch auf dem Multicast-Weiterleitungskanal empfangen, jedoch muß er in der Lage sein, diese Pakete nur einmal zu akzeptieren.

Funktionen und Abläufe des LANE-Dienstes

Initialisierung

Um sich in der Initialisierungsphase in einer Netz-Domain anzumelden, muß ein LEC mehrere Phasen durchlaufen (Abbildung 7.8):

1. Initialisierungszustand
   In dieser Phase sind grundsätzliche Parameter wie Adressen, Name des ELANs, max. Paketgröße usw. dem LE Server und LEC bereits bekannt.
2. LEC-nach-LECS-Verbindungsphase
   Der LEC baut eine virtuelle Punkt-zu-Punkt-Direktverbindung zum LECS auf.
3. Konfigurationsphase
   Der LEC entdeckt den LECs und übernimmt von ihm die Konfigurationsparameter des emulierten LANs sowie die ATM-Adresse des LES.
4. Aufnahmephase
   Der LEC fragt beim LES um seine Netzaufnahme nach und baut die Steuerverbindungen zum LE-Server auf. Ist diese Aufnahmephase ordnungsgemäß abgelaufen, wird dem LEC eine individuelle LE-Client-Identifikation (LECID) zugeteilt. Die 2 Byte große LEC-ID wird den Ethernet- oder Token-Ring-Daten vorangestellt und bildet das encapsulierte LAN-Emulationspaket. Er kennt jetzt alle Parameter und setzt die Steuer-VCCs mit dem LE-Server auf.
5. Registrierungsphase
   In dieser Phase kann der LEC weitere MAC-Adressen und Route-Beschreibungen registrieren. Der LE-Client kann jetzt nochmals die Einzigartigkeit seiner lokalen Adresse überprüfen, bevor er komplett initialisiert wird und seinen Betrieb aufnehmen kann. Außerdem teilt der LES dem LEC die Adresse des BUS mit.
6. BUS-Verbindungsphase
   Der LEC baut eine Verbindung zum BUS auf und wird so Mitglied der Broadcast-Domain und damit Teil der Multicast-Einträge im BUS. Dadurch kann der

LAN-ATM-Migration

LEC Daten mit Multicast- und Broadcast-Adressen oder Daten mit unbekannter Adresse in das ATM-Netz senden.

Nach erfolgreicher Aufnahme in das Netz können die LECs weitere LECs innerhalb des emulierten LAN registrieren und die notwendigen VCCs aufbauen.

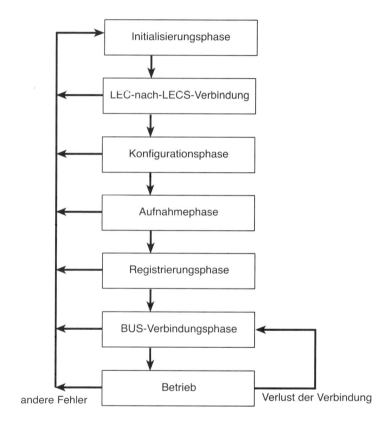

Abbildung 7.8. Anmeldung und Aufnahme eines LEC in einer Netz-Domain.

Registrierung

Die Registrierung der Adresse wird dadurch realisiert, daß die Clients die Informationen dem LAN Emulation Server zur Verfügung stellen. Intelligente LE-Server können auf ARP-Requests antworten, wenn LECs ihre LAN-Ziele (definiert als MAC-

LAN-ATM-Internetworking-Ansätze heute

Adresse oder bei Source Routing in Token-Ring-LANs durch Route-Beschreibung) dem LE-Server bekanntgeben. Ein Client muß entweder alle LAN-Zieladressen, die er vertritt, bekanntgeben oder als Proxy fungieren.

Adreßauflösungsprozeß

Die Adreßauflösung ist ein Prozeß, bei dem ein Client seine LAN-Zieladresse mit der ATM-Adresse eines anderen Clients oder dem BUS assoziiert. Adreßauflösung ist die Voraussetzung dafür, daß Clients virtuelle Direkt-Datenverbindungen zum Transport von Daten aufbauen können.

Grundsätzlich muß bei jedem Aufkommen einer unbekannten Adresse ein LAN-Emulations-Adreßauflösungsprotokoll (LE_ARP) vom Client zum LES über seine virtuelle Steuerverbindung ausgesandt werden.

Der LES kann nun entweder diesen LE_ARP-Request an den angefragten Client weiterleiten, oder er kann stellvertretend für den gesuchten Client antworten und dem anfragenden die Adresse mitteilen.

Verbindungsmanagement

In LANE-Umgebungen mit Wählverbindungen (SVCs) setzen die einzelnen LANE-Einheiten die jeweiligen VCCs mit Hilfe der UNI-Signalisierung auf. Dabei werden die Verbindungen nach dem sog. „Best Effort"-Prinzip aufgebaut.

Verbindungsaufbau und Verbindungsabbau von VCCs

Für den Aufbau der virtuellen Daten-Direktverbindungen werden die Aufbauprozeduren der ATM-Schicht mit dem dafür vorgesehenen Protokoll benutzt. Es werden dabei die Befehle, z.B. SETUP, CONNECT, CONNECT_ACK, entsprechend dem UNI-Protokoll verwendet. Hinzukommen lediglich als Bestätigung für die Etablierung der VCCs sog. READY_IND- und READY_QUERY-Informationsbefehle.

Ist eine direkte Steuerverbindung oder verteilte Steuerverbindung aufgebaut, so muß der LEC wieder zurück zur LECS CONNECT-Phase der Initialisierung. Ist eine VCC zum BUS während einer aktiven LANE-Verbindung verlorengegangen, so muß der LEC wieder zurück in den Zuatand der BUS CONNECT- oder zur Abschlußphase und einen neuen Verbindungsaufbau starten.

Datentransfer

Für den Transport von Nutzdaten können nach Aufbau aller notwendigen virtuellen Verbindungen innerhalb eines emulierten LANs die folgenden Pfade benutzt werden:

LAN-ATM-Migration

- virtuelle Daten-Direktverbindungen (Data Direct VCCs) zwischen individuellen LANE Clients
- virtuelle Multicast-Sende- und Multicast-Weiterleitungsverbindungen, die zwischen den Clients und dem BUS aufgebaut sind.

Unicast-Pakete

Hat ein LAN-Client über den Adreßauflösungsmechanismus den korrespondierenden Client mit seiner MAC-Zieladresse mit der richtigen ATM-Adresse gefunden und die Daten-Direktverbindung aufgesetzt, so können die Daten direkt transportiert werden.

Weiß er dagegen nicht, über welche Daten-Direktverbindung er die Unicast-Pakete schicken soll, oder ist die Direktverbindung noch nicht aufgebaut, so kann er die Daten über die Multicast-Sendeverbindung zum BUS schicken. Dieser schickt die Daten an den Client, falls bekannt, oder an alle Clients innerhalb der Domain weiter.

Multicast-Pakete

Soll ein Paket zu einer Multicast-Adresse gesandt werden, so muß der Client auf jeden Fall die Daten erst an den BUS weiterleiten, der dann die Daten über die möglichen VCCs weiterleitet. In Token-Ring-Netzen werden die Token-Ring-Funktionsadressen als Multicast-Adressen behandelt.

Einschränkungen der LANE 1.0

Die LAN-Emulation stellt eine einfache Möglichkeit zur Anbindung herkömmlicher Ethernet- und Token-Ring-LANs an ein ATM-Netz dar. Sie ist allerdings in der Version 1.0 mit einigen Einschränkungen verbunden.

Die LANE verbindet Ethernet- und Token-Ring-LANs mit dem ATM-Netz auf Schicht 2 ähnlich einer Brücke. Entscheidungen auf den oberen Ebenen, z.B. dem Network Layer, können nicht getroffen werden und bleiben unbekannt. Deshalb ist es Aufgabe des Netzdesigners sicherzustellen, daß alle Komponenten in einem ELAN mit den oberen Schichten kommunizieren können.

Damit sind einige Einschränkungen vorgegeben. Besteht beispielsweise ein ELAN aus Teilnehmern, die IP als Network Layer-Protokoll benutzen, müssen sich alle Teilnehmer dieses ELANs im gleichen IP-Subnetz befinden. Teilnehmer in verschiedenen IP-Subnetzen können nur über einen Router kommuniziere und können nicht Teilnehmer im gleichen ELAN sein.

LES- und BUS-Anforderungen

Da alle Teilnehmer in einem emulierten LAN direkten Kontakt mit einem logischen LES und einem logischen BUS benötigen, macht es keinen Sinn, die LANE über das Weitverkehrsnetz bereitzustellen, da der konstante Kontakt mit einem LES und BUS einen erheblichen Overhead auf der WAN-Verbindung generieren würde.

Außerdem stellen die i.d.R. jeweils einmal vorhandenen LES- und BUS-Komponenten einen Single Point of Failure in jedem ELAN dar. Dieses ist einer der wesentlichen Punkte, die in der LANE, Version 2.0, berücksichtigt werden.

LAN-bedingte Einschränkungen

Einige Probleme resultieren daraus, daß paketbasierende Daten über das ATM-Netz übertragen werden müssen. Die beiden wichtigsten sind der Verlust von Quality-of-Service-Funktionen im ATM-Netz und die Methode, wie LANs Zellen behandeln, die vom ATM-Netz „weggeworfen" wurden.

Quality-of-Services: Die LANE unterstützt nicht die QoS-Funktion des ATM-Netzes. Der Grund liegt darin, daß die heutigen Applikations- und Betriebssystemprogramme für verbindungslose Netze geschrieben wurden und QoS-Aspekte nicht berücksichtigen. Um QoS zu unterstützen, ist es notwendig, neue Software zu schreiben und zu implementieren.

Zellenverluste: Wenn eine einzelne ATM-Zelle, die encapsulierte LAN-Daten enhält, verlorengeht bzw. weggeworfen wird, veranlaßt die LAN-Applikation nicht die erneute Übertragung der einen verlorenen Zelle, sondern des gesamten Frames. Je nach LAN kann die Neuübertragung einen sehr langen Zellenstrom zur Folge haben und damit unnötigen Verkehr generieren.

LAN-Emulation, Version 2.0

Aus den genannten Gründen wurde die LANE, Version 1.0, überarbeitet. Die LAN-Emulation v2.0 definiert

- die LAN Emulation Network-Network-Interface-Protokolle (LNNI).
- verteilte LANE-Services zu Redundanzzwecken durch Nutzung des Spanning-Tree-Protokolls nach IEEE 802.1d.

Die LANE 2.0 besteht aus zwei Teilen: Der erste definiert das LAN Emulation User to Network Interface (LUNI), der zweite die LAN Emulation Network-Network-Interface-Protokolle (LNNI).

LUNI beschreibt die Funktionen, die an den LECs-Schnittstellen unterstützt werden müssen, z.B. QoS. LNNI beschreibt die Interaktionen zwischen den LAN Emulation Service-Komponenten wie LECS, LES und BUS.

LUNI-Funktionen

Die Beschreibung der LAN Emulation User Interfaces berücksichtigt im wesentlichen drei Dinge: QoS-Unterstützung, LLC-gemultiplexte VCCs und verbesserte Multicast-Behandlung.

Quality of Service wird über sog. global administrierte QoS-Komponenten oder lokal administrierte QoS-Komponenten bereitgestellt. Über global administrierte QoS-Komponenten werden acht QoS-Klassen pro emuliertem LAN unterstützt. Lokal administrierte QoS-Komponenten bieten zusätzliche QoS-Möglichkeiten, die lokal verwaltet werden müssen.

Um unterschiedliche LANE-Verkehrsflüsse auf einem einzigen VCC übertragen zu können, werden VCCs auf LLC-Ebene gemultiplext. Die auf der LLC-Schicht gemultiplexten VCCs stehen mehreren LANE Clients in einem ELAN zur Verfügung. Existiert bereits ein VCC zu einer bekannten ATM-Adresse, kann dieser VCC von einem Verkehrsfluß genutzt werden. Dadurch reduziert sich die Anzahl der auf- und abzubauenden ATM-Verbindungen zwischen den LANE Clients.

Um die Multicast-Behandlung effizienter gestalten zu können, ist es notwendig, den Multicast-Verkehr vom generellen Broadcast-Pfad zu trennen. In diesem Fall ist es möglich, durch Filterfunktionen Vorkehrungen einzurichten, damit nicht jeder Teilnehmer eines ELAN jeden Multicast-Frame erhalten muß. D.h. nur Teilnehmer, die vom Multicast direkt betroffen sind, erhalten den Multicast-Frame. Die Filter-

LAN-ATM-Internetworking-Ansätze heute

funktionen werden durch Zusammenarbeit zwischen der Sendestation und den LANE-Services ermöglicht. Für diesen Zweck wird ein sog. Multicast Send VCC eingerichtet. Die LECs führen eine Liste von Multicast-MAC-Adressen, die von den selektiven Multicasts betroffen sind.

Server-Server-Referenzmodell

In der vorliegenden LANE-2.0-Fassung wird eine verteilte Server-Architektur definiert, in der mehrere LES/BUS-Einheiten vorhanden sein können, die gegenseitig kommunizieren (Abbildung 7.9). Es sind folgende Verkehrsflüsse definiert: LES-nach-BUS, BUS-nach-BUS und LECS-nach-LES.

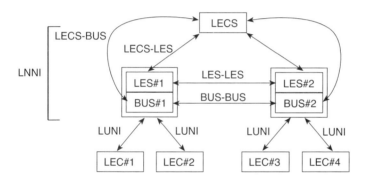

Abbildung 7.9. Server-Server-Referenzmodell in LANE 2.0.

Des weiteren wurden folgende vier Schichten im Server-Server-Referenzmodell definiert:

VCC Layer: ermöglicht Punkt-zu-Punkt- oder Punkt-zu-Mehrpunkt-Verbindungen zwischen den Services und unterstützt die AAL5-Teilschichten CPCS und SAR.

Flow Layer: stellt Verbindungen zu den Einheiten auf den höheren Schichten her, indem er die Verbindungen auf der VCC-Schicht multiplext. Es sind bidirektionale Verbindungen über einzelne VCCs möglich.

Spanning-tree Layer: Auf dieser Schicht läuft das Spanning-tree-Protokoll über dem Flow Layer. Sie nutzt aus Gründen der Einfachheit die Services des Flow Layers, z.B. bidirektionale Verbindungen. Das Spanning-tree-Protokoll wird zwischen den Peer Entities benutzt, um Verbindungen (Verkehrsflüsse), die sich im Weiterleitungs- und Blockierstatus befinden, zu bestimmen.

SCSP-Layer: Die Cache State Synchronization Protocol-Schicht (SCSP) wird zur Synchronisation benötigt. Sie erfolgt über drei Protokolle: das Hello Protocol, das Cache Alignment Protocol und das Client State Update Protocol. SCSP-Mitteilungen werden nur über Verkehrsflüsse im Weiterleitungsstatus transportiert.

Zwischen den LANE-Services finden folgende Interaktionen statt:

LECS-nach-LES: Durch die LECS-nach-LES-Kommunikation erhält der LECS Kontrolle über die LESs und kann die LES-Topologie überwachen. Die Funktionen dienen der Server-Konfiguration und der Einrichtung von Redundanzen über das Management.

LES-nach-LES: Die LES-nach-LES-Kommunikation dient der Synchronisation zwischen den LESs. Das Hello Protocol definiert die Verbindung zur Server-Baumstruktur und wird als erster Prozeß ausgelöst. Über das Cache Alignment Protocol richten die LESs ihre Cache-Einträge aufeinander aus. Das Client State Update (CSU) Protocol verbreitet Informationen über Einträge, Änderungen, Updates in den Caches der LAN Emulation Clients auf den LESs.

BUS-nach-BUS: Zwischen den BUS fließt der Broadcast- und Multicast-Verkehr sowie Unicast- und Unknow-Verkehr. Unicast Frames werden an alle Clients und Server weitergeleitet, außer an den Server, von dem der BUS die Frames erhalten hat. Als Option zur Reduzierung der Last können Unicast Frames direkt an den Ziel-Client geschickt werden.

VIII Zukünftige LAN-ATM-Internetworking-Ansätze

Generelle Aspekte

Mit den im vorherigen Kapitel beschriebenen RFCs 1483 und 1577 und der LAN-Emulation wurden die Grundlagen für eine erste Integration der heutigen lokalen Netze in eine ATM-Umgebung geschaffen. Die im Juli 1997 abgeschlossene Spezifikation „Multiprotocol over ATM" (MPOA) des ATM-Forums geht einen Schritt weiter. Mit MPOA wurde ein Weg gefunden, wie LAN- und ATM-Umgebung auf Schicht 3 miteinander kommunizieren und die vorhandenen Multiprotokollrouternetze in eine ATM-Umgebung integriert werden können, ohne die typischen Nachteile von Routernetzen wie begrenzte Performance und hohe Verzögerungen in Kauf nehmen zu müssen. Vom Konzept her reduziert MPOA die kumulierte Verzögerung in einem Multiprotokollnetz mit Routern dadurch, daß die Anzahl der Punkte, an denen auf einer Verbindung vom Sender zum Empfänger eine Paketverarbeitung durchgeführt werden muß, reduziert wird. Mit MPOA ist es möglich, Verkehr entweder auf Schicht 3 über eine geroutete Verbindung oder auf Schicht 2 über eine ATM-Direktverbindung zu übertragen.

MPOA baut auf vorhandenen Standards wie der LAN-Emulation 2.0, der ATM-Signalisierung und dem Next Hop Resolution Protocol auf. Darüber hinaus können installierte Router, sofern sie standardisierte Protokolle wie OSPF und RIP unterstützen, in ein MPOA-Netz integriert werden.

Multiprotocol over ATM

Einführung

Multiprotocol over ATM (MPOA) ist ein Verfahren zur Übertragung von Daten zwischen Subnetzen in einer LAN-Emulationsumgebung (LANE). MPOA nutzt die Funktionsprinzipien der LANE und des Next Hop Resolution Protocol (NHRP), um Verkehr auf Schicht 3 zwischen Subnetzen über ATM-VCCs übertragen zu können,

LAN-ATM-Migration

ohne einen Router für den Übertragungsvorgang zu benötigen. MPOA ermöglicht Bridging und Routing in einer Umgebung mit unterschiedlichen Protokollen, Netztechnologien und virtuellen LANs nach IEEE 802.1. MPOA stellt ein einheitliches Modell zur Verfügung, um die Schicht-3-Protokolle über ein ATM-Netz zu legen. Dabei werden Bridging- und Routing-Informationen genutzt, um den optimalen Übergang zwischen der ATM- und der LAN-Umgebung zu finden.

MPOA ermöglicht die physikalische Auftrennung der Routergesamtfunktion in die Wegeberechnung und die Paketweiterleitung. Die Separierung dieser beiden Funktionen wird auch virtual Routing genannt. Sie hat mehrere Vorteile wie:

- effiziente Inter-Subnetzkommunikation.
- verbesserte Managementfähigkeit und Skalierbarkeit durch Reduzierung der Anzahl von Systemen, die für die Wegekalkulation auf Schicht 3 benötigt werden.
- Reduzierung der Komplexität der Übergangssysteme (Edge Devices) dadurch, daß eine Wegeberechnung nicht mehr nötig ist.

Das MPOA-Modell nutzt sog. MPOA Clients (MPCs) und MPOA Server (MPSs) und definiert die Protokolle, die zur Kommunikation zwischen den MPOA Clients und den MPOA Servern notwendig sind. Die MPCs starten mit Hilfe dieser Protokolle Anfragen nach den ATM-Adressen und erhalten die Antwort von den MPOA-Servern.

MPOA sichert des weiteren die Interoperabilität mit den vorhandenen Routern in einer Router-Umgebung. Die MPOA-Server nutzen Router, die auf Standards basierende Protokolle wie OSPF implementiert haben, und sichern so eine sanfte Migration existierender Netze in eine MPOA-Umgebung.

MPOA setzt verschiedene Dienste voraus, die entweder bereits verfügbar oder gerade in Entwicklung sind, z.B.

- ATM-Signalisierung (UNI 3.0, UNI 3.1 oder UNI 4.0)
- LAN-Emulation 2.0 (LANE)
- Next Hop Resolution Protocol (NHRP)

MPOA nutzt im wesentlichen drei Techniken: die LAN-Emulation des ATM-Forums, das Next Hop Resolution Protocol (NHRP) des IETF und das Konzept des virtuellen Routers. Die LANE unterstützt die transparente Übertragung von Verkehr aus den traditionellen lokalen Netzen über ATM. NHRP stellt den Mechanismus zur Verfügung, um sog. Shortcuts, d.h. Direktverbindungen, über das ATM-Netz auf

Zukünftige LAN-ATM-Internetworking-Ansätze

Basis der Schicht-3-Adresse aufzubauen. Das Konzept des virtuellen Routers macht es möglich, die Funktionen, die bisher von einem Gerät, dem Router, bereitgestellt wurden, auf mehrere Geräte zu verteilen und so die Kosten zu reduzieren und die Effizienz zu erhöhen.

LANE

MPOA baut auf der LANE, Version 2, auf. Die LANE v2 wird innerhalb des MPOA-Modells für Kommunikationsvorgänge in Subnetzen benutzt, während der virtuelle Router für Kommunikationsvorgänge zwischen Subnetzen benötigt wird.

NHRP

Das Next Hop Resolution Protocol bietet neben anderen Funktionen die Möglichkeit, daß bei der Paketweiterleitung zwischenliegende Router auf einem Datenpfad von der Sende- zur Zielstation umgangen werden können. NHRP bietet ein erweitertes Adreßauflösungsprotokoll, das es Next Hop Clients (NHCc) erlaubt, Anfragen zwischen verschiedenen logischen IP-Subnetzen (LISs) zu senden, die auch als Local Address Groups (LAGs) bezeichnet werden. Anfragen werden über die Next Hop Server (NHSs) über diejenigen Wege geschickt, die durch die Standard-Routingprotokolle wie RIP und OSPF als in Frage kommende Wege erkannt wurden. Durch dieses Prinzip ist es möglich, ATM-SVCs über Subnetz-Grenzen hinweg aufzubauen, ohne daß für die Intersubnetzkommunikation die dazwischenliegenden Router benötigt werden.

Virtueller Router

Unter einem virtuellen Router im MPOA-Modell versteht man mehrere Geräte, die in einem Netz als Kollektiv zusammenarbeiten, um die Funktionen eines Multiprotokollrouters zur Verfügung zu stellen. In einem MPOA-Netz haben die sog. Edge Devices die gleiche Funktion wie eine Router-Schnittstellenkarte. Das ATM-Switchsystem des Edge Device kann als Router-Backplane gesehen werden, und der MPOA-Server übernimmt die Steuerungsfunktion des Routers. Das MPOA-Modell definiert die Protokolle, die das virtuelle Router-Verhalten in den Edge Devices generieren.

LAN-ATM-Migration

Logische MPOA-Komponenten

MPOA basiert im wesentlichen auf einer Client/Server-Architektur, die aus zwei Komponententypen, den MPOA-Clients und den MPOA-Servern, sowie aus den Kommunikationsflüssen zwischen diesen Komponenten besteht. Abbildung 8.1 zeigt die wesentlichen Komponenten des MPOA-Modells.

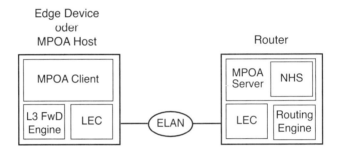

Abbildung 8.1. MPOA-Komponenten.

MPOA-Client

Die Hauptaufgabe des MPOA-Client (MPC) ist es, den Anfang und das Ende einer Schicht-3-Direktverbindung (Shortcut) zu bilden. Der MPC stellt für diese Verbindung die Weiterleitungsfunktion auf Schicht 3 zur Verfügung. Der MPC verfügt jedoch über keine Wegekalkulationsfunktion und benutzt keine Routing-Protokolle. Der MPOA-Client hat unterschiedliche Funktionen, je nachdem, ob er sich am Eingang (Ingress) oder am Ausgang (Egress) der ATM-Wolke befindet.

Befindet sich der MPOA-Client am Eingang (Ingress MPC), erkennt er Paketströme, die über ein emuliertes LAN (ELAN) zu einem Router, der einen MPOA-Server implementiert hat, weitergeleitet werden. Registriert der MPC einen solchen Paketfluß und erkennt er, daß für diesen neben dem festgestellten gerouteten Pfad auch eine bessere Direktverbindung (Shortcut) möglich ist, startete er über NHRP eine Anfrage nach den erforderlichen Informationen, um diese Direktverbindung über das ATM-Netz, die gleichzeitig eine Abkürzung ist, aufzubauen. Wird die Möglichkeit der Shortcut-Verbindung bestätigt, speichert der Ingress MPC diese Information in seinem Ingress Cache, setzt eine VCC-Verbindung auf und leitet die Pakete für die Zielstation über diese Abkürzung weiter (Abbildung 8.2).

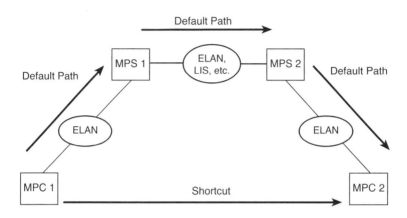

Abbildung 8.2. Prinzip der Shortcut-Verbindung im MPOA-Modell.

Auf der Ausgangsseite der ATM-Wolke erhält der Egress-MPC die Internetworking-Daten zur Weiterleitung an seine lokalen Endstationen. Informationen, die der MPC über eine ATM-Shortcut-Verbindung erhält, fügt er die notwendigen Data Link Layer-Encapsulation-Informationen (DLL) bei und leitet sie über eine LAN-Schnittstelle an die höheren Schichten weiter (z.B. Bridge-Port oder interner Host Stack). Die vom MPC hinzugefügte DLL-Encapsulation-Information wird dem MPC durch einen MPOA-Server mitgeteilt; die DLL-Information wird im Ausgangsspeicher des MPC (Egress Cache) gespeichert.

Ein MPC kann einen oder mehrere LECS bedienen und kommuniziert auch mit einem oder mehreren MPOA-Servern.

MPOA-Server

Ein MPOA-Server (MPS) ist eine logische Komponente eines Routers, der die Internetworking-Layer-Information zu den MPCs weiterleitet. Er beinhaltet einen kompletten Next Hop Server (NHS), wie er im NHRP beschrieben ist, zuzüglich den Erweiterungen für MPOA. Der MPS arbeitet mit seinem lokalen Next Hop Server und seinen Routingfunktionen zusammen, um die MPOA-Anfragen von den

LAN-ATM-Migration

Ingress-MPCs zu beantworten und stellt die DLL-Encapsulation-Information für die Egress-MPCs zur Verfügung.

Ein MPS konvertiert zwischen den MPOA-Anfragen und den entsprechenden Antworten sowie den NHRP-Anfragen bzw. -Antworten an Stelle des MPOA-Clients.

Beispiele für die MPOA-Umsetzung in der Praxis

In einem MPOA-Netz gibt es unterschiedliche Systeme (Abbildung 8.3):

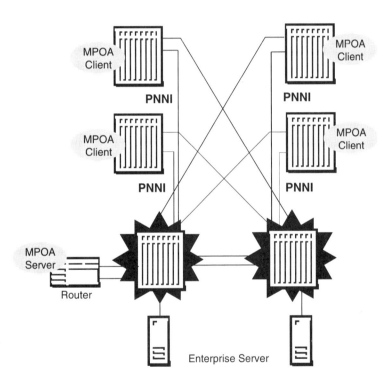

Abbildung 8.3. ATM-Implementation in der Praxis.

◆ Das MPOA Edge Device kann die Funktionen des MPC, des LAN Emulation Client (LEC) und die Weiterleitung/Bridgingfunktionen implementiert haben, und stellt somit die MPC-, die LEC- und die Shortcut-Service-Schnittstelle bereit.

- Das MPOA-Endgerät oder MPOA-Host kann ebenfalls die MPC-, LEC- und die Weiterleitungsfunktionen implementiert haben.
- Der Router stellt die Funktionen des MPOA-Servers und des Next Hop Servers zur Verfügung und unterstützt zusätzlich die LANE-Clientfunktion (LEC) sowie die eigentliche Routingfunktion.

Je nach Umgebung kann ein Edge Device ein oder mehrere MPCs enthalten; ebenso kann es ein oder mehrere LECs enthalten, die einem MPC zugeordnet sind. Ein LEC jedoch kann nur einem bestimmten MPC zugeordnet sein (Abbildung 8.4).

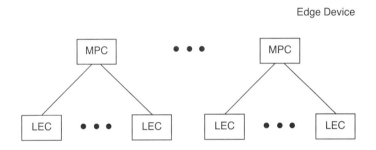

Abbildung 8.4. Beziehung zwischen LECs, MPCs und Edge Devices.

Ähnlich sieht es bei den Routern aus, die wiederum einen oder mehrere MPS beinhalten können. Ein MPS ist wiederum für mehrere LECs zuständig, jedoch kann ein LEC immer nur einem MPS angehören.

Steuerungs- und Datenverkehr in einem MPOA-Netz

Das MPOA-Konzept sieht unterschiedliche Informationsflüsse vor, die in zwei Gruppen aufgeteilt werden können: in die MPOA-Steuerungsinformationen und den MPOA-Datenverkehr.

Standardmäßig werden alle Steuerungs- und Datenflüsse über ATM-VCC-Verbindungen mit entsprechender LLC/SNAP-Encapsulation nach RFC 1483 übertragen. Dabei werden die Informationen für die Konfiguration exakt nach dem gleichen Format wie bei der LANE ausgetauscht. Abbildung 8.5 zeigt ein Blockschaltbild mit allen möglichen Informationsflüssen innerhalb einer MPOA-Umgebung.

LAN-ATM-Migration

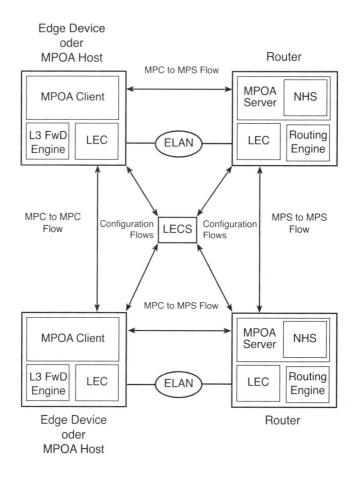

Abbildung 8.5. Informationsflüsse in einem MPOA-System.

Man unterscheidet folgende MPOA-Informationsflüsse:

- ◆ Konfigurationsflüsse
- ◆ MPC-MPS-Steuerungsflüsse
- ◆ MPS-MPS-Steuerungsflüsse
- ◆ MPC-MPC-Steuerungsflüsse
- ◆ MPC-MPC-Datenflüsse
- ◆ MPC-NHC-Datenflüsse

Konfigurationsflüsse

Die Informationsabfragen in einem MPOA-Netz entsprechen dem Aufbau und dem Format der Informationsabfragen in einer LANE-Umgebung. Die Komponenten MPS und MPC kommunizieren mit dem LAN Emulation Configuration Server (LECS), um die Konfigurationsdaten zu erhalten.

Steuerungsflüsse zwischen MPC und MPS

Der Steuerungsinformationsaustausch zwischen MPC und MPS wird in erster Linie für die Verwaltung der Speicherdaten der einzelnen Clients verwendet. Mit einer MPOA-Anfrage bzw. MPOA-Antwort überprüft der MPC auf der Eingangsseite, ob ein Shortcut zur Verfügung steht. Der MPOA-Server auf der Eingangsseite kann dabei den Client dazu auffordern, eine Anfrage durch Aussendung einer MPOA-Trigger-Message zu starten. Auf der Ausgangsseite benutzt der Egress MPS eine Funktion, MPOA Cache Imposition Request/Reply genannt, um den Speicher des Egress MPC auf den neusten Stand zu bringen. Schließlich kann entweder der Egress MPC oder ein MPS eine MPOA Purge Message aussenden, um gespeicherte Informationen löschen zu lassen, wenn festgestellt wurde, daß sie nicht mehr aktuell sind.

Steuerungsflüsse zwischen MPS und MPS

Alle Steuerungsinformationen zwischen den unterschiedlichen MPOA-Servern werden über Standard-Routingprotokolle und das NHRP ausgetauscht. MPOA sieht keine neuen Protokolle für die MPS-nach-MPS-Kommunikation vor. Es wird auch keine neue Technik zur Daten-Nachbildung benutzt, da diese vollständig auf der LANE und den Schicht-3-Routingprotokollen aufbaut.

Steuerungsflüsse zwischen MPC und MPC

Steuerungsinformationen zwischen unterschiedlichen MPOA-Clients können lediglich vorkommen, wenn der MPC auf der Ausgangsseite eine falschgeleitete Information erhalten hat und dem MPC auf der Eingangsseite die Anweisung zur Löschung dieser Falschinformation gibt.

Datenflüsse zwischen MPC und MPC

Datenverkehr zwischen unterschiedlichen MPOA-Clients wird primär über MPOA-Shortcut-VCCs durchgeführt.

LAN-ATM-Migration

Datenflüsse zwischen MPC und NHC

Ein MPC kann Unicast-Daten zu einem NHC schicken und umgekehrt.

MPOA-Funktionen und -Dienste

MPOA besteht aus verschieden Funktionsgruppen und Diensten, die in Abbildung 8.6 dargestellt sind.

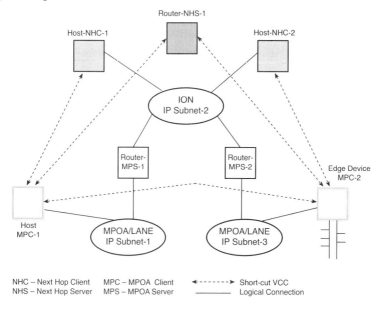

Abbildung 8.6. MPOA-Funktionen und -Dienste.

Konfiguration

Die MPCs und MPSs müssen jeweils konfiguriert werden. Grundsätzlich erhalten die MPOA-Komponenten ihre Konfigurationsparameter von den LECS. Sie können jedoch auch über andere Einrichtungen oder auf anderen Wegen konfiguriert werden, z.B. durch Manipulation der MPOA MIB.

Discovery

Um die Komplexität von MPOA zu reduzieren, entdecken die MPOA-Komponenten sich jeweils durch eine Erweiterung des LANE LE_ARP-Protokolls, in dem die Information über den MPOA-Kompententyp (MPC und MPS) und die ATM-

Adresse enthalten ist. Diese Informationen werden dynamisch und bei Bedarf ausgetauscht. Sie können sich verändern und müssen deshalb periodisch überprüft werden.

Target Resolution

Die MPOA-Target-Resolution benutzt zur Bestimmung der ATM-Adresse für die Shortcut-Verbindung zum Endgerät ein erweitertes NHRP-Resolution-Request-Protokoll. Dieser Vorgang kann als die eigentliche Routingfunktion im MPOA-Modell angesehen werden. Die genauen Funktionen unterscheiden sich je nach Sicht von einem Ingress MPC, einem Ingress MPS, einem Egress MPS oder einem Egress MPC. Die Funktionen werden deshalb für den technisch interessierten Leser aus der Sicht jeder einzelnen MPOA-Komponente beschrieben.

Perspektive des Ingress MPC: Auf der Eingangsseite der ATM-Wolke lernt der Ingress MPC die MAC-Adressen der MPSs, die zu seinem ELAN gehören, durch den Eintrag (Type-Length Value-Encoding/TLV) in den LE_ARP-Antworten.

Der MPC erkennt den Datenfluß auf Basis der Schicht-3-Zieladresse der Pakete, die an die gelernten MAC-Adressen geschickt werden. Zusätzlich kann der MPC andere Flußtypen erkennen. Beispielsweise kann der MPC, wenn er gleichzeitig ein ATM-Endgerät ist, einen Fluß zwischen den höheren Schichten im Endgerät erkennen. Der MPC sollte außerdem eine Anfrage an den MPS starten können, von dem er einen MPOA-Trigger-Befehl erhalten hat.

Üblicherweise ist das Gerät, das die Paketweiterleitung vornimmt, der Router. Wenn ein MPC einen bestimmten Verkehrsfluß erkennt, der eventuell von einem Shortcut und damit von einem günstigeren Weg profitieren könnte, muß der Ingress MPC die ATM-Adresse des Egress-MPC bestimmen. (Anzumerken ist, daß der Begriff Ingress und Egress Gültigkeit hat, auch wenn beide Clients Teil eines ATM-Hosts sind.) Um die ATM-Adresse für die Shortcut-Verbindung zu erhalten, muß der Ingress MPC eine MPOA-Resolution-Anfrage an den entsprechenden Ingress-MPOA-Server stellen. Ist der MPS in der Lage, die Anfrage zu beantworten, schickt er die Information mit der ATM-Adresse des Egress-Client zum anfragenden Ingress-Client zurück. Anhand der ATM-Adresse baut dieser dann die Shortcut-Verbindung auf.

Die Anfrage kann zusätzlich zur ATM-Adresse weitere Informationen umfassen. Beispielsweise können Encapsulation- oder Tagging-Informationen enthalten sein, die für den Shortcut benutzt werden können. NHRP ist dafür spezifiziert, daß nur

LAN-ATM-Migration

die Informationen enthalten sind, die durch den Resolution Request angefordert wurden.

Perspektive des Ingress MPS: Der MPOA-Server auf der Eingangseite, Ingress MPS genannt, führt den Resolution Request, der vom lokalen MPC kommt, durch. Er kann die Anfrage sofort beantworten, wenn die Zieladresse lokal ist, andernfalls leitet er die Anfrage über seinen lokalen NHS auf dem gerouteten Weg weiter. Der Ingress MPS benutzt dabei seine Schicht-3-Adresse als Quelladresse zur Weiterleitung der Anfrage, wodurch sichergestellt ist, daß die Antwort wieder zu ihm zurückkommt. Der MPS kopiert sich alle anderen Felder des MPOA Resolution Requests. Speziell die ATM-Datenadresse des MPC wird als Quelladresse für Non-Broadcast Multi-Access-Adressen (NBMA) benutzt, und alle Type-Value-Length-Encoding-Daten (TLVs) werden kopiert. Der MPS erzeugt eine neue Request-ID für die erneute Anfrage und setzt das S-Bit in diesem Request auf Null, damit der NHS den Zusammenhang zwischen der Internetworking-Adresse und der ATM-Adresse nicht im Speicher ablegt.

Beim Empfang der Antwort auf diese neu gestartete Anfrage speichert der Ingress MPS das Request ID-Feld und die Source-Protokoll-Adresse zum ursprünglichen Wert und sendet die MPOA-Resolution-Antwort zurück zum Ingress MPOA-Client.

Perspektive des Egress MPS: Wenn ein NHRP-Request beim Egress MPS eingeht, der einen lokalen MPC betrifft, ist der Egress MPS die Quelle für einen MPOA Cache Imposition Request.

Dieser Request wird durch den MPS auf der Ausgangsseite generiert und zum MPC auf der Ausgangsseite geschickt. Er ist Bestandteil des Speicher-Management-Protokolls, das für mehrere Dienste vorgesehen ist. Der MPOA Cache Imposition Request stellt Encapsulation-Informationen und Statusinformationen zur Verfügung, die der MPC auf der Ausgangsseite benötigt, während der MPOA Cache Imposition Reply Status, dem Egress MPS Status-, Adressen- und Ingress Tagging-Informationen zur Verfügung stellt, die dieser wiederum für die NHRP-Resolution Anfrage benötigt.

Nach dem Erhalt der MPOA Cache Imposition-Antwort vom Egress MPC sendet der Egress MPS eine NHRP-Resolution-Anfrage in Richtung des Request-Erzeugers. Zusätzliche Informationen, angefragt durch den Ingress MPC einschließlich der MPOA Cache Imposition Request- und MPOA Cache Imposition Reply-Information, müssen in der NHRP Resolution-Anfrage enthalten sein.

Perspektive des Egress MPC: Der Egress MPC muß einen MPOA Cache Imposition Reply für jeden MPOA Cache Imposition Request senden. Um diese Antwort ausführen zu können, muß der MPC dafür sorgen, daß die Ressourcen vorhanden sind, um die Speichereinträge vornehmen und neue VCCs erhalten zu können. Wenn ein MPOA Cache Imposition Request eine Aktualisierung eines bereits existierenden Egress-Speichereintrags darstellt, sind die Ressourcen in der Regel vorhanden. Kann dagegen der MPC den Speichereintrag nicht akzeptieren oder keinen VCC aufnehmen, muß eine Fehlerstatusmeldung in Form eines MPOA Cache Imposition Replys zum MPS geschickt werden. Kann der MPC den Speichereintrag akzeptieren, trägt der MPC eine ATM-Adresse ein und sendet die Anfrage an den Egress MPS zurück.

Datentransfer

Das primäre Ziel von MPOA ist der effiziente Transfer von Unicast-Daten. Unicast-Daten können nach zwei Verfahren transportiert werden: über den normalen Weg oder über eine Shortcut-Verbindung. Der normale Weg folgt dem Routingpfad über das ATM-Netz. In diesem Fall agiert das ATM-Edge-System als Schicht-2-Brücke. Shortcuts werden mit Hilfe der MPOA Target Resolution und dem Speichermanagement-Mechanismus aufgebaut. Eine Shortcut-Verbindung ist eine ATM-Direktverbindung zwischen zwei Schicht-3-Systemen am Anfang und Ende der ATM-Wolke ohne dazwischenliegende Router-Hops.

Wenn ein MPC ein Schicht-3-Protokoll-Paket zu senden hat, für das eine Shortcut-Verbindung als möglich erkannt wurde, arbeitet das MPOA-Edgesystem als Schicht-3-Weiterleitungssystem (sog. Forwarder) und sendet das Paket über den abgekürzten ATM-Weg (Abbildung 8.2).

Routing Protokoll-Interaktion

Das MPOA-System erhält die Routing-Information über den Next Hop Server und seine dazugehörige Routingfunktion. Der MPS arbeitet mit dem NHS zusammen, um Anfragen zu initiieren und entsprechend zu beantworten. In Übereinstimmung mit dem Next Hop Resolution Protocol müssen Ingress und Egress NHSs permanent den Status über die NHRP-Requests, die sie initiieren oder beantworten, überwachen, so daß sie die ständigen Routing-Änderungen untereinander austauschen können. Die MPSs erhalten diese Updates von ihrem zugeordneten Router bzw. NHS und veranlassen daraufhin die Erneuerung bzw. Löschung der entsprechenden MPC-Speicherinhalte.

MPOA-Funktionsprinzip

Im MPOA-Modell sind die Weiterleitungsfunktionen in den Edge Devices, z.B. einem ATM-Switch, und den ATM-Endgeräten mit integriertem MPOA-Client verteilt; die MPOA-Server stellen die Routingfunktion, d.h. die Wegeermittlung, bereit. Die MPCs überprüfen die Pakete, die sie aus den herkömmlichen LAN-Segmenten erhalten mit dem Ziel, die richtige Weiterleitungsentscheidung zu treffen. Muß das Paket geroutet werden, enthält es die MAC-Zieladresse der MPOA-Routerschnittstelle. Ist dies der Fall, schaut sich der MPC die Schicht-3-Zieladresse des Pakets an und löst diese in die richtige ATM-Adresse auf. Die Informationen für die Adreßauflösung erhält er vom MPOA-Server oder durch Einträge in seinem Speicher. Daraufhin baut der MPC einen direkten virtuellen ATM-Kanal zur Zielstation auf. Ist das Paket an ein Endgerät im gleichen Subnetz gerichtet, kann es gebrückt werden. In diesem Fall nutzt der MPC die LANE, um die ATM-Adresse festzustellen und einen virtuellen Kanal zur Zielstation aufzubauen.

Kennt der lokale MPOA-Server die benötigte ATM-Adresse nicht, schickt er eine Anfrage an andere MPOA-Server oder Router, indem er die Funktionen, die ihm NHRP für diesen Fall bereitstellt, nutzt. Die ATM-Zieladresse, die der antwortende MPOA-Server zurückschickt, kann die Adresse des Endgeräts (falls dieses im ATM-Netz angebunden ist) oder die Adresse des entsprechenden Edge Devices sein, welches das Paket an das Endgerät weiterleitet.

MPOA arbeitet auf Schicht 3 des OSI-Modells, um den Beginn eines Datentransfers zu erkennen und dann festzulegen, ob das Paket über den gerouteten Weg oder über eine Shortcut-Verbindung geschickt werden kann. Wird eine Shortcut-Verbindung gewählt, wird eine ATM-SVC-Verbindung aufgebaut und das Paket auf Schicht 2 vermittelt. Geht das Paket den gerouteten Weg, wird es auf Schicht 3 übertragen. Hier liegt der wesentliche Vorteil von MPOA: MPOA kann Verkehr sowohl auf Schicht 2 als auch auf Schicht 3 übertragen; und MPOA kann nicht-routefähigen Verkehr auf Schicht 2 übertragen.

Beispiel für den Weg eines Pakets in einer MPOA-Umgebung

Das MPOA-Modell geht davon aus, daß Daten in den meisten Fällen als relativ stetiger Datenfluß übertragen werden. D.h. eine Datenübertragung besteht in der Regel aus mehreren Paketen, die alle zum gleichen Ziel gesendet werden. Insofern kann dieses Ziel festgestellt und dorthin eine SVC-Verbindung aufgebaut werden.

Zukünftige LAN-ATM-Internetworking-Ansätze

Daraufhin werden alle Pakete des Datenstroms in Zellen gewandelt und über den virtuellen Kanal übertragen. Der Vorteil einer Shortcut-Verbindung ist, daß der Verkehrsfluß den direkten Weg und nicht den gerouteten Weg über eventuell mehrere Router nehmen muß, wodurch die Performance stark verbessert wird.

Abbildung 8.7 zeigt einen typischen Verlauf eines Pakets innerhalb einer MPOA-Umgebung.

Ein Paket tritt über den Ingress MPC (MPC1 in Abbildung 8.7) in den MPOA-Bereich ein. Der stattfindende Entscheidungsprozeß für jedes am MPC eintreffende Paket wird in Abbildung 8.8 aufgezeigt.

Im Normalfall wird das Paket über die LANE auf Schicht 2 zu einem Router gebrückt (dieser ist Teil des MPS 2 in Abbildung 8.7). Folgt das Paket dem Standardpfad, d.h. dem gerouteten Weg, wird es vom Router im MPS2 über die dazwischenliegenden Stationen zum Ziel-Endgerät oder Ziel-Edge Device (MPC 2) geschickt. Ist das Paket jedoch Teil eines Datenflusses, für den eine Shortcut-Verbindung aufgebaut wurde, entfernt der Ingress MPC die DLL-Encapsulation vom Paket und schickt es direkt über die Shortcut-Verbindung zum Ziel. Der MPC kann eventuell dazu aufgefordert werden, vor dem Absenden dem Paket eine Tagging-Information voranzustellen, die dem MPC durch den Target Resolution-Prozeß zur Verfügung gestellt wurde.

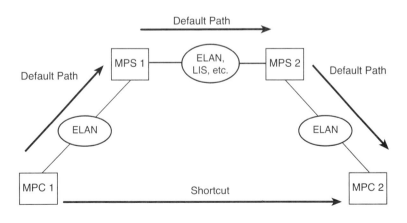

Abbildung 8.7. Der Weg eines Pakets durch den MPOA-Bereich.

LAN-ATM-Migration

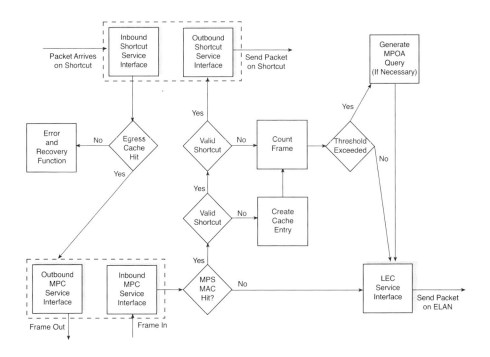

Abbildung 8.8. Darstellung des Entscheidungsprozesses am MPC für jedes ankommende Datenpaket.

Wurde vorher kein Datenfluß entdeckt, wird jedes Paket mit einer Schicht-3-Zieladresse über die LANE zu einem MPS geschickt. Wird ein bestimmter Schwellenwert, der durch eine bestimmte Anzahl an gesendeten Paketen innerhalb einer bestimmten Zeit für eine bestimmte Internetworkingadresse gegeben ist, überschritten, wird der MPC aufgefordert, einen MPOA Resolution Request zu senden, um die notwendige ATM-Adresse für eine Shortcut-Verbindung zu einem speziellen Endsystem, i.d.R. dem Egress MPC, zu erhalten.

Erreicht das Paket über eine Shortcut-Verbindung den Egress MPC, wird es mit dem entsprechenden Eintrag im Egress-Speicher abgeglichen. Entweder stimmt es mit dem Eintrag überein oder es wird weggeworfen. Wird eine Übereinstimmung festgestellt, wird das Paket entsprechend der Information im Egress Cachespeicher ergänzt (Encapsulation) und an die höheren Schichten zur weiteren Verarbeitung weitergeleitet.

Eine Shortcut-Verbindung ist eine ATM-SVC-Verbindung, die speziell für einen bestimmten Datenfluß aufgebaut wurde.

MPOA im Einsatz

Mit MPOA wurde ein Weg gefunden, wie die heutigen LAN-Umgebungen, d.h. Multiprotokollrouternetze, Ethernet-, Token-Ring-, FDDI-LANs und TCP/IP- bzw. SPX/IPX-Infrastrukturen, in eine ATM-Umgebung unter Schutz der getätigten Investitionen integriert werden können. Darüber hinaus basiert MPOA auf herkömmlichen Standards wie der LANE v2.0 und NHRP, so daß eine sanfte Migration heutiger LAN/ATM-Netze in eine gemischte LAN/ATM-Umgebung mit MPOA möglich ist.

Wesentlich ist, daß mit MPOA die Vorteile der LANE erhalten bleiben, und daß eine Schicht-3-Kommunikation über ATM-SVC-Verbindungen ohne Zwischenschaltung konventioneller Router möglich ist. Erreicht wurde dies durch die Trennung der Wegeberechnung und der Weiterleitungsfunktion sowie durch die Verteilung dieser Funktionen in unterschiedliche Komponenten – ein technisches Konzept, das unter dem Begriff „virtueller Router" bekannt ist. Dadurch ergeben sich eine Reihe von Vorteilen, wie

- Intersubnetz-Kommunikation mit hoher Performance.
- verbessertes Management und bessere Skalierbarkeit durch Reduzierung der Anzahl von Systemen, die Wegeberechnungsfunktionen bereitstellen müssen.
- weniger komplexe Edge Devices, da diese nur Weiterleitungs- aber keine Wegeberechnungsfunktionen bereitstellen müssen.

MPOA als Gesamtwerk ist komplex, so daß mit einer vollständigen Implementierung und Erprobung in entsprechenden Komponenten noch einige Monate vergehen dürften. Immerhin hat der Anwender die Sicherheit, seine derzeitigen LAN/ATM-Infrastrukturen auf Basis von MPOA weiterentwickeln zu können.

Teil 3
ATM-Komponenten und ATM-Lösungen

IX ATM-Switchsysteme

Generelle Aspekte

Derzeit werden mehrere Begriffe für ATM-Komponenten verwendet, die sich von Hersteller zu Hersteller unterscheiden und oft auch mit unterschiedlichen Inhalten belegt sind. Die gebräuchlichsten sind ATM Hub, ATM Switch, ATM Switching Hub, ATM Router, ATM Routing Switch. Sofern überhaupt eine Klassifizierung möglich ist, können folgende Unterschiede festgehalten werden:

Von einem Switching Hub spricht man dann, wenn ein herkömmlicher LAN-Konzentrator, über den z.B. Ethernet-, Token-Ring- und FDDI-LANs aufgebaut werden können, gleichzeitig auch Vermittlungsfunktionen bereitstellt. Dies können Paketvermittlungs- (Frame Switching Hub) oder Zellenvermittlungsfunktionen sein (ATM Hub, ATM Switching Hub oder Cell Switching Hub).

Switches sind Systeme, die ausschließlich Vermittlungsfunktionen bereitstellen. Sie werden ATM oder Cell Switches genannt, wenn sie Zellen vermitteln, Frame Switches, wenn sie Paketvermittlungsfunktionen bereitstellen, wie sie in den klassischen LANs eingesetzt werden, oder einfach nur Switch, wenn sie eine der beiden Funktionen oder beide bereitstellen.

Unter einem ATM-Router versteht man einen Router mit ATM-Schnittstelle; unter einem ATM Routing Switch ein System, das Routing- und Switching-Funktionen im gleichen Gehäuse bereitstellt. Viele der sog. Switching Hubs, z.B. auch System 5000 von Bay Networks, bieten gleichzeitig auch Routing-Funktionen durch integrierte Router-Einschübe.

Generell können ATM-Netze heute über Konzentratoren (Hubs), Vermittlungsknoten (Switches) und Router aufgebaut werden.

Bay Networks bietet sämtliche ATM-Komponententypen an.

- ◆ Kombinierte LAN/ATM-Switches für gemischte LAN/ATM-Umgebungen wie System 5000BH, Centillion 100 und Centillion 50.
- ◆ Reine ATM-Switches wie System 5000BH und Centillion 100, wenn sie ausschließlich mit ATM-Modulen bestückt sind.

ATM-Komponenten und ATM-Lösungen

- Router mit physikalischer ATM-Schnittstelle oder spezielle ATM-Router wie der virtuelle Networking Router (VNR).
- ATM-Switchsysteme als WAN-Zugangssysteme.

ATM-Switchsysteme: Überblick

Die ATM-Switches von Bay Networks sind kombinierte LAN/ATM-Switches. Sie unterstützen die herkömmlichen Shared Media LAN- und Frame Switching-Technologien sowie ATM im gleichen Gehäuse. Sämtliche Multi-LAN/ATM-Switches basieren auf der gleichen Technologie, der Centillion-Technologie, so daß durchgängige Netze realisiert werden können. Sie sind in das Netzmanagementsystem Optivity integriert.

System 5000BH und Centillion 100 sind modulare Switches. Sie sind in erster Linie für Anwendungen im Backbone-Netz und im Netzzentrum konzipiert, können aber auch im Verteilerbereich eingesetzt werden, wenn modulare Systemtechnik bzw. Switches mit High-End-Funktionalität gefordert sind.

Centillion 100 unterstützt Ethernet-, Token-Ring- und ATM-Switching. Mit einer Portzahl von bis zu 24 ATM- oder Token-Ring-Ports bzw. bis zu 88 Ethernet-Ports ist das System in erster Linie zum Aufbau von Backbone-Netzen mittlerer Größe oder als Multi-LAN/ATM-Switch im Unterverteiler geeignet.

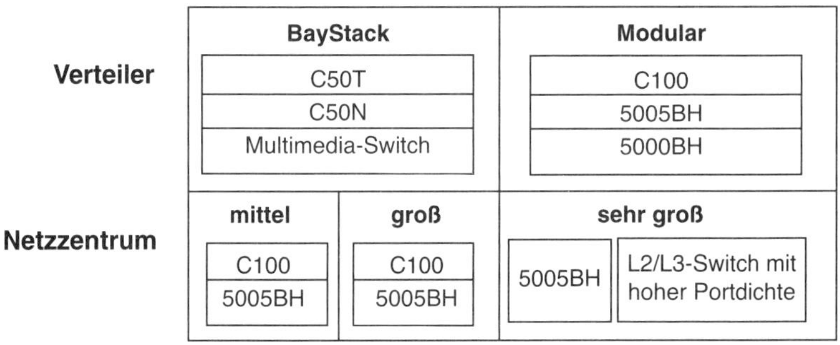

	BayStack		Modular	
Verteiler	C50T		C100	
	C50N		5005BH	
	Multimedia-Switch		5000BH	

	mittel	groß	sehr groß	
Netzzentrum	C100 5005BH	C100 5005BH	5005BH	L2/L3-Switch mit hoher Portdichte

Abbildung 9.1. ATM-Switchsysteme von Bay Networks.

ATM-Switchsysteme

System 5000BH unterstützt zusätzlich zu Centillion 100 auch FDDI-Netze sowie Routing- und Remote-Access-Funktionen im gleichen Gehäuse. Deshalb kommt System 5000BH in sehr großen Netzen oder im Multifunktionsumgebungen zum Einsatz. Zukünftig wird im Netzzentrum außerdem ein Switch mit höherer Portdichte und Schicht-2/Schicht-3-Funktionalität zur Verfügung stehen.

Die beiden Switches Centillion 50T und Centillion 50N sind kleine, nichtmodulare Systeme. Sie sind aufgrund ihres Designs als Ethernet/ATM-Switch (Centillion 50N) und als Token-Ring/ATM-Switch (Centillion 50T) sowie aufgrund ihrer Portzahl und ihres Funktionsumfangs zur Anbindung von Arbeitsgruppen und Hochleistungsnutzern an ein ATM-Backbone bzw. an den ATM-Switch im Netzzentrum konzipiert. Sie stellen zum Teilnehmer hin Ethernet- oder Token-Ring-Switch-Anschlüsse und zum Backbone hin ATM-Schnittstellen in unterschiedlicher Anzahl zur Verfügung. Durch einen Erweiterungssteckplatz, der mit den Schnittstellenmodulen der Centillion-100-Serie bestückt werden kann, sind die Arbeitsgruppen-Switches um weitere ATM-Ports, um 10/100-Mbit/s-Ethernet- oder dedizierte Token-Ring-Anschlüsse flexibel ausbaubar.

Der Multimedia-Switch basiert als einziger ATM-Switch nicht auf der Centillion-Technologie. Er wird für Spezialapplikationen eingesetzt, z.B. für Videoanwendungen über ATM oder zu Anbindung von Endgeräten über ATM-Verbindungen mit 25 Mbit/s über eine bestehende UTP-Verkabelung.

Centillion 100

Centillion 100 ist ein Vermittlungssystem, das Paket- und Zellvermittlungstechnologien in der gleichen Systemeinheit integriert. Deshalb ist Centillion 100 besonders für den Einsatz in Netzen geeignet, wo LAN-nach-LAN-, LAN-nach-ATM- und ATM-nach-ATM-Switching parallel betrieben, d.h. vorhandene LAN-Umgebungen in Switching-Umgebungen integriert und bestehende Investitionen geschützt werden sollen.

Das Centillion-100-Chassis hat sechs Steckplätze, die beliebig mit LAN- und ATM-Switching-Modulen mit unterschiedlichen Schnittstellenvarianten bestückt werden können. Der Switch unterstützt Ethernet, Token Ring und ATM. Seine Hauptvorteile sind:

- ♦ **Unterstützung von Multi-LAN- und ATM-Switching im gleichen Gehäuse:** Der Switch kann in reinen Ethernet- und reinen Token-Ring-Umgebungen, in gemischten Ethernet/Token-Ring-Umgebungen sowie zur Anbindung an ein ATM-Backbone-Netz oder zum Aufbau von ATM-Backbone-Netzen eingesetzt werden. Sein modulares Design und seine Konzeption als kombinierter Frame/Cell Switch tragen entscheidend zu dieser Einsatzflexibilität bei.

- **Investitionsschutz:** Die Centillion-100-Switches erlauben die sukzessive Einführung von ATM zunächst im Backbone durch transparente ATM-Verbindungen zwischen mehreren Switches; später durch dedizierte ATM-Verbindungen zu Servern oder einzelnen Etagen-LANs. Wird der Bedarf an ATM-Verbindungen größer, kann durch einfachen Tausch der installierten Ethernet- oder Token-Ring-Switchmodule gegen ATM-Module das System zum reinen ATM-Switch umfunktioniert und die Teilnehmer bedarfsgerecht mit ATM-Direktverbindungen ausgerüstet werden.
- **Kostengünstige und gleichzeitig wirtschaftliche Backbone-Lösung:** Mit sechs Steckplätzen und einem ATM-Koppelnetz mit 3,4 Gbit/s Durchsatz sowie zusätzlich 1,2 Gbit/s pro installiertem Switch-Modul eignet sich Centillion 100 sowohl als Backbone-Switch für kleine und mittlere Backbone-Netze als auch als ATM-Startsystem in großen Netzen. Steigt der Bedarf an ATM-Verbindungen, können mehrere Centillion 100 über ATM-Verbindungen miteinander gekoppelt werden. Im GIGArray-Betrieb stellt jede ATM-Verbindung eine Erweiterung der Centillion-Backplane dar, so daß jeder Switch höchste Skalierbarkeit in Bezug auf Bandbreite und Portdichte bietet. Dominiert ATM im Backbone, können die Centillion-100-Switches gegen System 5000BH ausgetauscht und im Etagenverteiler weiterverwendet werden.

Verteilte, parallele Switching-Architektur

Centillion 100 basiert auf einem Koppelnetz mit verteilter paralleler Architektur, Cellerator genannt. Die gesamte Vermittlung, d.h. die Vermittlung von Zellen und Paketen, läuft auf ATM-Basis ab.

Das Cellerator-Koppelnetz besteht aus drei Hardware-Einheiten (Abbildung 9.2):

- Einer ATM-Backplane mit einem Durchsatz von 3,2 Gigabit pro Sekunde. Dadurch ist die Weiterleitung des Verkehrs zwischen den Switch-Modulen bei hoher Geschwindigkeit und geringer Verzögerung gewährleistet.
- Dem CellManager, einem applikationsspezifischen, integrierten Schaltkreis (ASIC) auf jedem Switch-Modul, der den Backplane-Verkehr überwacht. Er hat eine Switching-Kapazität von 1,2 Gigabit pro Sekunde für die Vermittlung von Zellen zwischen den ATM-Ports auf dem Modul.

ATM-Switchsysteme

- Einer Segmentation and Reassembly-Einheit (SAR), die mit 400 Mbit/s im Vollduplex-Betrieb arbeitet und LAN-Pakete in ATM-Zellen bzw. ATM-Zellen entsprechend dem AAL5-Standard in Pakete wandelt.

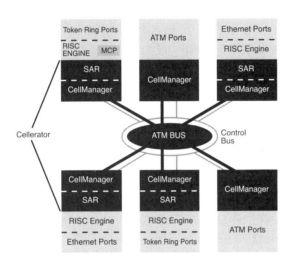

Abbildung 9.2. Verteilte, parallele Switching-Architektur des Centillion 100.

Der Cellerator stellt das Grundsystem des Koppelnetzes dar, das die einfache Integration von LAN-Modulen jeden Typs in den Centillion-100-Switch gewährleistet. Der Cellerator ist übertragbar, d.h. kann in Gehäusen unterschiedlicher Größe und in Netzplattformen unterschiedlicher Art eingesetzt werden.

Für Centillion 100 steht eine Vielzahl von Modulen mit unterschiedlichsten Schnittstellen bereit. Jedes Switch-Modul besteht aus Eingangs/Ausgangs-Ports, Speicher und einem ASIC mit dem CellManager. Zusätzlich hat jedes Modul einen RISC-Prozessor, der Paket-Switchingfunktionen zwischen den LAN-Ports auf dem Modul ausführt, sowie eine SAR-Einheit für die Paket/Zellen-Wandlung. Alle Module führen die Switchingfunktionen selbständig, d.h. lokal auf dem Modul, aus. Nur der Verkehr zwischen den Modulen läuft über den Cellerator. Diese verteilte Switching-Architektur maximiert den Durchsatz und bietet auch bei maximaler Auslastung höchste Performance.

Integrierte Switch-Steuerung

Jedes Modul erstellt und pflegt seine eigenen Switch-Tabellen für die Weiterleitung des Verkehrs. Eine zentrale Steuerung, der sog. Master Control Processor (MCP), führt die Daten der verteilten Tabellen in einer Haupttabelle zusammen, auf welche jedes Modul zugreifen kann und somit einen breiten Einblick in das Netz erhält. Dem MCP obliegen außerdem zentrale Steuerungsfunktionen wie Netzmanagement und Wegesteuerung. In Umgebungen, in denen der Centillion 100 ATM-Wählverbindungen (SVCs) und den LAN-Emulationsdienst bereitstellt, übernimmt der MCP zusätzlich die SVC-Signalisierung und die Steuerungsfunktionen für die LAN Emulation Clients. Einige MCPs stellen optional auch LANE-Services bereit. Der MCP ist auf dem Switch-Modul integriert, so daß kein separater Steckplatz im Chassis verlorengeht bzw. kein zusätzliches Prozessormodul angeschafft werden muß. Die Auswahl der MCPs hängt von der jeweiligen Anwendung ab.

Separater Steuerungsbus

Ein separater Managementbus überträgt den Steuerverkehr zwischen dem MCP und den Switch-Modulen, z.B. die Initialisierungsmitteilungen der Module, Daten zur Aktualisierung der Switch-Tabellen, Signalisierungs- und Netzmanagementdaten. Die Benutzung eines separaten Managementbusses für den Steuerverkehr hat den Vorteil, daß die Bandbreite des Koppelnetzes voll für den eigentlichen Datenverkehr zur Verfügung steht. Der Managementbus arbeitet mit 400 Mbit/s, so daß Verzögerungen beim Verbindungsaufbau ausgeschlossen werden können und genügend Reserven für steuerungsintensive Applikationen, z.B. SVCs und LAN-Emulation, zur Verfügung stehen.

Busbasierende Switch-Architektur mit gemeinsam nutzbarem Speicher

Die ATM-Backplane des Centillion ist ein sog. Slotted-cell Bus mit 3,2 Gbit/s. Bei einem Datentransfer über den Bus erstellt der CellManager als Sender eine Zielmaske, welche das/die Modul(e) und Ausgangsport(s) enthält, an welche die Zellennutzlast (d.h. die eigentliche Datensendung) gerichtet ist. Jedes Modul, dessen Identifizierungsbit (sog. Card Mask Bit) in der Zielmaske gesetzt ist, kopiert die Zellennutzlast in seinen lokalen Speicher und stellt sie, je nachdem, welche(s) Portidentifizerungsbit(s) (Port Mask Bit) in der Zielmaske gesetzt war(en), in den/die entsprechenden Ausgangsspeicher dieses/dieser Ports.

ATM-Switchsysteme

Die Centillion-100-Module arbeiten nach dem Prinzip des verteilten Switching. D.h. die Module speichern nur eine Kopie jedes Pakets oder jeder Zelle in ihrem Speicher. Alle Ports haben über sog. Pointer Zugang zu diesem Speicher. Dadurch stellt ein Ausgangsspeicher auf einem Switch-Modul nur eine Liste von Pointern zu den aktuell gespeicherten Daten dar. Der Vorteil eines gemeinsamen Speichers, auf den alle Ressourcen zugreifen, ist, daß die Speicherauslastung optimiert und der Verarbeitungs-Overhead, der durch das Kopieren von Daten entsteht, minimiert wird.

Eine busbasierende Switch-Architektur mit zentralem Speicher hat außerdem Vorteile in der Verarbeitung von Multicast-Verkehr. Der CellManager als Sender muß in diesem Fall nur eine einzige Kopie einer Multicast-Zelle auf den ATM-Bus schicken. Diese wird von den Zielmodulen/Ports am Bus gleichzeitig empfangen. Auch in diesem Fall wird CPU-intensives Kopieren vermieden, die Speicherbenutzung minimiert und der Durchsatz bei Multicast-Verkehr maximiert (Abbildung 9.3).

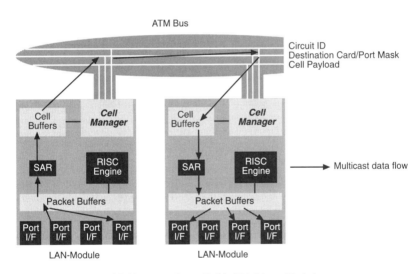

Abbildung 9.3. Datenfluß bei Multicast-Verkehr.

Überlastkontrolle

Alle Switch-Module verfügen über ausreichend dimensionierte Speicher, so daß sie auch zeitweiliger Überlast standhalten können. Zusätzlich unterstützen die Warteschlangen des ATM-Busses und der ATM-Ports zwei Prioritätsebenen, so daß

ATM-Komponenten und ATM-Lösungen

im Falle einer länger anhaltenden Überlast der Verkehr mit niederer Priorität ignoriert wird, um die Bandbreite für kritische Applikationen zur Verfügung zu stellen. Der Cellerator verfügt außerdem über eine Überlastkontrolle, die dem „Early Packet Discard"-Standard des ATM-Forums entspricht. Dieser besagt, daß wenn die Anzahl der verfügbaren Speicher auf einem Modul unter den für dieses Modul definierten Schwellwert fällt, der CellManager der SAR-Einheit ein Signal sendet, welches diese veranlaßt, Zellen wegzuwerfen. Zunächst werden die unvollständig umgewandelten Pakete, und zwar ein Paket nach dem anderen, beginnend mit den Zellen mit geringer Priorität, weggeworfen, so lange bis die Überlast-Anzeige zurückgesetzt wird. Dieses selektive Wegwerfen minimiert die Anzahl der Pakete, die von diesem Vorgang betroffen sind, und reduziert den Overhead für die wiederholte Übertragung.

Übertragung von Paketen über ATM

Centillion-100-Switches können über ATM miteinander verbunden werden. ATM-Backbone-Verbindungen sind als logische Erweiterungen der Switch-Backplane zu betrachten. Wird ein ausgehendes Paket vom Übertragungsmodul segmentiert, fließt der daraus resultierende Zellenstrom von der Backplane durch den Ausgangs-ATM-Port auf eine vorher aufgebaute virtuelle Verbindung und passiert evtl. dazwischenliegende Switches, ohne daß eine Protokollkonvertierung auf der Backplane oder den ATM-Backbone-Verbindungen notwendig wäre. Aufgrund der Architektur des Centillion-ATM-Kerns sind Erweiterungen des ATM-Netzes ohne Auswirkungen auf die Verzögerungsbedingungen möglich.

ATM GIGArray und Circuit Saver Mode

Ein ATM-Netz, das mit Centillion-Switches aufgebaut ist, kann so konfiguriert werden, daß es unter dem Aspekt der Performance oder Speicherauslastung optimal ausgelegt ist. Mit dem GIGArray des Centillion wird eine ATM-Festverbindung zwischen allen Modulen im Switch aufgebaut, so daß die von einem Modul ausgehenden Pakete direkt vom LAN-Modul segmentiert und auf die richtige ATM-Verbindung geschickt werden können. Dadurch sind LAN- und ATM-Switching-Vorgänge parallel auf allen Modulen möglich. Voraussetzung ist allerdings ein vollvermaschtes ATM-Netz zwischen den Switches.

Für Anwendungen, bei denen auf die Kosten geachtet werden muß, z.B. wenn die Verbindungen von einem Carrier bereitgestellt werden oder wenn mit einem

ATM-Switch kommuniziert wird, der nur eine begrenzte Anzahl von Verbindungen unterstützt, hat der Centillion 100 den sog. Circuit Saver Mode implementiert. In dieser Betriebsweise wird der gesamte Paketverkehr zwischen zwei Switches auf eine ATM-Verbindung gemultiplext. Die Circuit-Saver-Betriebsweise reduziert die Nutzung von Verbindungen, allerdings mit geringerem Durchsatz als die GIGArray-Verbindungen. GIGArray- und Circuit-Saver-Verbindungen können mit dem gleichen Switch betrieben werden, um das Netz kundenspezifisch zu konfigurieren und Ressourcen zu sparen. Das macht Centillion-ATM-Netze äußerst skalierbar und gut zu managen.

Automatischer Aufbau von virtuellen Festverbindungen

Vor Release 2.0 nutzte Centillion entweder feste virtuelle Pfade (PVP) oder feste virtuelle Verbindungen (PVC) für die Kommunikation über das ATM-Netz. Um einen GIGArray zu konfigurieren, in dem ein voll vermaschtes Netz zwischen den Switches notwendig ist, definiert der Nutzer einen virtuellen Pfad zwischen jedem Switch-Paar, und der MCP baut automatisch die Kanäle innerhalb des virtuellen Pfades auf und ordnet jedem Switch-Modul eine Verbindung zu. Aus Redundanzgründen oder um eine Lastaufteilung vorzunehmen, können zwischen zwei Switches mehrere virtuelle Pfade aufgebaut werden. Der Centillion 100 unterhält eine verteilte Verbindungstabelle, in der jeder Virtual Path Identifier/Virtual Circuit Identifier (VPI/VCI), der ATM-Ausgangsport, die Verbindungspriorität und die Kosten für den Benutzer festgehalten sind.

Redundante Verbindungen

Erkennt (lernt) ein LAN-Modul ein neues Endgerät, das an einem Remote-Switch über das ATM-Netz angebunden ist, speichert es dessen Stationsadresse in seiner Switching-Tabelle zusammen mit einem Index, der die Verbindung kennzeichnet, die nach diesem Vorgang grundsätzlich für Kommunikationsvorgänge zu dieser Remote-Station benutzt wird. Gehen aus Gründen der Lastteilung mehrere Verbindungen zum gleichen Remote Switch, wählt das Modul diejenige Verbindung mit der geringsten Auslastung aus. Der dynamische Lastausgleich, der pro Verbindung bereitgestellt wird, basiert auf einem Lastfaktor, der vom MCP an jedem ATM-Port über periodisches Sampling der gesendeten und empfangenen Zellen gewonnen wird. Dadurch kann der gesamte Verkehr zwischen einem LAN-Modul und allen Remote-Stationen, die an einem speziellen Switch angeschlossen

ATM-Komponenten und ATM-Lösungen

sind, gleichmäßig über mehrere ATM-Verbindungen geschickt werden, wodurch das System sehr fehlertolerant arbeitet und die Bandbreite über das ATM-Backbone äußerst skalierbar ist.

Die ATMSpeed-Module

Das ATMSpeed-Modul ist ein einfacher Hardware-Switch und besteht aus dem CellManager, Zellenspeicher, einem oder mehreren Direct Memory Access- (DMA-) ASICs und ATM-Schnittstellen. Der Switch ist nichtblockierend: jeder DMA-ASIC arbeitet mit 622 Mbit/s und bedient zwei OC-3-Ports im Vollduplexbetrieb bei voller Leitungsgeschwindigkeit. Der CellManager mit einer Kapazität von 1,2 Gigabit pro Sekunde vermittelt Zellen zwischen vier Vollduplex-OC-3-Ports bei voller Leitungsgeschwindigkeit (Abbildung 9.4).

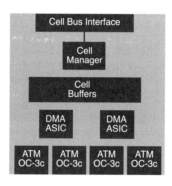

Abbildung 9.4. ATMSpeed-Modul: Hardware-Prinzip.

Das ATMSpeed-Modul ist modular realisiert und steht in zwei Varianten als einfaches ATMSpeed-Modul sowie als ATMSpeed-Modul mit Master Control Processor (MCP) zur Verfügung. Die Basiseinheit besteht jeweils aus zwei Steckplätzen für Media Dependent Adapter (MDAs). Folgende MDA-Varianten sind verfügbar:

- ◆ 2-Port-MDA für ATM-Verbindungen mit 155 Mbit/s, Multimodefaserkabel und SC-Stecker.
- ◆ 2-Port-MDA für ATM-Verbindungen mit 155 Mbit/s, Singlemodefaserkabel und SC-Stecker.
- ◆ 2-Port-MDA für ATM-Verbindungen mit 155 Mbit/s, UTP-Kabel und RJ45-Stecker.

ATM-Switchsysteme

Die ATMSpeed-Module einschließlich MDAs sind sowohl in Centillion 100 als auch in System 5000BH einsetzbar. Die MDAs können außerdem im Erweiterungssteckplatz der Centillion-50x-Serie installiert werden.

Effiziente Speichernutzung

Das 4-Port-ATMSpeed-Modul verfügt über einen Prozessorspeicher mit 16 MB und einen Speicher für 16.000 Zellen. Drei Viertel der Speicherkapazität wird für die Ausgangspeicherung und ein Viertel für den Eingangsspeicher verwendet. Die Speicher werden pro Modul als Pool überwacht, um die Speicherausnutzung für sog. Bursty Traffic aus den LANs zu optimieren. Sind Daten an einen freien Port gerichtet, dieser aber zur Übertragung blockiert, weil ein anderer Pfad gerade belegt ist, so tritt die sog. „Head of queue"-Blockierung auf. Um diese zu vermeiden, hat jeder ATM-Port eine separate „Dual Priority"-Warteschlange für den Cell Pointer. Die Benutzung von Pointern hat den Vorteil, daß nur eine Kopie einer Multicast-Sendung auf einmal gespeichert werden muß, wodurch die Speicherverfügbarkeit optimiert wird.

ATM-Switching-Tabellen

Jedes ATMSpeed-Modul unterhält eine lokale Tabelle, die alle eingehenden Verbindungen und ausgehenden VPI/VCIs, den Prioritätsgrad, und den ausgehenden ATM-Port enthält.

Vermittlungsprinzip

Der DMA-ASIC stellt die an den ATM-Ports eingehenden Zellen in einen Speicher. Bei diesem Prozeß ermittelt er anhand der VPI/VCI-Werte jeder Zelle die Verbindungsinformationen, erstellt die Zielmaske/Portmaske und gibt die Informationen an den CellManager weiter. Anhand der Zielmaske/Portmaske fügt der CellManager der entsprechenden Eingangschlange mit hoher oder niederer Priorität einen Cell Pointer bei (wenn die Zelle für den Bus bestimmt ist), und/oder entsprechend erhält die Ausgangswarteschlange einen Cell Pointer (wenn die Zelle für einen der Ports auf dem Modul bestimmt ist). Die Zellen in jeder Eingangswarteschlange vermittelt der CellManager zu festen Intervallen in die Eingangswarteschlange über den ATM-Bus. Dabei startet er mit der Warteschlange der höheren Priorität.

Umgekehrt, d.h. wenn der CellManager Zellen vom ATM-Bus erhält, versieht er entsprechend den Informationen in der Zielmaske die entsprechend(en) Ausgangswarteschlange(n) mit einem Cell Pointer. Der DMA ASIC schickt die Zellen in

ATM-Komponenten und ATM-Lösungen

jeder Warteschlange am Ausgangsport in festen Intervallen durch den entsprechenden Port; dabei beginnt er mit den Zellen in der Warteschlange mit höherer Priorität. Bei diesem Prozeß wird der VPI/VCI-Wert im Zellenkopf neu erstellt.

LAN-Emulation

Die Centillion MCP-Module unterstützen, entsprechend der LANE, Version 1, des ATM-Forums, sowohl die ATM-netzseitigen Services als auch die endgeräteseitige Client-Funktion.

Die LANE erfüllt mehrere Funktionen:

♦ Verbindungsorientierte ATM-Netze werden mit verbindungslosen LANs gekoppelt.
♦ ATM NSAP-Adressen werden in IEEE MAC-Adressen aufgelöst.
♦ Broadcasts, die lokalen Netzen inhärent sind, werden unterstützt.

Die Anordnung der LANE Clients und LANE Services ist in Abbildung 9.5 dargestellt.

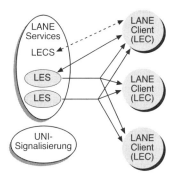

Abbildung 9.5. LAN Emulation Clients und LAN Emulation Services bei Centillion 100.

Die auf der rechten Seite von Abbildung 9.5 dargestellten LECs stellen einen MAC-Service (OSI Schicht 2) für die ATM-Endgeräte oder Edge-Devices, wie z.B. Centillion 100, dar. Alle LAN-Protokolle auf Client-Seite können mit einem ATM-System gekoppelt werden; Ethernet und Token Ring Encapsulation werden dabei unterstützt.

ATM-Switchsysteme

Der LAN Emulation Configuration Server (LECS) ermöglicht den LECs, sich am emulierten LAN anzuschalten oder sich von diesem abzuschalten. Die An- oder Abschaltung erfolgt auf Basis der vom Netzmanager vorgegebenen Richtlinien, der Konfigurationsdatenbank bzw. der Informationen von den Clients selbst.

Der LECS veranlaßt die Adreßauflösung ähnlich einem IP ARP, allerdings löst er eine ATM- in eine MAC-Adresse auf.

Für die Datenweiterleitung sind folgende Komponenten verantwortlich: Unicast-Pakete werden über aufzubauende Punkt-zu-Punkt-Verbindungen zwischen den LECs transportiert, Multicast- oder Broadcast-Pakete werden zu einem Broadcast und Unknown-Server (BUS) geschickt und dann an alle LECs weitergeleitet, die Bestandteil des emulierten LAN (oder der Multicast-Gruppe) sind. Der BUS benutzt Punkt-zu-Punkt-Verbindungen für den Empfang von Broadcast-Verkehr und Punkt-zu-Multipunkt-Verbindungen für das Senden von Broadcast-Verkehr zu den einzelnen LECs.

Der Centillion-100-Switch unterstützt verteilte, redundante und für Lastausgleich geeignete LES/BUS-Paare (Abbildung 9.6). Eine Verteilung dieser Dienste reduziert die Anhäufung von Verbindungsanrufen in einem einzigen System, was die Ausfallsicherheit erhöht und bei einem Fehler die Anzahl der Clients, die davon betroffen wären, reduziert. Ein Backup-LES/BUS verbessert die Zuverlässigkeit erheblich, da die Services bei einer Störung automatisch von anderen LES/BUS-Paaren übernommen werden. Eine Verteilung der Last reduziert wiederum die Häufigkeit des Verbindungsauf- und -abbaus und verbessert somit die Zuverlässigkeit und erhöht die Verfügbarkeit.

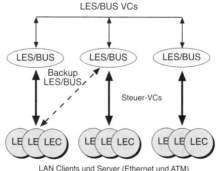

Abbildung 9.6. LANE Clients und LANE Server.

ATM-Komponenten und ATM-Lösungen

Eine weitere Besonderheit des Centillion 100 bietet der intelligente LES, der MAC-Adressen lernt, wenn Clients sich erstmals beim LES registrieren. Er antwortet somit direkt auf LE-ARPs, ohne die Anfrage vorher über den Broadcast-Kanal weitergeben zu müssen. Dadurch kann der Anteil für Overhead-Steuerverkehr beträchtlich reduziert werden.

Die Centillion-Switches basieren derzeit auf der LANE-Version 1.0 und werden in Kürze per Software-Upgrade an die LANE-Version 2.0 angepaßt.

Virtuelle LANs

Virtuelle Netze oder VLANs sind durch Switching und LAN-Emulation realisierbar. Virtuelle LANs auf Basis der LANE zeichnen sich durch ähnliche Charakteristika aus wie Shared Media LANs, wo Multicast- und Broadcast-Verkehr nur an Stationen innerhalb eines virtuellen LANs gehen. Ein Unterschied bei virtuellen LANs ist, daß die Teilnehmer einer Broadcast-Domain mit Hilfe von Netzmanagementsystemen über die Software konfiguriert werden können, während Shared Media LANs physikalisch zugeordnet sind.

Centillion 100 unterstützt über die ATMSpeed MCP-Module netzweite VLANs. Derzeit können bis zu 32 verschiedene VLANs über lokale Netze und ATM-Netze hinweg in jedem System konfiguriert werden.

Die Software-Architektur des Centillion 100 erlaubt viele unterschiedliche Optionen, je nachdem, ob eher mehr Performance, höhere Zuverlässigkeit oder bessere Skalierbarkeit angestrebt werden.

Eine wesentliche Rolle in diesem Konzept spielt die sog. Bridge Group. Unter einer Bridge Group versteht man physikalische LAN-Anschlüsse, virtuelle ATM-Ports und/oder virtuelle Ringe, die über ein Switchsystem gebrückt sind. Konzeptionell kann eine Bridge Group als Multiport-Brücke betrachtet werden, bei der einige oder alle Ports physikalisch angeschlossen und einige Ports als logische Ports durch Konfiguration entsprechend definiert wurden (Abbildung 9.7). Ein einzelner Switch kann mehrere voneinander unabhängige Bridge Groups haben, die jeweils eine eigene Broadcast-Domain darstellen. Bridge Groups können über mehrere Switchsysteme ausgebreitet werden, indem sie durch den gleichen physikalischen LAN-Anschlußtyp (Ethernet oder Fast Ethernet oder Token Ring) oder virtuellen Anschluß gekoppelt werden. Ports in der gleichen Bridge Group müssen vom gleichen LAN-Typ sein.

ATM-Switchsysteme

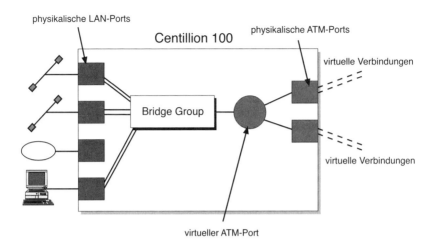

Abbildung 9.7. Physikalische und virtuelle Ports als Mitglied einer Bridge Group.

Bridge Groups bestehen, wie in Abbildung 9.7 gezeigt, aus physikalischen und auch virtuellen Ports. Virtuelle Ports können in unterschiedlichen Varianten auftreten, z.B. im Centillion-spezifischen Modus und als LANE-Ports. Jede dieser beiden Betriebsweisen kann wiederum als Circiut Saver oder Turbo Mode ausgelegt werden (Abbildung 9.8).

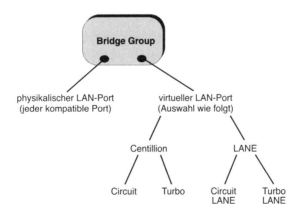

Abbildung 9.8. Unterschiedliche Konfigurationsvarianten einer Bridge Group.

ATM-Komponenten und ATM-Lösungen

Dementsprechend kann ein Centillion 100 mit seinen physikalischen Ports mehrere unterschiedliche Bridge Groups unterstützen. Physikalische Ports vom gleichen Typ innerhalb eines Switches, z.B. Ethernet, Fast Ethernet oder Token Ring, können über mehrere Switchsysteme hinweg zusammengeschaltet werden, die wiederum auf MAC-Basis miteinander verbunden sind. In diesem Fall spricht man bei Centillion 100 von einem virtuellen LAN.

Abbildung 9.9 zeigt die Möglichkeiten, wie einzelne Ports innerhalb eines Centillion miteinander geschaltet werden können.

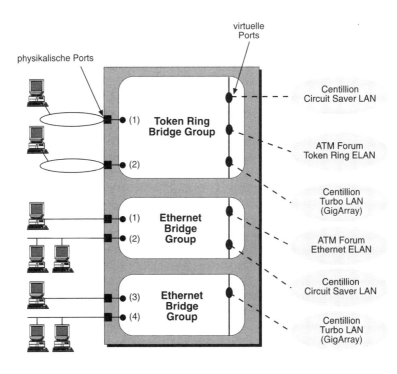

Abbildung 9.9. Konfigurationsmöglichkeiten mit einem einzelnen Switch, der mit Ethernet-, Token-Ring- und ATM-Anschlüssen beschaltet ist.

Unterschiedliche Betriebsarten

Centillion 100 arbeitet in unterschiedlichen Betriebsarten, je nach Netzumgebung und Backbone-Struktur. Alle ATM-Module unterstützen sowohl die standardbasierenden Verfahren wie LANE, UNI und IISP als auch den Bay-typischen GIGarray Mode. GIGarray ist am effektivsten in ATM-Backbone-Umgebungen, wo kritische Daten transportiert werden müssen, oder in Client-Server-Strukturen mit hohen Datenraten und hoher Zuverlässigkeitsanforderung, wo eine sehr schnelle Umschaltung der PVC-basierenden Verbindung auf eine redundante Verbindung gewünscht ist. Die standardbasierenden Betriebsarten eignen sich für ATM-Direktverbindungen mit Routern, Servern oder ATM-Endgeräten.

Auswahl der unterschiedlichen Betriebsarten

Entscheidend für die Auswahl der Betriebsarten sind die beim Kunden vorherrschenden Anforderungen.

Der Centillion Circuit Mode realisiert eine vermaschte PVC-Verbindung zwischen den virtuellen Ports der Bridge Groups der einzelnen Switches untereinander.

Beim Aufbau eines vermaschten Netzes mit Hilfe von PVPs zwischen den virtuellen Turbo-Ports der Switches spricht man von einem Centillion-„GIGArray"-Netz. Ein entscheidender Unterschied zum Circiut Saver Mode besteht in der besseren Performance.

Nutzt man dagegen die LAN-Emulation und beschaltet die virtuellen Ports, so sind zwei unterschiedliche Betriebsarten möglich: der Circuit Saver- oder der Turbo Mode (Abbildung 9.8). Beide Typen entsprechen voll dem LANE-Standard 1.0 des ATM-Forums und sind kompatibel mit der UNI Version 3.0 oder 3.1; in beiden Betriebsarten arbeiten die Centillion 100 als LAN Emulation Clients (LECs). Der Circuit Saver Mode minimiert den Aufwand an einzelnen virtuellen Verbindungen, da alle Steuerungs- und Datendirektverbindungen am MCP-Modul abgeschlossen werden, während der Turbo-Mode auf höhere Performance ausgelegt ist. Diese wird dadurch erreicht, daß alle virtuellen Datendirektverbindungen der LANE auf den einzelnen Modulen auflaufen. Die verbesserte Performance hat allerdings den Nachteil, daß mehr virtuelle Datendirektverbindungen nötig sind.

ATM-Komponenten und ATM-Lösungen

Tabelle 9.1 zeigt eine Gegenüberstellung der unterschiedlichen Betriebsarten in bezug auf Performance, Zuverlässigkeit, Skalierbarkeit und Interoperabilität bzw. Standardkonformität.

	Circuit Saver Centillion	Turbo Centillion	Circuit Saver LANE	Turbo LANE
Performance	gut	sehr gut	gut	sehr gut
Zuverlässigkeit	sehr gut	sehr gut	gut	gut
Skalierbarkeit	gut	gering	sehr gut	gut
Interoperabilität mit VNR, NICs	nein	nein	ja	ja

Tabelle 9.1. Kriterien für die Auswahl der einzelnen Betriebsarten.

Überlegungen beim Design großer Netze

Durch geschickte Kombination der emulierten LAN-Technik mit den anderen Betriebsarten wie Centillion Circuit Saver Mode und Centillion Turbo Mode können größere Netze unter dem Aspekt der besseren Performance, Skalierbarkeit, Zuverlässigkeit und Standardkonformität geplant werden.

Werden Netze mit beispielsweise mehr als zwölf Centillion 100 aufgebaut, sollte das Design der Netze hierarchisch ausgelegt werden, um für jede Netzgruppe individuell die besten Netzvoraussetzungen zu erhalten. Steht Performance im Mittelpunkt, so eignen sich z.B. die beiden Turbo-Betriebsweisen am besten usw. Der mehrschichtige Ansatz für eine Client-Server-orientierte Kommunikation mit zentralen Servern sieht vor, daß im Kernbereich ein GIGArray-ELAN aufgebaut wird, das mit den in den Gebäuden und auf den Etagen verteilten Circuit Saver ELANs verbunden ist (Abbildung 9.10).

Bei verteilten Arbeitsgruppen mit hoher lokaler Netzlast sieht das Design genau entgegengesetzt aus. Ein oder mehrere GIGArray-Cluster werden einer zentralen Circuit Saver-Gruppe zugeführt, da der Hauptanteil der gesamten Netzlast sich in den lokalen Arbeitsgruppen befindet und hier erhöhte Performance die absolute Priorität hat (Abbildung 9.10).

ATM-Switchsysteme

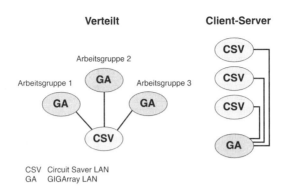

Abbildung 9.10. Die beiden grundsätzlichen Ansätze für ein mehrschichtiges ATM-Backbone-Netz mit Centillion 100.

System 5000BH

System 5000 basiert in der Chassis-Version System 5000BH auf der Centillion-Technologie, so daß mit den Bay-Networks-Produkten durchgängige Multi-LAN/ATM-Lösungen realisiert werden können. System 5000BH ist als Backbone-Switch konzipiert, der in erster Linie in Intranet-Umgebungen zum Einsatz kommt. Für dieses Umfeld bietet er mehrere Vorteile:

- ◆ **Redundante ATM-Backbone-Verbindungen mit Lastteilung.** Die starke Zunahme des Inter-Switch-Verkehrs in Intranet-Umgebungen fordert eine skalierbare Backbone-Technik wie ATM. Hier bietet die leistungsfähige Centillion-ATM-Architektur die notwendige Bandbreite und Kapazität.
- ◆ **Server-Verbindungen mit hoher Bandbreite.** Intranet-Anwender verteilen sich auf alle verbreiteten Netztypen und -bereiche und benötigen leistungsfähige Server-Verbindungen. System 5000 ist für solche Umgebungen bestens geeignet, weil es Frame- und Cell-basierende Switching-Technologien unterstützt, so daß der Anwender z.B. zwischen ATM- und FastEthernet-Server-Verbindungen wählen kann.
- ◆ **Switching als Basistechnologie.** Die grafikbasierenden World-Wide-Web-Anwendungen werden die bisher gültige 80/20-Regel, die besagt, daß 80 % des Verkehrs im Subnetz anfallen und 20 % von außerhalb kommen, zu Fall brin-

gen und damit zusammenhängend eine neue Verteilung von Schicht-2- und Schicht-3-Transportsystemen fordern. Switches mit verteilter Architektur bieten die entsprechende Kapazität, um in einem verteilten Netzkonzept bestehen und die geforderten Schicht-3-Switchingfunktionen bis zum Endgerät liefern zu können. Die in Zukunft benötigten Schicht-3-Funktionen werden durch Software-Upgrades bereitgestellt, ohne daß eine Änderung der Hardware notwendig ist.

Zusätzlich zu Layer-3-Switching bietet System 5000 weitere, speziell auf Intranet-Umgebungen zugeschnittene Leistungsmerkmale, wie die Abbildung von protokollbasierenden virtuellen Netzen (VLANs), intelligente Multicast-Steuerung und integriertes IP/ATM-Routing.

Durch Implementation der Centillion-Backplane in System 5000 ist ein Switch mit 6,4 Gbit/s Gesamtdurchsatz entstanden, der Shared Media LANs, Multi-LAN/ATM-Switching, Routing, Remote Access und Mangementfunktionen im gleichen Gehäuse unterstützt. Mit seiner Leistungsfähigkeit und seinem Funktionsumfang ist System 5000BH deshalb in erster Linie im Netzzentrum zum Aufbau von Backbone-Netzen geeignet, d.h. in Umgebungen, wo hohe Portdichte, Schnittstellenvielfalt, Abbildung virtueller Netze, Switching- und Routingfunktionen gefordert sind.

Verteilte Switching-Architektur

System 5000BH basiert auf dem gleichen verteilten, parallelen Switching-Prinzip wie Centillion 100. Die gesamte Vermittlung, d.h. die Vermittlung von Zellen und Paketen, läuft auf ATM-Basis ab. Die Vermittlungsfunktionen sind auf die Switching-Module und das Koppelnetz verteilt.

Das Cellerator-Koppelnetz besteht aus drei Hardware-Einheiten (Abbildung 9.11):

- ◆ Einer zweigeteilten ATM-Backplane mit einem Durchsatz von je 3,2 Gigabit pro Sekunde. Dadurch ist die Weiterleitung des Verkehrs zwischen den Switch-Modulen bei hoher Geschwindigkeit und geringer Verzögerung gewährleistet.
- ◆ Dem CellManager, einem applikationsspezifischen, integrierten Schaltkreis (ASIC) auf jedem Switch-Modul, der den Backplane-Verkehr überwacht. Er hat eine Switching-Kapazität von 1,2 Gigabit pro Sekunde für die Vermittlung von Zellen zwischen den ATM-Ports auf dem Modul.

ATM-Switchsysteme

◆ Einer Segmentation and Reassembly-Einheit (SAR), die mit 400 Mbit/s im Vollduplex-Betrieb arbeitet und LAN-Pakete in ATM-Zellen bzw. ATM-Zellen entsprechend dem AAL5-Standard in Pakete wandelt.

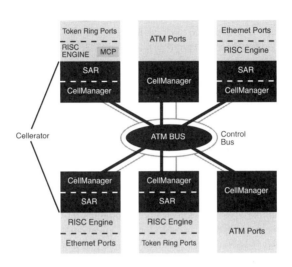

Abbildung 9.11. Verteilte, parallele Switching-Architektur.

Der Cellerator stellt das Grundsystem des Koppelnetzes dar, das die einfache Integration von LAN-Modulen jeden Typs in den System-5000BH-Switch gewährleistet. Der Cellerator ist übertragbar, d.h. er kann in Gehäusen unterschiedlicher Größe und in Netzplattformen unterschiedlicher Art eingesetzt werden. U.a. wird er in System 5000BH, Centillion 100 und Centillion 50x eingesetzt. System 5000BH besteht aus zwei Cellerator-Baugruppen mit je 3,2 Gbit/s, d.h. 6,4 Gbit/s Gesamtdurchsatz.

Die ATM-Backplane mit einem Gesamtdurchsatz von 6,4 Gbit/s wird nur für Kommunikationsvorgänge zwischen Teilnehmern, die an unterschiedlichen Modulen angeschlossen sind, benötigt. Verkehr zwischen Teilnehmern, die am gleichen Modul angeschlossen sind, wird lokal auf dem Modul abgewickelt. Alle Kommunikationsvorgänge über die Backplane erfolgen auf Basis von ATM.

Deshalb verfügen die LAN-Switching-Module über eine Segmentation and Reassembly-Einheit (SAR), die mit 400 Mbit/s im Vollduplex-Betrieb arbeitet und LAN-Pakete in ATM-Zellen bzw. ATM-Zellen entsprechend dem AAL5-Standard in Pakete zur Übertragung über die ATM-Backplane wandelt.

Jedes Switch-Modul hat außerdem einen CellManager, d.h. einen applikationsspezifischen, integrierten Schaltkreis (ASIC) zur Überwachung des Backplane-Verkehrs. Er hat eine Switching-Kapazität von 1,2 Gigabit pro Sekunde für die Vermittlung von Zellen zwischen den ATM-Ports auf dem Modul.

Jedes Modul erstellt und pflegt seine eigenen Switch-Tabellen für die Weiterleitung des Verkehrs. Eine zentrale Steuerung, der sog. Master Control Processor (MCP), führt die Daten der verteilten Tabellen in einer Haupttabelle zusammen, auf welche jedes Modul zugreifen kann und somit einen breiten Einblick in das Netz erhält. Dem MCP obliegen außerdem zentrale Steuerungsfunktionen wie Netzmanagement und Wegesteuerung. In Umgebungen, in denen der System 5000BH ATM-Wählverbindungen (SVCs) und den LAN-Emulationsdienst bereitstellt, übernimmt der MCP zusätzlich die SVC-Signalisierung und die Steuerungsfunktionen für die LAN Emulation Clients. Einige MCPs stellen optional auch LANE-Services bereit. Der MCP ist auf dem Switch-Modul integriert, so daß kein separater Steckplatz im Chassis verlorengeht bzw. kein zusätzliches Prozessormodul angeschafft werden muß.

Separater Steuerungsbus

Ein separater Managementbus überträgt den Steuerverkehr zwischen dem MCP und den Switch-Modulen, z.B. die Initialisierungsmitteilungen der Module, Daten zur Aktualisierung der Switch-Tabellen, Signalisierungs- und Netzmanagementdaten. Die Benutzung eines separaten Managementbusses für den Steuerverkehr hat den Vorteil, daß die Bandbreite des Koppelnetzes voll für den eigentlichen Datenverkehr zur Verfügung steht. Der Managementbus arbeitet mit 400 Mbit/s, so daß Verzögerungen beim Verbindungsaufbau ausgeschlossen werden können und genügend Reserven für steuerungsintensive Applikationen, z.B. SVCs und LAN-Emulation, zur Verfügung stehen.

ATM-Switchsysteme

Busbasierende Switch-Architektur mit gemeinsam nutzbarem Speicher

Die ATM-Backplane ist ein sog. Slotted-cell Bus mit 3,2 Gbit/s, der als Doppelbaugruppe zum Einsatz kommt. Bei einem Datentransfer über den Bus erstellt der CellManager als Sender eine Zielmaske, welche das/die Modul(e) und Ausgangsport(s) enthält, an welche die Zellennutzlast (d.h. die eigentliche Datensendung) gerichtet ist. Jedes Modul, dessen Identifizierungsbit (sog. Card Mask Bit) in der Zielmaske gesetzt ist, kopiert die Zellennutzlast in seinen lokalen Speicher und stellt sie, je nachdem, welche(s) Portidentifizierungsbit(s) (Port Mask Bit) in der Zielmaske gesetzt war(en), in den/die entsprechenden Ausgangspeicher dieses/dieser Ports.

Die System-5000-Module arbeiten nach dem Prinzip des verteilten Switching. D.h. die Module speichern nur eine Kopie jedes Pakets oder jeder Zelle in ihrem Speicher. Alle Ports haben über sog. Pointer Zugang zu diesem Speicher. Dadurch stellt ein Ausgangsspeicher auf einem Switch-Modul nur eine Liste von Pointern zu den aktuell gespeicherten Daten dar. Der Vorteil eines gemeinsamen Speichers, auf den alle Ressourcen zugreifen, ist, daß die Speicherauslastung optimiert und der Verarbeitungs-Overhead, der durch das Kopieren von Daten entsteht, minimiert wird.

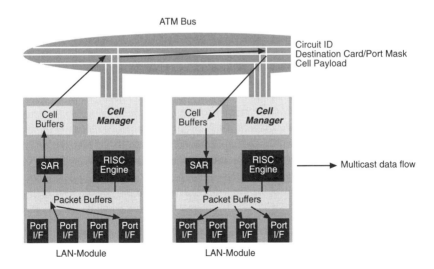

Abbildung 9.12. Datenfluß bei Multicast-Verkehr.

Eine busbasierende Switch-Architektur mit zentralem Speicher hat außerdem Vorteile in der Verarbeitung von Multicast-Verkehr. Der CellManager als Sender muß in diesem Fall nur eine einzige Kopie einer Multicast-Zelle auf den ATM-Bus schicken. Diese wird von den Zielmodulen/Ports am Bus gleichzeitig empfangen. Auch in diesem Fall wird CPU-intensives Kopieren vermieden, die Speicherbenutzung minimiert und der Durchsatz bei Multicast-Verkehr maximiert (Abbildung 9.12).

Überlastkontrolle

Alle Switch-Module verfügen über ausreichend dimensionierte Speicher, so daß sie auch zeitweiliger Überlast standhalten können. Zusätzlich unterstützen die Warteschlangen des ATM-Busses und der ATM-Ports zwei Prioritätsebenen, so daß im Falle einer länger anhaltenden Überlast der Verkehr mit niederer Priorität ignoriert wird, um die Bandbreite für kritische Applikationen zur Verfügung zu stellen. Der Cellerator verfügt außerdem über eine Überlastkontrolle, die dem „Early Packet Discard"-Standard des ATM-Forums entspricht. Dieser besagt, daß wenn die Anzahl der verfügbaren Speicher auf einem Modul unter den für dieses Modul definierten Schwellwert fällt, der CellManager der SAR-Einheit ein Signal sendet, welches diese veranlaßt, Zellen wegzuwerfen. Zunächst werden die unvollständig umgewandelten Pakete, und zwar ein Paket nach dem anderen, beginnend mit den Zellen mit geringer Priorität, weggeworfen, solange bis die Überlast-Anzeige zurückgesetzt wird. Dieses selektive Wegwerfen minimiert die Anzahl der Pakete, die von diesem Vorgang betroffen sind, und reduziert den Overhead für die wiederholte Übertragung.

Übertragung von Paketen über ATM

Switches auf Basis der Centillion-Architektur können über ATM miteinander verbunden werden. ATM-Backbone-Verbindungen sind als logische Erweiterungen der Switch-Backplane zu betrachten. Wird ein ausgehendes Paket vom Übertragungsmodul segmentiert, fließt der daraus resultierende Zellenstrom von der Backplane durch den Ausgangs-ATM-Port auf eine vorher aufgebaute virtuelle Verbindung, passiert evtl. dazwischenliegende Switches, ohne daß eine Protokollkonvertierung auf der Backplane oder den ATM-Backbone-Verbindungen notwendig wäre. Aufgrund der Architektur des Centillion-ATM-Kerns sind Erweiterungen des ATM-Netzes ohne Auswirkungen auf die Verzögerungsbedingungen möglich.

ATM GIGArray und Circuit Saver Mode

Ein ATM-Netz, das mit System-5000BH-Switches aufgebaut ist, kann so konfiguriert werden, daß es unter dem Aspekt der Performance oder Speicherauslastung optimal ausgelegt ist. Mit dem GIGArray des Centillion wird eine ATM-Festverbindung zwischen allen Modulen im Switch aufgebaut, so daß die von einem Modul ausgehenden Pakete direkt vom LAN-Modul segmentiert und auf die richtige ATM-Verbindung geschickt werden können. Dadurch sind LAN- und ATM-Switching-Vorgänge parallel auf allen Modulen möglich. Voraussetzung ist allerdings ein vollvermaschtes ATM-Netz zwischen den Switches.

Für Anwendungen, bei denen auf die Kosten geachtet werden muß, z.B. wenn die Verbindungen von einem Carrier bereitgestellt werden, oder wenn mit einem ATM-Switch kommuniziert wird, der nur eine begrenzte Anzahl von Verbindungen unterstützt, hat der System 5000BH den sog. Circuit Saver Mode implementiert. In dieser Betriebsweise wird der gesamte Paketverkehr zwischen zwei Switches auf eine ATM-Verbindung gemultiplext. Die Circuit-Saver-Betriebsweise reduziert die Nutzung von Verbindungen, allerdings mit geringerem Durchsatz als die GIGArray-Verbindungen. GIGArray- und Circuit-Saver-Verbindungen können mit dem gleichen Switch betrieben werden, um das Netz kundenspezifisch zu konfigurieren und Ressourcen zu sparen. Das macht System-5000BH-ATM-Netze äußerst skalierbar und managebar.

Automatischer Aufbau von virtuellen Festverbindungen

Vor Release 2.0 nutzte System 5000BH entweder feste virtuelle Pfade (PVP) oder feste virtuelle Verbindungen (PVC) für die Kommunikation über das ATM-Netz. Um einen GIGArray zu konfigurieren, in dem ein voll vermaschtes Netz zwischen den Switches notwendig ist, definiert der Nutzer einen virtuellen Pfad zwischen jedem Switch-Paar, und der MCP baut automatisch die Kanäle innerhalb des virtuellen Pfades auf und ordnet jedem Switch-Modul eine Verbindung zu. Aus Redundanzgründen oder um eine Lastaufteilung vorzunehmen, können zwischen zwei Switches mehrere virtuelle Pfade aufgebaut werden. System 5000BH unterhält eine verteilte Verbindungstabelle, in der jeder Virtual Path Identifier/Virtual Circuit Identifier (VPI/VCI), der ATM-Ausgangsport, die Verbindungspriorität und die Kosten für den Benutzer festgehalten sind.

Redundante Verbindungen

Erkennt (lernt) ein LAN-Modul ein neues Endgerät, das an einem Remote-Switch über das ATM-Netz angebunden ist, speichert es dessen Stationsadresse in seiner Switching-Tabelle zusammen mit einem Index, der die Verbindung kennzeichnet, die nach diesem Vorgang grundsätzlich für Kommunikationsvorgänge zu dieser Remote-Station benutzt wird. Gehen aus Gründen der Lastteilung mehrere Verbindungen zum gleichen Remote Switch, wählt das Modul diejenige Verbindung mit der geringsten Auslastung aus. Der dynamische Lastausgleich, der pro Verbindung bereitgestellt wird, basiert auf einem Lastfaktor, der vom MCP an jedem ATM-Port über periodisches Sampling der gesendeten und empfangenen Zellen gewonnen wird. Dadurch kann der gesamte Verkehr zwischen einem LAN-Modul und allen Remote-Stationen, die an einem speziellen Switch angeschlossen sind, gleichmäßig über mehrere ATM-Verbindungen geschickt werden, wodurch das System sehr fehlertolerant arbeitet und die Bandbreite über das ATM-Backbone äußerst skalierbar ist.

LAN-Emulation

Die MCP-Module für System 5000BH unterstützen, entsprechend der LANE, Version 1, des ATM-Forums, sowohl die ATM-netzseitigen Services als auch die endgeräteseitige Client-Funktion.

Die LANE erfüllt mehrere Funktionen:

- ◆ Verbindungsorientierte ATM-Netze werden mit verbindungslosen LANs gekoppelt.
- ◆ ATM NSAP-Adressen werden in IEEE MAC-Adressen aufgelöst.
- ◆ Broadcasts, die lokalen Netzen inhärent sind, werden unterstützt.

Die Anordnung der LANE Clients und LANE Services ist in Abbildung 9.13 dargestellt.

Die auf der rechten Seite von Abbildung 9.13 dargestellten LECs stellen einen MAC-Service (OSI-Schicht 2) für die ATM-Endgeräte oder Edge-Devices, wie z.B. Centillion 100, System 5000BH, dar. Alle LAN-Protokolle auf Client-Seite können mit einem ATM-System gekoppelt werden; Ethernet und Token Ring Encapsulation werden dabei unterstützt.

ATM-Switchsysteme

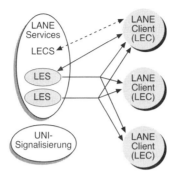

Abbildung 9.13. LAN Emulation Clients und LAN Emulation Services.

Der LAN Emulation Configuration Server (LECS) ermöglicht den LECs, sich am emulierten LAN anzuschalten oder sich von diesem abzuschalten. Die An- oder Abschaltung erfolgt auf Basis der vom Netzmanager vorgegebenen Richtlinien, der Konfigurationsdatenbank bzw. der Informationen von den Clients selbst.

Der LECS veranlaßt die Adreßauflösung ähnlich einem IP ARP, allerdings löst er eine ATM- in eine MAC-Adresse auf.

Für die Datenweiterleitung sind folgende Komponenten verantwortlich: Unicast-Pakete werden über aufzubauende Punkt-zu-Punkt-Verbindungen zwischen den LECs transportiert, Multicast- oder Broadcast-Pakete werden zu einem Broadcast und Unknown-Server (BUS) geschickt und dann an alle LECs weitergeleitet, die Bestandteil des emulierten LAN (oder der Multicast-Gruppe) sind. Der BUS benutzt Punkt-zu-Punkt-Verbindungen für den Empfang von Broadcast-Verkehr und Punkt-zu-Multipunkt-Verbindungen für das Senden von Broadcast-Verkehr zu den einzelnen LECs.

Der System-5000BH-Switch unterstützt verteilte, redundante und für Lastausgleich geeignete LES/BUS-Paare (Abbildung 9.14). Eine Verteilung dieser Dienste reduziert die Anhäufung von Verbindungsanrufen in einem einzigen System, was die Ausfallsicherheit erhöht und bei einem Fehler die Anzahl der Clients, die davon betroffen wären, reduziert. Ein Backup-LES/BUS verbessert die Zuverlässigkeit erheblich, da die Services bei einer Störung automatisch von anderen LES/BUS-

Paaren übernommen werden. Eine Verteilung der Last reduziert wiederum die Häufigkeit des Verbindungsauf- und abbaus und verbessert somit die Zuverlässigkeit und erhöht die Verfügbarkeit.

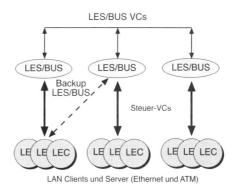

Abbildung 9.14. LANE Clients und LANE Server.

Eine weitere Besonderheit von System 5000BH bietet der intelligente LES, der MAC-Adressen lernt, wenn Clients sich erstmals beim LES registrieren. Er antwortet somit direkt auf LE-ARPs, ohne die Anfrage vorher über den Broadcast-Kanal weitergeben zu müssen. Dadurch kann der Anteil für Overhead-Steuerverkehr beträchtlich reduziert werden.

Die Bay-Networks-Switches basieren derzeit auf der LANE-Version 1.0 und werden um Funktionen der LANE 2.0 nachgerüstet.

Virtuelle LANs

Virtuelle Netze oder VLANs sind durch Switching und LAN-Emulation realisierbar. Virtuelle LANs auf Basis der LANE zeichnen sich durch ähnliche Charakteristika aus wie Shared Media LANs, wo Multicast- und Broadcast-Verkehr nur an Stationen innerhalb eines virtuellen LANs gehen. Ein Unterschied bei virtuellen LANs ist, daß die Teilnehmer einer Broadcast-Domain mit Hilfe von Netzmanagementsystemen über die Software konfiguriert werden können, während Shared Media LANs physikalisch zugeordnet sind.

ATM-Switchsysteme

System 5000BH unterstützt über die ATMSpeed MCP-Module netzweite VLANs. Derzeit können bis zu 32 verschiedene VLANs über lokale Netze und ATM-Netze hinweg in jedem System konfiguriert werden.

Die Software-Architektur des Switches erlaubt viele unterschiedliche Optionen, je nachdem, ob eher mehr Performance, höhere Zuverlässigkeit oder bessere Skalierbarkeit angestrebt werden.

Eine wesentliche Rolle in diesem Konzept spielt die sog. Bridge Group. Unter einer Bridge Group versteht man physikalische LAN-Anschlüsse, virtuelle ATM-Ports und/oder virtuelle Ringe, die über ein Switchsystem gebrückt sind. Konzeptionell kann eine Bridge Group als Multiport-Brücke betrachtet werden, bei der einige oder alle Ports physikalisch angeschlossen und einige Ports als logische Ports durch Konfiguration entsprechend definiert wurden (Abbildung 9.15). Ein einzelner Switch kann mehrere voneinander unabhängige Bridge Groups haben, die jeweils eine eigene Broadcast-Domain darstellen. Bridge Groups können über mehrere Switchsysteme ausgebreitet werden, indem sie durch den gleichen physikalischen LAN-Anschlußtyp (Ethernet oder Fast Ethernet oder Token Ring) oder virtuellen Anschluß gekoppelt werden. Ports in der gleichen Bridge Group müssen vom gleichen LAN-Typ sein.

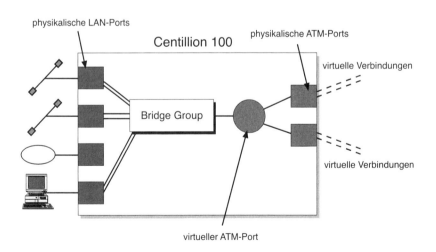

Abbildung 9.15. Physikalische und virtuelle Ports als Mitglied einer Bridge Group.

ATM-Komponenten und ATM-Lösungen

Bridge Groups bestehen, wie in Abbildung 9.16 gezeigt, aus physikalischen und auch virtuellen Ports. Virtuelle Ports können in unterschiedlichen Varianten auftreten, z.B. im Centillion-spezifischen Modus und als LANE-Ports. Jede dieser beiden Betriebsweisen kann wiederum als Circuit Saver oder Turbo Mode ausgelegt werden (Abbildung 9.16).

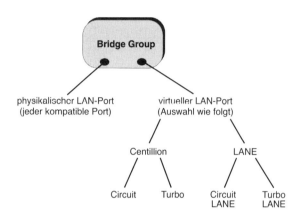

Abbildung 9.16. Unterschiedliche Konfigurationsvarianten einer Bridge Group.

Dementsprechend kann ein Switch System 5000BH mit seinen physikalischen Ports mehrere unterschiedliche Bridge Groups unterstützen. Physikalische Ports vom gleichen Typ innerhalb eines Switches, z.B. Ethernet, Fast Ethernet oder Token Ring, können über mehrere Switchsysteme hinweg zusammengeschaltet werden, die wiederum auf MAC-Basis miteinander verbunden sind. In diesem Fall spricht man bei System 5000BH von einem virtuellen LAN.

Abbildung 9.17 zeigt die Möglichkeiten, wie einzelne Ports innerhalb eines System 5000BH-Switches miteinander geschaltet werden können.

ATM-Switchsysteme

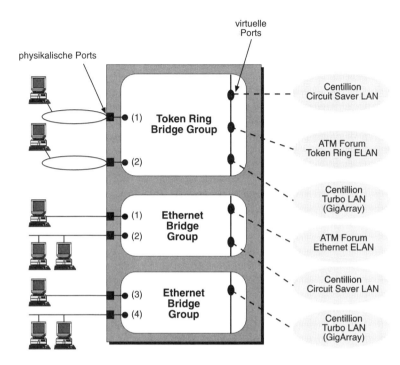

Abbildung 9.17. Konfigurationsmöglichkeiten mit einem einzelnen Switch, der mit Ethernet-, Token-Ring- und ATM-Anschlüssen beschaltet ist.

Chassis

Das Chassis, Modell 5000BH, ist identisch mit der Gehäuse-Version 5000NT, hat zusätzlich zu dieser aber einen integrierten PPX-Bus mit 1 Gbit/s für Routingaufgaben, zwei ATM-Switch-Gruppen mit einem Backplane-Durchsatz von je 3,2 Gbit/s, d.h 6,4 Gbit/s Gesamtdurchsatz, zum Aufbau von ATM-Netzen sowie einen Netzmanagementbus mit 400 Mbit/s zur separaten Übertragung des Netzmanagement- und Steuerverkehrs.

Das Gehäuse unterstützt bis zu 14 Steckplätze. Zwölf davon sind mit Switching-Modulen für LAN-nach-LAN-, LAN-nach-ATM- und ATM-nach-ATM-Switching bestückbar. Die beiden verbleibenden Steckplätze bzw. jeder Steckplatz, der nicht mit

ATM-Komponenten und ATM-Lösungen

Switching-Modulen bestückt ist, kann für Shared-Media-LAN-, Router-, Remote Access- oder Netzmanagement-Module verwendet werden.

Jedes Chassis verfügt über einen Common Management Bus (CMB) für den Austausch von Management- und Steuerungsinformationen zwischen den Modulen im Chassis.

Des weiteren befindet sich in jedem Gehäuse auf der Rückseite ein Supervisory Module. Auf diesem sind die Konfigurationsdaten der Module gespeichert, um sie bei einem Ausfall der Stromversorgung oder bei einer Netzunterbrechung zu erhalten. Das Supervisory Module hat außerdem einen seriellen Port zum Anschluß eines Terminals zur Konfiguration und Statusbeobachtung vor Ort.

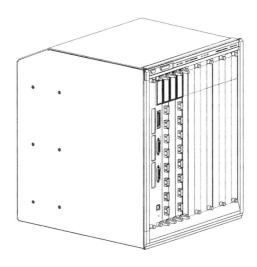

Abbildung 9.18. System-5000BH-Chassis.

Master Control Processor

Jedes System-5000BH-Chassis verfügt über zwei Switching-Baugruppen. Pro Switching-Gruppe muß ein Modul mit einem Master Control Processor (MCP) installiert werden. Der MCP ist für folgende Funktionen zuständig:

- Konsolidierung der Switching-Tabellen.
- Erstellung der Switching-Haupttabellen zur selektiven Verteilung auf die Switching-Module.
- ATM-Unterstützung und Unterstützung der Connection Management Services in Übereinstimmung mit der ATM-Signalisierung für das User Network Interface (UNI), Version 3.0/3.1 (sofern gefordert).
- Unterstützung von LAN Emulation Client (LEC) und LAN Emulation Client Services (LECS, LES/BUS) entsprechend der LANE-Version 1.0 des ATM-Forums (sofern gefordert).
- Unterstützung des Interswitch Signaling Protocol (IISP) entsprechend der Spezifikation für Router-Verbindungen, Version 1.0, des ATM-Forums (sofern gefordert).
- Sammlung von Managementinformationen für die Agent-MIBs sowie Weiterleitung an die Managementapplikation Optivity.

Der Master Control Processor befindet sich entweder auf einem ATMSpeed- oder EtherSpeed-Switching-Modul, so daß kein separater Steckplatz verlorengeht. In reinen ATM- oder gemischten LAN/ATM-Switching-Netzen wird das ATMSpeed/MCP-, in reinen Ethernet-Switching-Umgebungen das EtherSpeed/MCP-Modul eingesetzt.

ATMSpeed-Module

Die ATMSpeed-Switching-Module ermöglichen den Aufbau von ATM-Verbindungen mit System 5000BH. Die Module können in folgenden Konfigurationen eingesetzt werden:

- für Inter-Switch-Verbindungen mit n x 155 Mbit/s zum Aufbau von großen ATM-Backbone-Netzen.
- zur Anbindung von Abteilung/Etagennetzen an einen ATM-Switch System 5000BH im Netzzentrum in sog. Collapsed-Backbone-Strukturen.
- für ATM-Direktverbindungen zu ATM-Teilnehmern mit 155 Mbit/s.

Die Module greifen auf das ATM-System an der Rückwand des Gehäuses zu und übertragen ATM-Zellen über die ATM-Backplane vom Sende- zum Empfangsmodul, ohne daß eine Umformatierung notwendig wird. Dadurch werden die Durchlaufzeiten durch das Koppelnetz wesentlich reduziert. Die gleichzeitige Unterstützung von LAN- und Frame-Switching-Modulen erlaubt eine sukzessive und am Bedarf orientierte Überführung bestehender Installationen in eine ATM-Umgebung. Parallel kann ATM im Backbone-Bereich zur Performance-Verbesserung eingeführt werden.

Auf jedem ATMSpeed-Modul befindet sich eine Zellenvermittlungseinheit mit 1,2 Gbit/s, der sog. CellManager, zur Vermittlung von Zellen zwischen den Ports auf dem Modul. Zusammen mit dem ATM-Rückwandsystem von 6,4 Gbit/s entsteht bei Vollbestückung ein ATM-System mit einem Gesamtdurchsatz von bis zu 20 Gbit/s.

Bei Vollbestückung mit maximal zwölf ATMSpeed-Modulen unterstützt System 5000BH bis zu 48 OC-3-Ports. Über Lastausgleich sind Verbindungen zwischen Switches mit bis zu 622 Mbit/s möglich.

Das ATMSpeed-Modul ist modular realisiert und steht in zwei Varianten als einfaches ATMSpeed-Modul sowie als ATMSpeed-Modul mit Master Control Processor (MCP) zur Verfügung. Die Basiseinheit besteht jeweils aus zwei Steckplätzen für Media Dependent Adapter (MDAs). Folgende MDA-Varianten sind verfügbar:

- 2-Port-MDA für ATM-Verbindungen mit 155 Mbit/s, Multimodefaserkabel und SC-Stecker.
- 2-Port-MDA für ATM-Verbindungen mit 155 Mbit/s, Singlemodefaserkabel und SC-Stecker.
- 2-Port-MDA für ATM-Verbindungen mit 155 Mbit/s, UTP-Kabel und RJ45-Stecker.

Die ATMSpeed-Module einschließlich MDAs sind sowohl in Centillion 100 als auch in System 5000BH einsetzbar. Die MDAs können außerdem im Erweiterungssteckplatz der Centillion-50x-Serie installiert werden.

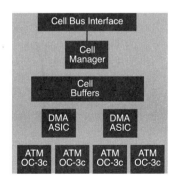

Abbildung 9.19. Aufbau ATM-Modul.

ATM-Switchsysteme

Unterschiedliche Betriebsarten

- Die ATMSpeed-Module entsprechen den Spezifikationen des ATM-Forums und den gültigen ATM-Standards wie UNI/SVC-Signalisierung, Interim Interswitch Signalling Protocol (IISP) und LAN-Emulation.

Durch Unterstützung der Signalisierung für Wählverbindungen über das User-Network-Interface können ATM-Verbindungen zwischen den ATMSpeed-Modulen und Router-Schnittstellen, Server-Schnittstellen oder anderen LAN/ATM-Switches realisiert werden. Die Bay-Networks-Switches unterstützen SVC-Verbindungen auf Basis des UNI-Signalisierungsprotokolls, Version 3.0 und 3.1. Die Protokollversion 3.0 oder 3.1 wird automatisch vom Switch erkannt. Der Switch übersetzt zwischen beiden Protokollversionen, so daß die Bay-Networks-Komponenten mit anderen auf den gültigen Standards basierenden ATM-Komponenten kompatibel sind.

Wird statt der UNI-Signalisierung das Interim Interswitch Signalling Protocol verwendet, ergeben sich Vorteile wie Lastausgleich über mehrere ATM-Verbindungen und Verwendung von Switches unterschiedlicher Hersteller.

Neben den standardbasierenden Verfahren wie LANE, UNI und IISP können die System-5000BH-Switches auch im Bay-Networks-spezifischen GIGarray-Mode betrieben werden. GIGarray ist am effektivsten in ATM-Backbone-Umgebungen, wo kritische Daten transportiert werden müssen, oder in Client-Server-Strukturen mit hohen Datenraten und hoher Zuverlässigkeitsanforderung, wo eine sehr schnelle Umschaltung der PVC-basierenden Verbindung auf eine redundante Verbindung gewünscht ist. Die standardbasierenden Betriebsarten eignen sich für ATM-Direktverbindungen mit Routern, Servern oder ATM-Endgeräten.

Auswahl der unterschiedlichen Betriebsarten

Entscheidend für die Auswahl der Betriebsarten sind die beim Kunden vorherrschenden Anforderungen.

Der Centillion Circuit Mode realisiert eine vermaschte PVC-Verbindung zwischen den virtuellen Ports der Bridge Groups der einzelnen Switches untereinander.

Beim Aufbau eines vermaschten Netzes mit Hilfe von PVPs zwischen den virtuellen Turbo-Ports der Switches spricht man von einem Centillion-„GIGArray"-Netz. Ein entscheidender Unterschied zum Circuit Saver Mode besteht in der besseren Performance.

Nutzt man dagegen die LAN-Emulation und beschaltet die virtuellen Ports, so sind zwei unterschiedliche Betriebsarten möglich: der Circuit Saver- oder der Turbo Mode (Abbildung 9.16). Beide Typen entsprechen voll dem LANE-Standard 1.0 des ATM-Forums und sind kompatibel mit der UNI-Version 3.0 oder 3.1; in beiden Betriebsarten arbeiten die System-5000BH-Switches als LAN Emulation Clients (LECs). Der Circuit Saver Mode minimiert den Aufwand an einzelnen virtuellen Verbindungen, da alle Steuerungs- und Daten-Direktverbindungen am MCP-Modul abgeschlossen werden, während der Turbo-Mode auf höhere Performance ausgelegt ist. Diese wird dadurch erreicht, daß alle virtuellen Daten-Direktverbindungen der LANE auf den einzelnen Modulen auflaufen. Die verbesserte Performance hat allerdings den Nachteil, daß mehr virtuelle Daten-Direktverbindungen nötig sind.

Tabelle 9.1 zeigt eine Gegenüberstellung der unterschiedlichen Betriebsarten in bezug auf Performance, Zuverlässigkeit, Skalierbarkeit und Interoperabilität bzw. Standardkonformität.

Überlegungen beim Design großer Netze

Durch geschickte Kombination der emulierten LAN-Technik mit den anderen Betriebsarten wie Centillion Circuit Saver Mode und Centillion Turbo Mode können größere Netze unter dem Aspekt der besseren Performance, Skalierbarkeit, Zuverlässigkeit und Standardkonformität geplant werden.

Werden Netze mit beispielsweise mehr als zwölf System-5000BH-Switches aufgebaut, sollte das Design der Netze hierarchisch ausgelegt werden, um für jede Netzgruppe individuell die besten Netzvoraussetzungen zu erhalten. Steht Performance im Mittelpunkt, so eignen sich z.B. die beiden Turbo-Betriebsweisen am besten usw. Der mehrschichtige Ansatz für eine Client-Server-orientierte Kommunikation mit zentralen Servern sieht vor, daß im Kernbereich ein GIGArray-ELAN aufgebaut wird, das mit den in den Gebäuden und auf den Etagen verteilten Circuit Saver-ELANs verbunden ist (Abbildung 9.20).

Bei verteilten Arbeitsgruppen mit hoher lokaler Netzlast sieht das Design genau entgegengesetzt aus. Ein oder mehrere GIGArray-Cluster werden einer zentralen Circuit Saver-Gruppe zugeführt, da der Hauptanteil der gesamten Netzlast sich in den lokalen Arbeitsgruppen befindet und hier erhöhte Performance die absolute Priorität hat (Abbildung 9.20).

ATM-Switchsysteme

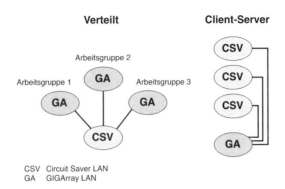

CSV Circuit Saver LAN
GA GIGArray LAN

Abbildung 9.20. Die beiden grundsätzlichen Ansätze für ein mehrschichtiges ATM-Backbone-Netz mit System 5000BH.

System 5005BH

Auch das kleinere Chassis von System 5000, System 5005, ist in der Version System 5005BH mit ATM-Backplane verfügbar. Das Gehäuse hat eine integrierte ATM-Switch-Baugruppe auf Centillion-Basis mit 3,2 Gbit/s. Die Steckplätze zwei bis sieben sind mit ATMSpeed-Modulen, wie sie auch in Centillion 100 und System 5000BH verwendet werden, bestückbar. Alle übrigen Funktionen entsprechen denen im Abschnitt System 5000BH beschriebenen.

Vorhandene System-5000-Chassis können mit der ATM-Backplane nachgerüstet werden, so daß installierte Systeme nahtlos und ohne großen Aufwand in ATM-Umgebungen integriert werden können.

Centillion 50N

Centillion 50N ist ein kombinierter Ethernet/ATM-Switch, der wie Centillion 100 und System 5000BH auf der Centillion-Architektur basiert. Centillion 50N bietet das gleiche umfangreiche Ethernet- und ATM-Funktionsspektrum wie Centillion 100, ist allerdings, was Portzahl, Packungsdichte und Preis anbelangt, speziell für kleine, gemischte Arbeitsgruppen konzipiert. Centillion 50N ist wie die anderen ATM-Komponenten von Bay Networks mit dem Netzmanagementsystem Optivity überwachbar.

ATM-Komponenten und ATM-Lösungen

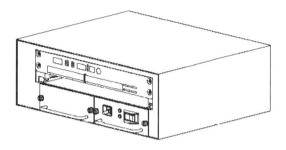

Abbildung 9.21. Centillion 50N.

Hardware-Konzept und Funktionsprinzip

Der Switch wird mit einem vorkonfigurierten ATMSpeed/MCP-Modul mit zwei ATM-OC-3C-Ports (vollduplex), 16 10BASE-T-Ethernet-Switch-Ports und einem Erweiterungssteckplatz ausgeliefert. Im Erweiterungssteckplatz kann jedes beliebige ATMSpeed-, EtherSpeed- oder EtherSpeed-Switching-Modul der Centillion-100-Serie installiert werden, so daß typische Verbindungsvarianten wie Ethernet, Fast-Ethernet und ATM gleichzeitig unterstützt werden. Centillion 50N hat eine werkseitig montierte Stromversorgung und ist mit einer zweiten Stromversorgung redundant konfigurierbar.

Durch Bereitstellung von mindestens zwei ATM-Ports werden auch redundante Verbindungen einschließlich Lastteilung unterstützt. D.h. Backbone-Verkehr kann über zwei ATM-Verbindungen geleitet werden, und es kann eine redundante Verbindung über das Network-to-Network Interface (NNI) zum Netzzentrum aufgebaut werden. Werden die ATM-Ports für Switch-Switch-Verbindungen eingesetzt, werden alle standardisierten Signalisierungsprotokolle wie UNI, LANE und IISP sowie der Bay-Networks-spezifische GIGArray-Mode unterstützt.

Centillion 50N basiert wie Centillion 100 und System 5000BH auf der Centillion-Architektur. Die Paketvermittlungseinheit befindet sich lokal auf jedem Modul, Kommunikationsabläufe zwischen den Modulen erfolgen über das ATM-Kernsystem. Die Verwendung der gleichen Technologie erleichtert den Betrieb der ATM-Switches im gleichen Netz. Außerdem sind die Module der Centillion-100- und Centillion-50-Gehäuse voll kompatibel und in beiden Gehäusevarianten verwendbar.

LAN-Emulation

Centillion 50N unterstützt nicht nur UNI/ATM-Verbindungen zwischen Netzzentrum und Centillion 50N, sondern auch LANE-Clients mit Lastausgleich über mehrere NNI-Verbindungen.

Die häufigste LANE-Einsatzvariante mit dem Centillion 50N wird sein, daß Centillion 50N als Ethernet-Client fungiert, der über zwei ATM-Verbindungen mit Lastausgleich an einen Netzzentrums-Switch vom Typ Centillion 100 oder System 5000BH angeschlossen ist.

Virtuelle Netze

Centillion 50N unterstützt pro Switch bis zu 32 virtuelle Netze auf Port-Basis, die netzweit oder auf den Switch begrenzt gebildet und aus mehreren physikalischen Segmenten bestehen können.

Darüber hinaus kann eine sog. Bridge Group, d.h. eine Anzahl von physikalischen LAN-Anschlüssen oder Segmenten im Brücken-Mode über mehrere Switches verteilt werden. Dabei können die Segmente mit Centillion 50N, Centillion 100 oder System 5000BH gebildet sein.

Auch ATM-Endstationen können in ein netzweites VLAN-Konzept integriert werden. In diesem Fall wird die LAN-Emulation als VLAN-Trunking-Protokoll genutzt.

Die Router von Bay Networks unterstützen ab der Software-Release BayRS 11.01 in Ethernet- und Token-Ring-Umgebungen die LAN-Emulation und können damit als virtuelle Networking Router eingesetzt werden.

Einsatzmöglichkeiten

Arbeitsgruppen mit ATM-Verbindung zum Netzzentrum

Centillion 50N ist ideal für Arbeitsgruppen, die dedizierte 10BASE-T-Verbindungen bis zum Endgerät und eine redundante ATM-Verbindung zum Switch im Netz-

ATM-Komponenten und ATM-Lösungen

zentrum, z.B. Centillion 100 oder System 5000BH, benötigen. Gleichzeitig können durch Installation eines 100BASE-TX-Moduls im Erweiterungssteckplatz Server mit Fast-Ethernet-Verbindungen an den Switch Centillion 50N angeschlossen werden.

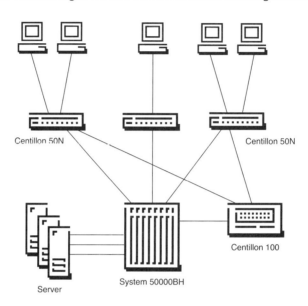

Abbildung 9.22. Centillion 50 N: Dedizierte Verbindungen zum Teilnehmer, ATM im Backbone.

Anbindung von Shared-Media-Hubs an ein ATM-Backbone

Ebenso eignet sich Centillion 50N als Switch im Unterverteiler, um mehrere Shared Media Hubs über jeweils eine dedizierte 10-Mbit/s-Verbindung anzuschließen und über eine redundante ATM-Verbindung mit dem ATM-Backbone-Switch im Netzzentrum zu verbinden.

Kleine Hochleistungsarbeitsgruppen

In Netzen mit hohem Bandbreitenbedarf, z.B. Multimedia-Arbeitsgruppen, können die ATM-Ports des Centillion 50N dazu benutzt werden, lokale Server über ATM-Verbindungen an den Switch anzuschließen. Zum Teilnehmer hin können entweder dedizierte 10-Mbit/s-Verbindungen, 100-Mbit/s-Verbindungen oder aber durch Installation eines Multimedia-Switches ATM-Verbindungen mit 25 Mbit/s bereitgestellt werden.

ATM-Switchsysteme

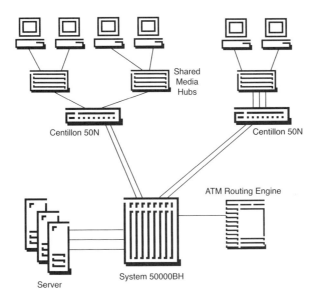

Abbildung 9.23. Centillion 50N im Verteilerbereich zur Anbindung mehrerer Shared-Media-Hubs.

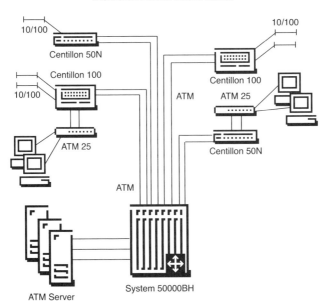

Abbildung 9.24. Centillion 50N in einer Gesamtnetzkonfiguration mit System 5000BH, Centillion 100 und Multimedia-Switch.

Centillion 50T

Centillion 50T ist ein kombinierter Token-Ring-/ATM-Switch. Er basiert auf der Centillion-Technologie, d.h. er bietet Cell- und Frame-Switching im gleichen Gehäuse.

Verbindungsoptionen

Der Switch steht in zwei Basiseinheiten zur Verfügung:

- In der Version Centillion 50T-A bietet er zwei ATM-Ports, komplette LANE-Services, acht vorkonfigurierte Token-Ring-Switch-UTP/STP-Ports und einen Erweiterungssteckplatz.
- In der Version Centillion 50A-B bietet er acht vorkonfigurierte Token-Ring-Switch-Ports und einen Erweiterungssteckplatz, über welchen er durch Installation eines ATMSpeed-Moduls mit ATM-Schnittstellen ausgerüstet werden kann.

Der Erweiterungssteckplatz kann zum Ausbau der Token-Ring-Switch-Ports bei Bestückung mit einem TokenSpeed-Modul oder zum Ausbau der ATM-Schnittstellen bei Verwendung eines ATMSpeed-Moduls benutzt werden.

Jeder Switch-Port kann mit 4 Mbit/s oder 16 Mbit/s betrieben werden; die Geschwindigkeit wird automatisch erkannt und eingestellt. An einen Port kann eine Endstation oder ein Shared Media Hub angeschlossen werden. Die Verbindung zu einem Hub erfolgt entweder über einen normalen Switch-Port (sog. Hub-Port) oder über einen RI/RO-Port.

Betriebsweise der STP/UTP-Ports

- Token-Ring-Stations- oder Hub-Port.
- Dedizierter Token-Ring-Stations- oder -Hub-Port.
- RI/RO-Verbindung mit oder ohne SNPX-Signalisierung von Bay Networks.

Betriebsweise der LWL-Ports

- 802.5j (Endstations- oder Hub-Port).
- 802.5j-RI/RO-Trunk-Verbindung.
- RI/RO-Verbindung mit SNPX-Signalisierung.

Centillion 50T basiert auf der gleichen Technologie und einer durchgängigen Betriebssystem-Software wie Centillion 100 und System 5000BH, so daß kompa-

ATM-Switchsysteme

tible Verbindungen zwischen allen drei Plattformen möglich sind. Alle Token-Speed-Switching-Module (UTP/STP und LWL) für Centillion 100 können auch im Centillion 50T eingesetzt werden.

LWL-Verbindungen

Über ein entsprechendes Modul im Erweiterungssteckplatz unterstützt Centillion 50T neben den herkömmlichen UTP/STP- auch LWL-Schnittstellen zum Anschluß von Endgeräten an den Switch oder für Verbindungen zu einem Backbone-Netz bzw. für Server- und Router-Verbindungen. Es steht ein TokenSpeed-LWL-Modul mit acht LWL-Ports für Anschlüsse mit Multimodefaserkabel, ein ATM-Speed-Modul mit zwei OC-3- und ein ATMSpeed-Modul mit vier OC-3-Ports zur Verfügung. Dadurch ist es möglich, Centillion 50T in kleinen und mittleren Netzen auch als Backbone-Switch einzusetzen. Steigt der Bedarf an LWL-Ports im Backbone, kann das LWL-Modul des Centillion 50T in einem Centillion 100 installiert und der Centillion 50T weiterhin als reiner Workgroup-Switch verwendet werden.

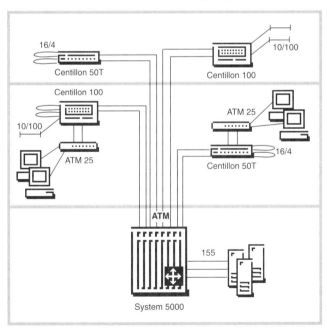

Abbildung 9.25. Centillion 50T als ATM-Workgroup-Switch in einer Gesamtkonfiguration mit System 5000BH im Netzzentrum, Centillion 100 im Verteiler mit angeschaltetem Multimedia-Switch.

Bridging-Verfahren

Jeder Token-Ring-Switch-Port unterstützt die standardisierten Bridging-Verfahren wie Source-Route, Transparent und Source-Route Transparent sowie das Spanning-Tree-Protokoll nach IEEE 802.1d und IBM. Damit kann der Switch in allen bestehenden Umgebungen eingesetzt werden.

Filter und Broadcast-Reduzierung

Pro Switch-Port werden bis zu 128 Filter unterstützt.

Source-Route- und NetBIOS-Proxies speichern die häufigsten Broadcast-Zieladressen bzw. NetBIOS Names und leiten Source-Route Explorer-Pakete und NetBIOS-Broadcasts direkt an den richtigen Port, ohne das übrige Netz zu belasten.

In VLAN-Umgebungen mit LAN-Emulation oder Centillion-VLAN-Mode gibt es separate Source Route Explorer- und NetBIOS-Proxies für jedes VLAN.

Virtuelle Ringe und virtuelle LANs

Centillion 50T unterstützt den Aufbau virtueller Ringe (VRing) und virtueller LANs (VLANs).

Unter einem virtuellen Ring versteht man einen oder mehrere Switch-Ports, die zu einer Gruppe zusammengeschlossen wurden und einen logischen Ring bilden. Dadurch ist es möglich, ein Netz zu segmentieren, ohne die logische Konfiguration zu ändern. Die Ports, die einen VRing bilden, werden über Transparent Bridging zusammengeschlossen, mit dem Vorteil, daß die Anzahl der Source-Route-Bridge-Hops nicht erhöht wird. In einer Source-Route-Umgebung tragen alle Segmente eines VRings die gleiche Ring-Nummer, so daß Source-Route-Bridging ungehindert zwischen allen Segmenten eines VRings und jedem anderen Ring im Netz stattfinden kann.

Gruppen von Ports und virtuellen Ringen können wiederum virtuellen LANs zugeordnet werden, die sich über mehrere Switches hinweg sowie über ein ATM-Backbone-Netz erstrecken können. Centillion 50T unterstützt pro Switch bis zu 32 VLANs auf Port-Ebene. Jedes VLAN kann aus einer beliebigen Anzahl physikalischer oder logischer Ringsegmente (VRing) bestehen, die entweder mit Centillion 50T, Centillion 100 oder System 5000BH realisiert sein können. Die Integration von ATM-

Teilnehmern in die VLAN-Konfiguration ist durch Implementation der LAN-Emulation möglich.

Verkehrsanalyse

Der Verkehrsstrom an jedem Switch-Port kann kopiert und über ein RMON-Probe-System, z.B. Token Ring StackProbe von Bay Networks, analysiert werden.

Management

Centillion 50T kann mit der Managementapplikation Optivity auf den üblichen Plattformen, mit der Managementapplikation SpeedView sowie über Telnet und mit dem IBM LAN Manager überwacht werden.

Multimedia-Switch

Der Multimedia-Switch basiert als einziger ATM-Switch nicht auf der Centillion-Technologie, sondern ist als reiner ATM-Switch speziell für Multimedia-Anwendungen am Arbeitsplatz konzipiert. Dadurch, daß er als 25-Mbit/s-ATM-Switch realisiert ist, stellt er eine kostengünstige Lösung zur Einführung von Multimedia-Applikationen in Enterprise-Netzen auf Basis der bestehenden Verkabelung dar.

ATM mit 25 Mbit/s ist in der Anfangsphase, in der Multimedia-Anwendungen langsam an einzelne Arbeitsplätze oder in einzelne Arbeitsgruppen vordringen, ideal. Der Switch stellt Quality of Services für alle Multimedia-Verkehrstypen bereit und unterstützt damit Anwendungen wie Videokonferenz, Direkt-TV-Anschluß, videobasierendes Training und Telemedizin.

Das System hat fünf Steckplätze für Media Dependent Adapter-Module (MDA). Es wird mit zwei bestückten Steckplätzen ausgeliefert und stellt in dieser Basiskonfiguration acht 25-Mbit/s-ATM-Ports mit RJ45-Stecker bereit. Bis zu drei weitere MDAs können installiert, d.h. die Portzahl auf insgesamt 20 ausgebaut werden.

Zusätzlich stellt der Switch zwei Ports für ATM-OC-3-Trunkverbindungen mit 155 Mbit/s über Lichtwellenleiterkabel und SC-Stecker zum Anschluß an einen Backbone-Switch, z.B. System 5000BH oder Centillion 100, bereit (Abbildung 9.26). Über einen Ethernet-Port mit RJ45-Stecker kann der ATM-Switch in ein LAN-Managementsystem integriert werden.

ATM-Komponenten und ATM-Lösungen

Der ATM-Multimedia-Switch wird im Paket mit zwei weiteren Komponenten ausgeliefert:

Der **Media Operating Software (MOS)** für Multimedia-Betrieb unter Windows. Die MOS arbeitet unter Novell NetWare, Windows NT und anderen verbreiteten Betriebssystemen.

Sie ermöglicht den Zugang zu Quality of Services, ohne daß die anderen, installierten Software-Anwendungen geändert oder angepaßt werden müssen. Sie unterstützt Multimedia-Services wie Indeo, MPEG1, MPEG2, H.320, M-JPEG und P*64.

Die MOS ist außerdem als Client/Server-Version erhältlich. Die Client-Software wird auf den Multimedia-Workstations, die am Multimedia-Switch angeschlossen sind, installiert. Für die Multimedia-Server gibt es eine spezielle MOS-Serversoftware, die auf den Servern installiert wird. Der Server ist üblicherweise über eine 155-Mbit/s-OC-3-Verbindung an einen ATM-Switch im Netzzentrum angeschlossen.

Als dritte Komponente enthält das Multimedia-Paket von Bay Networks eine **25-Mbit/s-ATM-Adapterkarte**. Diese ist auf das MOS abgestimmt und ermöglicht eine Direktverbindung zu einem Videosystem ohne Veränderungen des Prozessors, Bus- oder Betriebsystems der Workstation. Daneben bietet die Adapterkarte eine Schnittstelle zum Anschluß an den Multimedia-Switch. Auf diesem läuft das MOS- und LANE-Protokoll, so daß der gleichzeitige Zugriff auf Daten- und Multimedia-Anwendungen gewährleistet ist.

Die Adapterkarte gibt es in zwei Versionen, für PCs mit PCI- oder ISA-Bussystem. Sie ist zur Verarbeitung der Multimedia-Daten mit ARM RISC-Prozessoren und Speicher ausgerüstet, so daß der Hauptprozessor des PCs nicht mit dem Multimedia-Verkehr belastet wird. Die Adapterkarten unterstützen 25 Mbit/s bei voller Leitungsgeschwindigkeit im Vollduplexbetrieb.

ATM-Switchsysteme

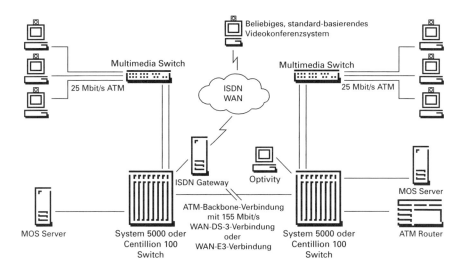

Abbildung 9.26. Typische Einsatzmöglichkeiten des Multimedia-Switches.

X ATM-Router

Generelle Aspekte

In Collapsed Backbone-Strukturen mit Zellenvermittlung werden neben Internetworking-Funktionen zwischen den einzelnen logischen Gruppen (VLANs) oder Broadcast-Domains auch klassische Routerfunktionen wie Broadcasteingrenzung, Firewalls, Verkehrsmanagement und Sicherheit auf Protokollebene benötigt. Diese können von klassischen Routern realisiert werden, die mit einer ATM-Schnittstellenkarte ausgerüstet sind.

In ATM-Netzen werden zusätzlich sog. virtuelle Networking Router (VNR) eingesetzt. Ihnen kommt die Aufgabe zu, Daten zwischen virtuellen Netzen weiterzuleiten. Virtuelle Networking Router verhalten sich insofern wie klassische Router, als der eigentliche Routingvorgang auf Paketebene erfolgt, d.h. sie routen Datenpakete zwischen den einzelnen VLANs wie herkömmliche Multiprotokollrouter. Zusätzlich wandeln sie den vom ATM-Netz kommenden Verkehr bzw. den zum ATM-Netz gehenden Verkehr in Zellen bzw. Pakete. Im Unterschied zu herkömmlichen Multiprotokollroutern muß ein virtueller Networking Router mehrere logische Kanäle innerhalb eines einzigen physikalischen Anschlusses verarbeiten können. Da der Router zu den jeweiligen Vermittlungssystemen über einen einzigen physikalischen ATM-Port dedizierte virtuelle Kanäle aufbaut, wird eine zusätzliche Sicherheitskomponente eingebracht, da diese Information für keinen anderen Nutzer erreichbar ist.

Bay Networks bietet für die Backbone-Node-Routerserie und für die System-5000-Konzentratoren dedizierte VNR-Module an, die baugleich sind, sich jedoch in der Skalierbarkeit aufgrund der verschiedenen Gehäusebauweisen unterscheiden.

Die virtuellen Networking Router, die auf Basis der LAN Emulation arbeiten, sind derzeit die einzige standardisierte Technik, die für das Routing zwischen VLANs eingesetzt werden kann. Neue Techniken sind erst mit der Verfügbarkeit von MPOA zu erwarten. MPOA wird als gemeinsames Routingprotokoll sowohl von Schicht-2/3-Switches, die als Edge-Devices zum LAN fungieren, als auch von ATM-Switches benutzt.

ATM-Komponenten und ATM-Lösungen

ATM Routing Engine

Die ATM Routing Engine (ARE) ist ein ATM-Einschub für die Backbone-Node- und Backbone Link Node-Routerfamilie, mit dem installierte BN- und BLN-Router zum virtuellen Networking Router ausgebaut werden können. Alternativ kann die ARE auch im Konzentrator System 5000BH installiert und der Konzentrator damit um ATM-Routing-Funktionalität ergänzt werden.

Virtuelle Networking Router werden benötigt, um Daten zwischen virtuellen Netzen, die entsprechend dem LAN-Emulationsstandard gebildet sind, zu transportieren. Die ARE entspricht voll dem LAN-Emulationsstandard. Mit der ARE und den ebenfalls LANE-kompatiblen ATM-Switches und LAN/ATM-Switches verfügt Bay Networks über ein komplettes Produktspektrum auf LANE-Basis.

Neben dem LAN-Emulationsstandard unterstützt die ARE Routing entsprechend RFC 1577 (Classical IP over ATM). Virtuelle Wählverbindungen (SVC) werden gemäß der UNI-3.0/3.1-Signalisierung des ATM-Forums unterstützt; virtuelle Festverbindungen (PVC) sind nach RFC 1483 (ATM Multiprotocol Encapsulation) möglich.

In Routing-Umgebungen mit ATM-Anbindung wird die ARE/ATM-Software Suite benötigt, die Multiprotokoll-Routing für alle gängigen LAN-Protokolle unterstützt, z.B. ATM DXI (RFC 1483), TCP/IP, 802.1 Transparent Bridge, Source Route Bridge, Translational Bridge, DECnet Phase IV, AppleTalk, OSI, VINES, IPX, HDLC Encapsulation, PPP, DLSw.

In der Konfiguration als virtueller Networking Router (ARE/VNR Software Suite) werden im Inhouse-Bereich die ARE/ATM Suite plus die UNI-Signalisierung des ATM-Forums, die ATM-LAN-Emulation V1.0 sowie RFC 1577 und im WAN-Bereich Frame Relay, SMDS, LAPB und X.25 unterstützt.

Die ARE ist, aufbauend auf der symmetrischen Multiprozessor-Architektur der Backbone Node-Router, äußerst leistungsfähig und betriebssicher. Prozessormodul und Intelligent Link Modul können während des laufenden Betriebs installiert werden.

Modulaufbau

Die ARE besteht aus einem intelligenten Link Interface-Modul (ARE ILI) und einem Prozessormodul (Abbildung 10.1).

ATM-Router

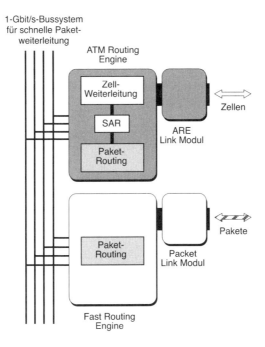

Abbildung 10.1. Funktionsweise und Aufbau der ATM Routing Engine (ARE).

ARE Link-Modul

Die ARE Link-Module stellen jeweils eine physikalische Schnittstelle bereit. Verfügbar sind Module mit einem Multimode- oder Singlemode-LWL-Port mit 155 Mbit/s entsprechend SONET/SDH sowie mit einer DS3- oder E3-Schnittstelle. Die ILI liefern Managementinformationen über die physikalischen Ports und übernehmen den Zelltransport zwischen dem ARE-Prozessormodul und den physikalischen Medien.

ARE-Prozessormodul

Auf dem ARE-Prozessormodul sind die SAR- (Segmentation and Reassembly) und Routing-Funktionen implementiert. Das Prozessormodul verfügt über zwei Motorola Power PC-Prozessoren und ist äußerst leistungsfähig. DRAM-Konfigura-

ATM-Komponenten und ATM-Lösungen

tionen sind mit 8,16 und 32 MB und SRAM-Konfigurationen mit 1, 3 oder 6 MB im Feld möglich. Pro BN-Router werden bis zu 13 ARE, pro System-5000BH-Konzentrator bis zu drei ARE unterstützt. Mehrere installierte AREs kommunizieren untereinander über den 1 Gbit/s schnellen Routerbus.

Routing zwischen virtuellen Netzen entsprechend der LANE

Als VNR stellt die ARE entsprechend der LANE einen LAN Emulation Client (LEC) mit einem physikalischen ATM-Port und mehreren logischen Router-Schnittstellen dar. Alle LAN-Protokolle (IP, IPX usw.) werden entsprechend der LANE unterstützt. Im ATM-Backbone-Netz werden die virtuellen Netze durch die LAN Emulation Server (LES) gesteuert. Es gibt drei Serverfunktionen: ein einzelner LAN Emulation Configuration Server (LECS) für das gesamte Backbone-Netz, ein LAN Emulation Server für jedes virtuelle Netz im Backbone und ein Broadcast and Unknown Server (BUS) pro virtuellem Netz (Abbildung 10.2). Jeder in Abbildung 10.2 unterschiedlich schraffierte LEC repräsentiert ein separates logisches Netz oder Subnetz. D.h. alle gleich schraffierten Systeme sind Mitglied des gesamten emulierten LANs, was eine einzige Broadcast Domain darstellt. Der VNR ist Mitglied in allen emulierten LANs. Er bildet den Übergang vom ATM-Backbone zu den einzelnen virtuellen Netzen. Hierzu verfügt jede ARE über ein physikalisches ATM-Interface mit mehreren unterschiedlichen LECs für die jeweiligen VLANs. Daraus ergeben sich folgende Anforderungen an den VNR:

- ◆ Unterstützung einer hohen Anzahl von SVC-Verbindungen.
- ◆ höchste Performance bei Layer-3- Routing (Frame-basierend) innerhalb dem gleichen physikalischen Port (VCC-nach-VCC-Routing).
- ◆ hohe Leistung bei Segmentation and Reassembly-Funktion (SAR), d.h. Unterstützung vieler aktiver VCCs.

Routing zwischen virtuellen Netzen entsprechend RFC 1577

RFC 1577 ermöglicht die Weiterleitung von IP- und ARP-Protokollen über ein ATM-Backbone. Dadurch können mit einem physikalischen Netzanschluß IP-Netze in mehrere logische IP-Subnetze aufgeteilt werden. RFC 1577 ist definiert für Direktanschlüsse von Hosts und Workstations mit ATM-Netzschnittstellenkarten, jedoch nur mit IP-Protokoll. In dieser Umgebung stellt die ARE ATM-ARP-Serverfunktionen, ATM-ARP-Clientfunktionen und die VNR-Funktion, d.h. Routing zwischen den unterschiedlichen logischen IP-Subnetzen, zur Verfügung (Abbildung 10.3).

ATM-Router

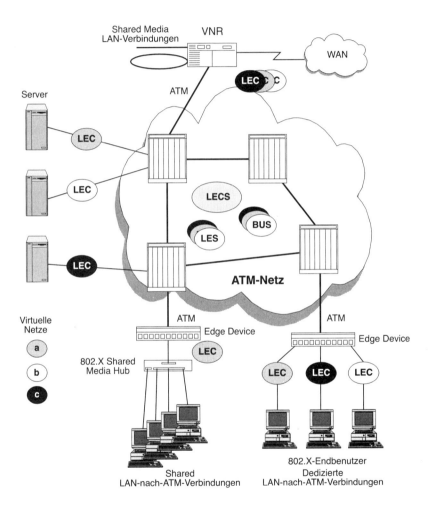

Abbildung 10.2. Routing zwischen virtuellen Netzen entsprechend der LANE.

ATM-Komponenten und ATM-Lösungen

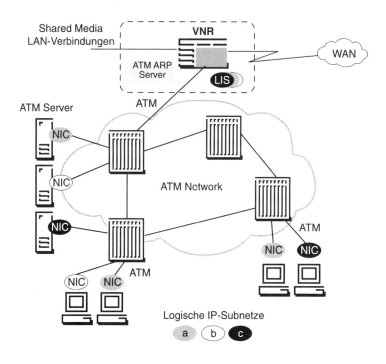

Abbildung 10.3. VNR-Routing nach RFC 1577.

LAN-Workgroup-Routing mit der ARE

Die ARE kann auch in einer Umgebung mit LAN-ATM-Arbeitsgruppen eingesetzt werden. In dieser Konfiguration stellt sie den Anschluß an eine eigenständige Broadcast Domain her.

LAN-Backbone-Routing mit der ARE

Die ARE arbeitet ebenso effektiv als LAN-Backbone-Router. In dieser Umgebung wird das ATM-Netz als Highspeed-Transport-Backbone für die Verbindung von herkömmlichen LANs über ein Campus-Netz (LAN), ein Metropolitan Area Network (MAN) oder Weitverkehrsnetz (WAN) eingesetzt. Dabei kann sich das ATM-Netz auch über größere Entfernungen über ein öffentliches ATM-Netz oder anderweitige WAN-Verbindungen erstrecken.

VNR im Netzzentrum

Als Einschub im Multi-LAN/ATM-Switch System 5000BH hat die ARE unterschiedliche Aufgaben: traditionelle Routingfunktionen wie WAN-Zugang oder Anbindung an herkömmliche Shared Media LANs (802.x/FDDI) sowie VNR-Routing zwischen dem Netzzentrum und den Etagennetzen in einem ATM-Netz auf Basis der LAN-Emulation, des GIGArray-Mode oder nach RFC 1577 (Abbildung 10.4).

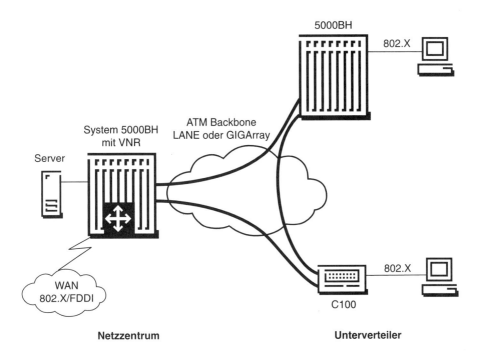

Abbildung 10.4. VNR im Netzzentrum.

XI WAN-Zugangssysteme auf ATM-Basis

Generelle Aspekte

Mit der Zunahme des Verkehrsaufkommens auf dem Campus und über das Internet steigt der Bedarf an WAN-Verbindungen mit Geschwindigkeiten über 64 kbit/s. In Anbetracht der Tatsache, daß die meisten Carrier ihre Kernnetze auf ATM-Technologie umstellen werden, und daß der Anteil an Multimedia-Anwendungen auf dem Campus steigen wird, liegt es nahe, auch WAN-Zugangsverbindungen auf ATM-Basis anzubieten. Durch Einsatz von ATM-Zugangssystemen, die alle Verkehrs- und Dienstetypen wie Sprache, Video und Daten unterstützen, ist es möglich, die heute üblichen, dienstespezifischen WAN-Zugangsleitungen durch eine einzige ATM-Verbindung zu ersetzen. Damit ist eine effektivere Bandbreitennutzung möglich, die zur Abmietung verschiedener unterschiedlicher Leitungen und damit zu Kosteneinsparungen führen kann.

ATM-WAN-Zugangssysteme sind in zwei verschiedenen Bereichen einsetzbar: im Carrier- und im Unternehmensnetz.

ATM-Netzbetreiber benötigen ein sog. ATM-Edge-System als Sammelpunkt für die unterschiedlichen Dienste auf Teilnehmerseite, die über eine ATM-Zugangsleitung und das ATM-Kernnetz übertragen werden sollen.

Die zweite Zielgruppe sind Unternehmen, die ein eigenes Corporate Network betreiben oder einen ATM-Zugang anmieten und die ATM-Edge-Systemtechnik selbst breitstellen.

Für Anwendungen dieser Art hat Bay Networks sein Produktspektrum um die ATM Multiservice Access Switches, MX200 und MX50, erweitert.

MX200

MX200 ist ein ATM Access Concentrator, der über eine einzige ATM-Zugangsleitung unterschiedliche Verkehrstypen und -dienste wie Daten, Sprache und Video in ein ATM-Weitverkehrsnetz einspeist, d.h. die verschiedenen Dienste integriert und zum ATM-Netz hin konzentriert.

ATM-Komponenten und ATM-Lösungen

Hardware-Konzept und Leistungsmerkmale

MX200 ist ein statistischer Multiplexer mit einem ATM-Switchsystem mit 1,2 Gbit/s Bandbreite. Das Chassis ist zum Einbau in ein 19"-Gehäuse konzipiert und bietet zwölf Steckplätze. Strom- und Taktversorgung sowie CPU-Modul können optional redundant ausgelegt werden.

Abbildung 11.1. MX200.

Schnittstellenmodule

Es stehen die unterschiedlichsten Schnittstellen und Schnittstellenmodule für die Teilnehmer- und Netzseite zur Verfügung, wie:

- ◆ DS1-Modul (T1/E1) mit sechs Ports mit RJ45-Stecker, integrierter CSU und Protokollunterstützung für ATM, FR, HDLC, CES.
- ◆ DS3-Modul (T3/E3) mit zwei Ports mit BNC-Steckern und ATM-Protokollunterstützung.
- ◆ OC3c-LAN-Modul mit einem Port mit ST-Stecker für eine Multimodefaserkabelverbindung und ATM-Protokollunterstützung.
- ◆ OC3c-WAN-Modul mit einem Port mit SC-Stecker für eine Singlemodefaserkabelverbindung und ATM-Protokollunterstützung.
- ◆ TAXI-Modul (100/140 Mbit/s) mit einem Port mit ST-Stecker für eine Multimodefaserkabelverbindung und ATM-Protokollunterstützung.
- ◆ Multi-Serial-Modul mit sechs Ports (5poligem DB-Stecker), elektrischen Schnittstellen wie RS232, RS422/449, V.35 für synchrones und asynchrones Datenformat und Protokollunterstützung für ATM, FR, HDLC, Terminalemulation, Circuit Emulation, LANET.
- ◆ High-Speed-Modul mit einem seriellen, einem Parallel-Port, RS422- und V.35-Schnittstelle sowie Protokollunterstützung für ATM und LANET.
- ◆ Weitere Module, insbesondere zur Sprachanbindung, sind geplant.

Quality-of-Service-Unterstützung

Um Zellenverluste und Verzögerungen zu minimieren, verfügen die ATM-Zugangssysteme über Priorisierungstechniken auf mehreren Ebenen. U.a. wird CBR- und VBR-Verkehr in unterschiedlichen Warteschlangen abgewickelt, ATM-Zellen werden nach vorher festgelegten Prioritäten statistisch gemultiplext, und Überlast auf bestimmten Verbindungen wird angezeigt.

LANET-Protokoll

Ursprünglich wurde ATM zur Übertragung über Lichtwellenleiterkabel mit einer Bitfehlerrate von 10^{-11} entwickelt. Bei schlechten oder Verbindungen mit geringeren Übertragungsraten, bei Mobil- und Satellitenübertragung kann es zu einer Bitfehlerrate bis zu 10^{-3}, und damit zu fehlerhaften Übertragungen kommen. Um auch in solchen Umgebungen einen zuverlässigen Zellentransport gewährleisten zu können, verwenden die ATM-Zugangsmultiplexer von Bay Networks das LANET- (Limitless ATM Network-) Protokoll zusammen mit dem Fehlerkorrekturverfahren nach Reed Salomon und einem fehlertoleranten Adressierungsschema. Damit kann ATM auch über vorhandene Verbindungen mit niederen Geschwindigkeiten, wie sie für kleine Außenstellen typisch sind, angeboten werden.

Interoperabilität

MX200 ermöglicht PVC- und SVC-Verbindungen entsprechend der UNI-Signalisierung des ATM-Forums, Version 3.0 und 3.1. Damit können die Zugangsmultiplexer auch in Umgebungen mit ATM-Komponenten anderer Hersteller betrieben werden. Die WAN-Zugangssysteme verfügen außerdem über einen SNMP-Agent zur Überwachung mit einem SNMP-kompatiblen Netzmanagementsystem.

Anwendungen

MX200 eignet sich zum Einsatz in Carrier- und Unternehmensnetzen.

MX 200 als WAN-Zugangssystem in Carrier-Netzen

MX200 ist für Netz- und Diensteanbieter, die in eine ATM-Backbone-Infrastruktur investiert haben, eine kostengünstige Möglichkeit, für ihre Kunden Zugangsleitungen auf ATM-Basis anzubieten. MX 200 unterstützt auf Kundenseite auch ATM-Zugänge mit niederen Geschwindigkeiten, z.B. über die E1/T1-Schnittstelle, und bietet zum ATM-Core-Switch hin die üblichen Geschwindigkeiten über Schnittstellen wie OC-3c/STM-1 oder T3/E3.

ATM-Komponenten und ATM-Lösungen

MX200 als Multiservice-Switch

Als WAN-Zugangssystem auf Teilnehmerseite dient der MX200 als Sammelpunkt für die im Unternehmensnetz vorhandenen unterschiedlichen Verkehrstypen. Der MX200 unterstützt sämtliche CPE-Dienstetypen, z.b. LAN-Verkehr von Routern, Datenverkehr von Hostsystemen, ATM-Verkehr von ATM-Direktteilnehmern, Sprache von analogen und digitalen Nebenstellenanlagen sowie Video.

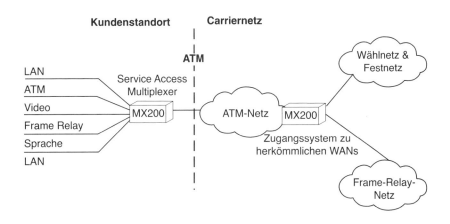

Abbildung 11.2. MX200 als Multiservice-Konzentrator in Unternehmens- und Carrier-Netzen.

Der Einsatz einer Multi-Service-Plattform hat mehrere Vorteile:

Statt wie bisher jeden einzelnen Verkehrstyp über eine getrennte Leitung in das für ihn vorgesehene WAN-Spezialnetz, z.B. X.25, Frame Relay, Festverbindungsnetz, ISDN oder das analoge Telefonnetz, zu leiten, wird das ATM-Netz als diensteübergreifende Plattform genutzt. Dadurch können Kosten, z.B. durch eine bessere Leitungsauslastung und Bandbreitenoptimierung, eingespart werden.

Auf Standortseite sind weniger unterschiedliche WAN-Zugangssysteme erforderlich, was wiederum Kosten für die Anschaffung, Wartung und Unterhaltung der Hardware reduziert.

WAN-Zugangssysteme auf ATM-Basis

Gleichzeitig ist ein effizienteres Management möglich. Wenn alle Dienste über das gleiche WAN-Zugangssystem abgewickelt werden, können mit Hilfe des Netzmanagements Statistiken über die Leitungsnutzung auf Verursacherbasis erstellt weiterberechnet werden.

MX200 als Zugang zu herkömmlichen Weitverkehrsnetzen

Um in bestehende Umgebungen integriert werden zu können, unterstützt der MX200 auch Interworking und Service-Interworking zwischen ATM und herkömmlichen Netzen bzw. Diensten. Per Software werden unterstützt: ATM-nach-ATM VCC, ATM-nach-ATM VPC, Circuit Emulation-nach-ATM VCC, Circuit Emulation-nach-Circuit Emulation, VBR-nach-ATM VCC, VBR-nach-VBR, Frame Relay-nach-ATM VCC, Frame Relay-nach-Frame Relay.

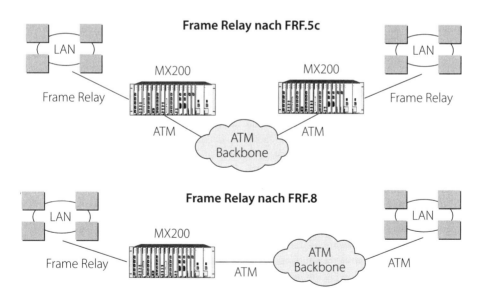

Abbildung 11.3. Integration des MX200 in eine bestehende Frame Relay-Umgebung.

ATM-Komponenten und ATM-Lösungen

MX50

MX50 ist ein ATM-Zugangsmultiplexer zur Anbindung kleiner und mittlerer Firmenstandorte. Er konzentriert Sprach-, Daten- und Videoverkehr auf eine ATM-WAN-Verbindung.

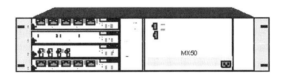

Abbildung 11.4. MX50.

Das Chassis bietet vier Steckplätze, die mit folgenden Schnittstellenmodulen bestückt werden können:

- DS1-Modul (T1/E1) mit sechs Ports mit RJ45-Stecker, integrierter CSU und Protokollunterstützung für ATM, FR, HDLC, CES.
- DS3-Modul (T3/E3) mit zwei Ports mit BNC-Steckern und ATM-Protokollunterstützung.
- OC3c-LAN-Modul mit einem Port mit ST-Stecker für eine Multimodefaserkabelverbindung und ATM-Protokollunterstützung.
- OC3c-WAN-Modul mit einem Port mit SC-Stecker für eine Singlemodefaserkabelverbindung und ATM-Protokollunterstützung.
- TAXI-Modul (100/140 Mbit/s) mit einem Port mit ST-Stecker für eine Multimodefaserkabelverbindung und ATM-Protokollunterstützung.
- Multi-Serial-Modul mit sechs Ports (5poligem DB-Stecker), elektrischen Schnittstellen wie RS232, RS422/449, V.35 für synchrones und asynchrones Datenformat und Protokollunterstützung für ATM, FR, HDLC, Terminalemulation, Circuit Emulation, LANET.
- High-Speed-Modul mit einem seriellen, einem Parallel-Port, RS422- und V.35-Schnittstelle sowie Protokollunterstützung für ATM und LANET.
- Weitere Module, insbesondere zur Sprachanbindung, sind geplant.

Quality-of-Service-Unterstützung

Um Zellenverluste und Verzögerungen zu minimieren, verfügen die ATM-Zugangssysteme über Priorisierungstechniken auf mehreren Ebenen. U.a. wird CBR- und VBR-Verkehr in unterschiedlichen Warteschlangen abgewickelt, ATM-Zellen werden nach vorher festgelegten Prioritäten statisch gemultiplext und Überlast auf bestimmten Verbindungen wird angezeigt.

LANET-Protokoll

Ursprünglich wurde ATM zur Übertragung über Lichtwellenleiterkabel mit einer Bitfehlerrate von 10^{-11} entwickelt. Bei schlechten oder Verbindungen mit geringeren Übertragungsraten, bei Mobil- und Satellitenübertragung kann es zu einer Bitfehlerrate bis zu 10^{-3}, und damit zu fehlerhaften Übertragungen kommen. Um auch in solchen Umgebungen einen zuverlässigen Zellentransport gewährleisten zu können, verwenden die ATM-Zugangsmultiplexer von Bay Networks das LANET- (Limitless ATM Network-) Protokoll zusammen mit dem Fehlerkorrekturverfahren nach Reed Salomon und einem fehlertoleranten Adressierungsschema. Damit kann ATM über vorhandene Verbindungen mit niederen Geschwindigkeiten, wie sie für kleine Außenstellen typisch sind, angeboten werden.

Interoperabilität

MX50 ermöglicht PVC- und SVC-Verbindungen entsprechend der UNI-Signalisierung des ATM-Forums, Version 3.0 und 3.1. Damit können die Zugangsmultiplexer auch in Umgebungen mit ATM-Komponenten anderer Hersteller betrieben werden. Die WAN-Zugangssysteme verfügen außerdem über einen SNMP-Agent zur Überwachung mit einem SNMP-kompatiblen Netzmanagementsystem.

Anwendungen

MX50 eignet sich zum Einsatz in Carrier- und Unternehmensnetzen. Er konzentriert den Verkehr aus den unterschiedlichen Sprach- und Datennetzen auf dem Firmengelände und leitet ihn über eine ATM-Verbindung in das ATM-Weitverkehrsnetz weiter. Aufgrund seines Chassis-Konzepts mit vier Steckplätzen stellt MX50 eine kostengünstige Lösung zur Anbindung von Außenstellen sowie kleinen und mittleren Firmenstandorten an das ATM-Weitverkehrsnetz dar. Des weiteren kann MX50 im Campus-Netz als Service-Konzentrator installiert werden.

ATM-Komponenten und ATM-Lösungen

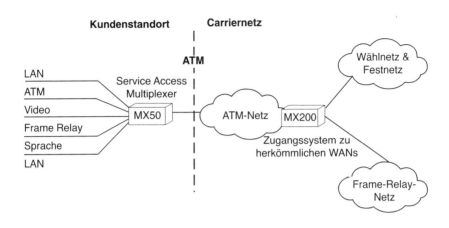

Abbildung 11.5. MX50 als WAN-Zugangssystem für unterschiedliche Dienste.

XII ATM-Netzmanagementsystem

Generelle Aspekte

Die meisten auf dem Markt erhältlichen Netzmanagementsysteme für ATM-Netze im Inhouse-Bereich orientieren sich an den bis heute vorhandenen Spezifikationen des ATM-Forums. Im wesentlichen ist dies die Spezifikation für das User-Network Interface (UNI), Version 3.x.

Weitere Spezifikationen sind in Bearbeitung; insbesondere die Fortführung der UNI-3.x-Spezifikation durch die Traffic Management Specification (4.0) des ATM-Forums, die die Belange der ATM-Dienste in Verbindung mit den unterschiedlichen Dienstklassen und dem dazugehörigen Bandbreitenmanagement beschreibt.

In UNI 3.x sind bisher definiert:
- die Verwendung der Q.2931-Signalisierung über Q.SAAL als Transportschicht
- die Verwendung des Simple Network Management Protocol (SNMP) am Intermediate Local Management Interface (ILMI) als Kommunikationsprotokoll
- die Quality-of-Service-Klassen
- die Connection Admission Control (CAC) Traffic Management Services.

Netzmanagementsysteme von Bay Networks

Bay Networks bietet mit Optivity und SpeedView zwei Netzmanagementapplikationen an.

Optivity ist ein übergeordnetes Komponentenmanagementsystem, das alle LAN- und ATM-Komponenten, d.h. Multi-LAN/ATM-Switches, Hubs, Router und Remote Access-Systeme, von Bay Networks umfaßt. Die Managementapplikation steht in den drei Versionen Optivity Workgroup, Optivity Campus und Optivity Enterprise zur Verfügung (Abbildung 12.1). Jede Applikation ist in Funktionsumfang, Leistungen und Preis auf das entsprechende Netzgebiet abgestimmt.

ATM-Komponenten und ATM-Lösungen

Optivity Enterprise ist für große unternehmensweite Netze konzipiert. Die Applikation enthält alle Überwachungstools, die für das Management von ATM-Netzen, die mit den ATM-Komponenten von Bay Networks realisiert sind, notwendig sind. Die aktuelle Version 8.0 enthält u.a. mit NETarchitect ein neues Konfigurationstool für ATM-Komponenten und LANE-Services. Sie vereint die bisher getrennten Applikationen Optivity LAN und Optivity Internetwork und stellt mit Optivity Web ein Managementtool zur Überwachung von Routern über das World-Wide-Web einschließlich HTML- und Java-basierender Managementapplikationen bereit.

Für die Centillion-Serie steht außerdem das Managementsystem SpeedView zur Verfügung. Dieses umfaßt nur die Komponenten Centillion 50/100. In Umgebungen, in denen Optivity nicht eingesetzt wird, kann SpeedView als separates Programm auf der Managementstation installiert werden. In Netzen mit Optivity ist SpeedView als Teilapplikation in Optivity integriert.

Außerdem sind alle ATM-Komponenten von Bay Networks über Telnet sowie über ein externes Terminal managebar.

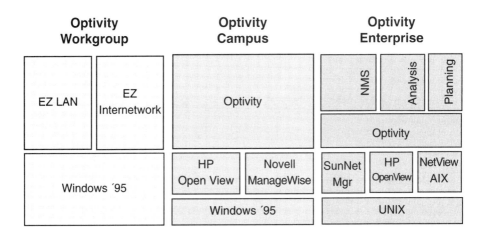

Abbildung 12.1. Überblick über die Optivity-Applikationen von Bay Networks.

270 ATM LAN Guide

SpeedView

SpeedView ist ein Konfigurations- und Beobachtungstool für die ATM-Switches der Serie Centillion 50/100, das aufgrund seiner grafischen Benutzeroberfläche und Menüführung sehr einfach zu bedienen ist.

Die SpeedView-Software läuft auf allen marktüblichen Unix-Plattformen, z.B. auf HP- und Sun-Workstations unter HP OpenView for UNIX, unter NetView/6000 auf einer RISC/6000-Plattform von IBM sowie in einer DOS/Windows-Umgebung.

SpeedView ist in die übergeordnete Managementplattform Optivity, unter der alle Bay-Networks-Komponenten überwacht werden, integriert. Die Applikation ist im Fenster Enterprise Command Center aufrufbar; Traps werden im Fenster Enterprise Health Advisor angezeigt.

Imband- oder Außerband-Management

Üblicherweise werden Managementinformationen über den Managementbus im Chassis übertragen und die Switches über eine zentrale Managementplattform, auf der die Software SpeedView installiert ist, konfiguriert und beobachtet.

In Token-Ring-Umgebungen können die Centillion-Switches mit SpeedView unter Windows imband über den Token Ring und ein Class-2-LLC-Interface, das auf der SpeedView-Station geladen wird, überwacht werden.

Für Außerbandmanagement verfügt jeder Centillion-Switch auf dem Master Control Processor-Modul (MCP) über einen RS232-Port zur Anschaltung eines externen Terminals, auf dem die Software SpeedView installiert ist. Die SpeedView-Station kann entweder direkt an den RS232-Port oder über ein Asynchron-Modem mit dem Switch verbunden werden. Dadurch ist es möglich, abgesetzte Switch-Systeme unter Nutzung der Vorteile einer grafischen Managementapplikation zu konfigurieren.

Automatische Switch-Erkennung

Wird SpeedView für Imband-Management konfiguriert, erkennt die Software alle miteinander verbundenen Centillion-100-Switches im Netz automatisch. Der Suchvorgang wird automatisch nach dem Laden der Software gestartet. Jede gefundene Switch-Komponente wird mit einem Icon grafisch dargestellt. Wird ein

ATM-Komponenten und ATM-Lösungen

solches Switch-Icon vom Bediener mit der Maus angeklickt, öffnet sich ein Fenster, in welchem die Konfigurationsinformationen für diesen angewählten Switch vervollständigt werden können.

SNMP-kompatibler Agent mit MIB-Erweiterung

Die Bay-Networks-Komponenten unterstützen das Simple Network Management Protocol (SNMP). Dies erlaubt das Management der Bay-Networks-ATM-Komponenten unter SpeedView, Optivity oder jeder anderen SNMP-kompatiblen Managementapplikation. Die Management Information Base (MIB) wurde um Bay-Networks-spezifische Informationen erweitert und bietet die Voraussetzung für detaillierte Aussagen über Hardware-Status, statistische Daten über virtuelle Ringe, MAC-Adressen, ATM-Verbindungen u.ä. Über den SNMP-Get- und SNMP-Set-Befehl kann jeder Konfigurationsparameter eingetragen und geändert werden. Darüber hinaus können SNMP-Traps für bestimmte Bedingungen konfiguriert und automatisch gestartet werden. Beispielsweise werden Endgeräte ohne Netzzugangsberechtigung, wenn sie sich am Netz anzumelden versuchen, vom System automatisch abgewiesen; ebenso ist es möglich, jegliche Konfigurationsänderungen, Änderungen des Betriebsstatus oder den Zugriff auf Port-Konfigurationen systemseitig per Definition zu verhindern.

Informationen auf Portebene

SpeedView bietet detaillierte Verkehrsinformationen auf Portebene, z.B. werden Pakete nach Unicast- und Multicast-Typen getrennt gezählt, Fehler auf MAC-Ebene und die Kollisionsrate festgestellt. Anhand dieser Informationen kann z.B. analysiert werden, welches Segment welche Bandbreite erfordert, und eine entsprechende Netzrekonfiguration veranlaßt werden.

Password-geschützte Konfiguration

Der Zugang zum SNMP-Agent in jedem Centillion-Switch ist password-geschützt. Versucht eine Station ohne Zugangsberechtigung auf den SNMP-Agent und die Konfigurationsdaten zuzugreifen, erfolgt eine Trap-Aussendung an eine vorher spezifizierte Managementstation. Switch-Definitionen und -Statistiken können von mehreren Managementstationen aus beobachtet werden; Konfigurationsänderungen können nur von einer Station aus erfolgen.

ATM-Netzmanagementsystem

Konfigurationsänderungen

Firmware, Firmewareänderungen und alle Konfigurationsinformationen für die Centillion-Switches sind von einer SpeedView-Konsole aus ladbar. Auf dem MCP-Modul im Chassis werden zwei Images in einem Flash Memory gespeichert. Sobald ein Update der gespeicherten Konfigurationsinformation erfolgt, wird die bisherige Information als Backup-Datei gespeichert. Die Backup-Datei wird automatisch geladen, wenn die neue bzw. die Hauptkonfiguration aufgrund eines Fehlers beim Einschalten eines Centillion-Switches nicht geladen werden kann.

Auf BootP- und TFTP-Servern sowie auf der SpeedView-Station selbst können mehrere Konfigurationen gespeichert werden. Dies erleichtert die Inbetriebnahme eines Centillion-Switches sowie das Durchführen von Konfigurations-Updates bei Änderungen und Umzügen. Des weiteren können durch die parallele Speicherung unterschiedliche Netzmodellkonfigurationen abgelegt und bei Bedarf, z.B. bei Änderungen des Datenverkehrs, bei Ausfall einer Komponente oder eines Netzbereiches usw., realisiert werden.

Steuerung des Broadcast-Verkehrs

SpeedView stellt unterschiedliche Mechanismen zur Minimierung des Broadcast-Verkehrs bereit. Broadcast-Steuerung bzw. Minimierung ist möglich auf Basis von Broadcasts in parallelen Ringen, Source-route Explorer Proxy, NetBIOS Name Proxy, NetBIOS Name Filter bzw. Datagram Broadcast Discard.

Verkehrsfilter

Mit SpeedView können kundenspezifische Filter für die ersten 256 Byte eines jeden Rahmens festgelegt werden. Pro Port werden bis zu 128 Filter unterstützt.

Verkehrsbeobachtung

In Shared Media LANs kann durch Anschaltung eines Analyzers der Verkehr im LAN beobachtet und analysiert werden. In vermittelnden Netzen muß eine Analyse für jeden einzelnen Verkehrsstrom erfolgen können. Deshalb bieten die Centillion-Switches eine Kopierfunktion. Mit ihr kann der Verkehr an jedem einzelnen Port dupliziert und auf einen Monitor-Port umgeleitet werden, an welchem ein Analyzer angeschaltet ist.

ATM-Komponenten und ATM-Lösungen

Maus-gesteuerte VLAN-Konfiguration

Wird ein Netzsegment aufgrund von Verkehrsüberlastung in kleinere Segmente aufgeteilt, ist es sinnvoll, diese wieder zu einem sog. logischen LAN zusammenzufassen. Dieses Managementkonzept, auch als VLAN-Partitionierung bekannt, verhindert die Zunahme von Broadcast-Verkehr, der üblicherweise durch die Mikrosegmentierung entsteht, sowie umfangreichen Konfigurationsaufwand durch die Neuzuordnung der Netzadressen. SpeedView unterstützt über „Drag-and-Drop" mit der Maus die Bildung von VLANs auf Port-Basis ohne Änderung der sonstigen Netzkonfiguration. Pro Switch können bis zu 32 VLANs konfiguriert werden.

GIGArray-Konfiguration und -Management

Unter SpeedView ist auch die Konfiguration der ATM-Verbindungen in einem ATM-Netz möglich. Es können redundante Verbindungen und Verbindungen mit Lastausgleich definiert und ein vollvermaschtes GIGArray-Netz zwischen den Switches gebildet werden. Nach der Definition von Permanent Virtual Paths (PVPs) zwischen einer Switch Community baut der Switch den benötigten PVP automatisch auf.

Optivity

In Optivity sind alle ATM-Komponenten, d.h. System 5000BH, System 5005BH, Centillion 100, Centillion 50x und die Router integriert. Folgende Netzansichten und Managementfunktionsbereiche sind typisch für die ATM-Umgebung:

NETarchitect

NETarchitect ermöglicht systemorientiertes Konfigurationsmanagement auf Basis vorher definierter Richtlinien für Ethernet- und ATM-Netze sowie für LANE-Services in Umgebungen, die mit den Multi-LAN-Switches von Bay Networks Centillion 50, Centillon 100 und System 5000BH realisiert sind. Die Applikation enthält zwei systemorientierte Tools, NETarchitect File Manager und NETarchitect Configuration Editor, sowie eine objektorientierte Datenbank, die die beiden Tools mit Informationen versorgt und die Zugriff zu den Systemkonfigurationen über den NETarchitect Security Editor gibt.

ATM-Netzmanagementsystem

NETarchitect File Manager automatisiert die Konfiguration und Verwaltung von Image-Dateien. Der File Manager dient der Dateisammlung, Dateiprüfung, Software-Versionskontrolle sowie zur Nachverfolgung von Konfigurationsbasisdaten aus der Vergangenheit. Der File Manager führt Aufgaben im Zusammenhang mit dem Management von Konfigurationsdateien und Images Files automatisch aus und entlastet so den Netzmanager.

NETarchitect Configuration Editor automatisiert den Konfigurationsprozeß bei der Einrichtung von ATM-Komponenten und LANE-Services. Die Konfigurationsinformationen von allen im Netz vorhandenen Komponenten stehen im Überblick zur Verfügung. Änderungen können gleichzeitig in allen betroffenen Komponenten durchgeführt werden.

Abbildung 12.2. NETarchitect Configuration Editor.

Die Netzkonfigurationen werden zu einem allgemeinen objektorientierten Datenmodell abstrahiert. „Snapshots" von Netzkonfigurationen werden auf den NETarchitect-Server geladen. So ist es möglich, Änderungen im Datenmodell mit Hilfe mehrerer verteilter Clients off-line durchzuführen. Ein regel-basierendes intelligentes Software-System prüft die Richtigkeit der Änderungen, bevor sie in die Netzkomponenten geladen werden. Die Automatisierung des Erstellens und Ladens von Konfigurationsdateien sowie der Richtigkeitsprüfung verhindert Fehler und erspart dem Netzverantwortlichen sehr viel Zeit.

Änderungen können von verschiedenen Managementstationen gleichzeitig erfolgen; der Configuration Editor führt Änderungen zusammen, so daß überall die gleiche Information zur Verfügung steht.

ATM-Komponenten und ATM-Lösungen

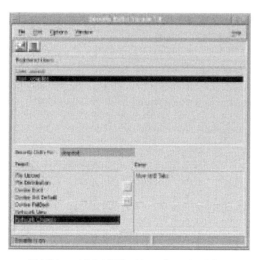

Abbildung 12.3. NETArchitect Security Editor.

NETarchitect Security Editor bietet Zugangsschutz- und -kontrolleinrichtungen zu Konfigurationsdateien, die in der Datenbank gespeichert sind, und ermöglicht die Einrichtung von Zugriffsrechten für einzelne Benutzer (z.B. sehen, editieren, einrichten). Für jeden Netzmanager wird ein Profil erstellt, in welchem die Konfigurationsfunktionen, die er wahrnehmen kann, exakt festgelegt sind. In Umgebungen, in denen die Netzüberwachung auf unterschiedliche Verantwortliche bzw. Abteilungen verteilt ist, können so die Aufgabenbereiche und Zuständigkeiten genau abgegrenzt werden.

Domain View

Domain View gibt einen Überblick sowohl über alle ATM-Systeme in einer ATM-Domain, z.B. ATM-Hub System 5000BH, Centillion, Connection Management System und Multicast Server, als auch über die Verbindungen der Komponenten untereinander. Der Status der Komponenten wird farblich angezeigt. Bei den Verbindungen wird angegeben, welche Ports miteinander verbunden und welche parallelen NNI-Verbindungen vorhanden sind.

Mit Domain View erkennt Optivity darüber hinaus mehrere Domains automatisch, stellt alle ATM-Komponenten in einer Netzansicht dar, zeigt Master- und Slave-CMS an und kann direkt vom Fenster Enterprise Command Center zusammen mit allen anderen LAN/WAN-Komponenten aufgerufen werden.

Expanded View

Unter Expanded View erhält der Netzmanager eine Echtzeitdarstellung jedes einzelnen ATM-Systems. Bei modularen Komponenten, z.b. System 5000BH, wird der Konzentrator in voller Bestückung (ATM- und Nicht-ATM-Module) mit allen LEDs angezeigt. Folgende Informationen stehen zur Verfügung: Statistiken pro Port, pro VPI und VCI, pro Gerät, pro Schnittstelle (SONET/SDH, DS3/E3).

Enterprise Command Center

Im Enterprise Command Center werden alle ATM-Komponenten angezeigt, und es können Managementaktionen wie Abfrage von Alarmen, Konfigurationsdaten, Trends, Durchführen von Analysen, Beobachten und Darstellen der Komponenten, gestartet werden. Darüber hinaus sind von diesem Fenster aus die Funktionen der Managementapplikation SpeedView, die speziell die Centillion-50/100-Switches betrifft, abrufbar.

ATM-Fehlermanagement

Die ATM-Fehlermanagementinformationen sind Bestandteil des Fault Correlators. Damit können Fehlermanagementinformationen und -analysen nicht nur über die LAN-, sondern auch über die ATM-Netze abgefragt und erstellt werden. Beispielsweise kann der Operator sich eine Übersicht über die aufgetretenen Alarme im ATM-Umfeld erstellen lassen (Fault Summary), er kann aus dieser Liste einzelne Alarmmeldungen genauer analysieren, bestimmte ATM-Komponenten über einen individuell zu definierenden Zeitraum kontinuierlich überwachen lassen usw. Außerdem sind in der Ansicht ATM Network View der Verbindungs- und Gerätestatus abrufbar.

OmniView

OmniView ermöglicht Diagnosen über die LAN- und ATM-Umgebung. Es können sehr detaillierte Konfigurations-, Performance- und Fehlerstatistiken in Echtzeit in LAN- und ATM-Netzen erstellt werden. Performance-Analysen und Beobachtungen sind an jedem Ethernet, Token-Ring- und ATM-Port sowie für jede Bridge Group möglich. Weiterhin ist es möglich, die Speicherauslastung und die Auslastung jeder einzelnen Verbindung über einen gewissen Zeitraum zu beobachten oder Analysen über weggeworfene ATM-Zellen (Cell Loss Priority/CLPs) durchzuführen. Die Ergebnisse können in Tabellenform oder grafisch festgehalten werden. Die Informationen werden mit Hilfe von SNMP-Polls kontinuierlich auf den neuesten Stand gebracht.

XIII Kompatibilität mit den ATM-Standards

Generelle Aspekte

Bay Networks unterstützt die derzeit gültigen Standards und verpflichtet sich, zukünftige Standards bzw. -erweiterungen zu implementieren. Folgende Standards sind in den ATM-Komponenten implementiert:

- User Network Interface (UNI), Version 3.0/3.1.
- LAN Emulation Services (LANE) für Ethernet und Token Ring.
- Interim Inter-switch Signaling Protocol (IISP), auch als PNNI, Phase 0 bekannt.
- Resource Reservation Protocol (RSVP).

In Kürze werden weitere Standards in den Produkten implementiert sein, wie:

- Multiprotocol over ATM (MPOA)
- UNI 4.0 und
- Private Network-to-Network Interface (PNNI).

Neben der Tätigkeit im ATM-Forum bzw. neben der Mitarbeit an Spezifikationen, die durch das ATM-Forum behandelt werden, ist Bay Networks auch an Standards beteiligt, die in anderen Gremien bearbeitet werden, z.B.

- Next Hop Resolution Protocol (NHRP)
- Internet Group Management Protocol (IGMP)

Standards in Entwicklung

Darüber hinaus ist Bay Networks an der Entwicklung zukünftiger Standards beteiligt. Die wichtigsten sind:

Private Network to Network Protocol (PNNI)

Derzeit unterstützt Bay Networks PNNI, Phase 0, d.h. IISP. IISP ist ein statisches Route-Protokoll, bei dem Änderungen und Updates manuell erfolgen müssen. Der

ATM-Komponenten und ATM-Lösungen

Vorteil von PNNI, Phase 1 ist, daß es sich um ein dynamisches Routingprotokoll handelt. Es ermöglicht den Betrieb von ATM-Switchsystemen unterschiedlicher Hersteller im gleichen Netz, die über Switched Virtual Connections (SVCs) miteinander verbunden sind, die das Link State Routing Protocol sowie die gleichen Mechanismen zur Datenbanksynchronisation benutzen. Die Informationen zum Datenbankabgleich erhalten die Switches direkt über das Routingprotokoll Open Shortest Path First (OSPF). PNNI, Phase 1, basiert auf der UNI-3.1-Spezifikation und unterstützt auch UNI 3.0. Bay Networks wird PNNI, Phase 1 unterstützen und plant darüber hinaus die Benutzung von MPOA-Routingmechanismen, um Erreichbarkeitsanzeigen zwischen IP-Subnetzen über das ATM-Netz an sog. Layer-3-Aware-Devices weiterzuleiten.

Multiprotocol Over ATM (MPOA)

MPOA wurde vom ATM-Forum im Juli 1997 verabschiedet. Bay Networks wird im Verlauf des Jahres 1998 MPOA, vor allem Layer-3-Switching für IP, implementiert haben.

MPOA ist als Rahmenwerk für die Verbindung von Bridging und Routing mit ATM in einer Umgebung mit unterschiedlichen Protokollen und Netztechnologien zu sehen. Ziel ist es, ein einheitliches Konzept für Schicht-3-Switching zwischen IP-Subnetzen über ein ATM-Backbone zur Verfügung zu stellen. MPOA ermöglicht eine direkte Verbindung zwischen Komponenten, die im ATM-Netz angebunden sind, auch wenn sie auf verschiedene ELANs verteilt sind (sog. Virtual Circuit Shortcuts). Dadurch werden die Verzögerungszeiten und die Verarbeitungslast in den Routern minimiert. MPOA kann IP- in ATM-Adressen übersetzen, um die Edge Devices zu lokalisieren.

MPOA wurde mehrmals überarbeitet. Die derzeitige Version ist u.a. durch den Einfluß von Bay Networks stark auf das wesentliche reduziert und um neue Aspekte, wie QoS und eine engere Verzahnung mit der LANE, erweitert worden. MPOA nutzt Teile der LANE 2.0, NHRP und UNI 4.0, um ATM-Verbindungen direkt zwischen kommunizierenden Edge Devices aufzubauen.

Hierarchical PNNI

Bay Networks sieht eine Notwendigkeit für Hierarchical PNNI, da es aufgrund der hierarchischen Strukturierung größere vermaschte ATM-Netze erlaubt. Hierarchical PNNI wird derzeit diskutiert und kann nach Einführung von MPOA unterstützt werden.

Interim Local Management Interface 4.0 (ILMI)

ILMI, ein Konfigurationstool, war zuerst Bestandteil der UNI-3.0/3.1-Spezifikation und ist mit ILMI 4.0 in einer eigenen Spezifikation definiert. Bay Networks unterstützt derzeit UNI 3.0 und 3.1, nicht ILMI 4.0. Mit der Zusage des ATM-Forums, daß alle neuen Standards bzw. -erweiterungen rückwärtskompatibel sein, d.h. frühere Versionen unterstützen müssen, wird Bay Networks auch die Hauptbestandteile der ILMI-4.0-Spezifikation unterstützen.

LAN Emulation 2.0

Derzeit ist die LANE v.1.0 in den Komponenten von Bay Networks implementiert. Bay Networks wird Anfang 1998 eine sukzessive Umstellung auf die LAN-Emulation 2.0 vornehmen.

Die LAN-Emulation, Version 2.0, wird hauptsächlich einige Nachteile der LANE 1.0 beheben. Hierzu zählen die bisher nicht standardisierten Funktionen für verteilte LANE Server (LES) und Broadcast and Unknown Server (BUS) sowie Performance- und Sicherheitseinschränkungen durch den Einsatz nur eines BUS für Multicast-Funktionen. Bay Networks hat bereits in seiner LANE-Version 1.0 eine eigene, proprietäre Lösung für das LES/BUS-Problem angeboten. Außerdem wurde bereits eine Vorversion von LANE 2.0 in den Produkten implementiert, die z.B. redundante, verteilte LANE-Services mit Lastausgleich ermöglicht. Die heute vorhandenen Lösungen werden, sofern noch notwendig, an die LANE-2.0-Spezifiaktion angeglichen, so daß Kompatibilität gewährleistet ist.

UNI-Signalisierung 4.0

Bay Networks unterstützt derzeit die UNI-Signalisierung 3.0 und 3.1. In Netzen mit beiden UNI-Versionen übersetzen die Bay-Networks-Komponenten zwischen den UNI-Versionen, so daß Kompatibilität gewährleistet ist. Bay Networks wird UNI 4.0 unterstützen, sobald der Standard verabschiedet ist.

Multicast Address Resolution Server Protocol (MARS)

Bay Networks wird MARS unterstützen, sobald ein Standard vorliegt. MARS wird in Schicht-2-Switches nicht benötigt, sondern erst dann relevant werden, wenn die Bay-Networks-Komponenten Layer-3-Switching unterstützen.

Next Hop Resolution Protocol (NHRP)

NHRP befindet sich in der Entwicklung. Obwohl derzeit noch keine Verabschiedung als Standard erfolgt ist, erachtet Bay Networks NHRP als wichtig und wird NHRP bereits in einer Vorabversion zumindest in der Router-Produktlinie unterstützen. Eine spätere Anpassung erfolgt, wenn der Standard verabschiedet ist.

Traffic Management

Die Traffic Management-Spezifikation (TM) 4.0 wurde durch das ATM-Forum im April 1996 verabschiedet. Sie enthält die neue Definition für die Available Bit Rate (ABR) Services, eine Beschreibung der ATM-Service-Architektur sowie Teile eines früheren Traffic-Management-Konzepts, das Teil der UNI-Version 3.1 war. Die TM-Spezifikation 4.0 umfaßt die folgenden ATM-Service-Kategorien:

- Constant Bit Rate (CBR)
- Real-time (RT) Variable Bit Rate (VBR)
- Non-real-time Variable Bit Rate (VBR)
- Available Bit Rate (ABR)
- Unspecified Bit Rate (UBR)

Bay Networks hat zur ABR-Service-Spezifikation wesentlich beigetragen. Ein Mitarbeiter des Unternehmens leitet derzeit die TM-Arbeitsgruppe „End-to-end traffic management in the IP/ATM internetworks", die sich mit der Entwicklung eines Ende-zu-Ende-Managementsystems und QoS-Unterstützung in Internetworking-Umgebungen, wie LAN/ATM-Netzen, befaßt.

Erste Untersuchungen haben gezeigt, daß mit einfacheren ATM-Steuermechanismen wie Early Packet Discard (EPD) in Internetworking-Umgebungen eine vergleichbare Ende-zu-Ende-Performance wie mit dem allerdings viel komplexeren ABR Explicit Rate Control-Mechanismus erreicht werden kann. Deshalb forciert Bay Networks die Entwicklung solcher einfacheren Alternativen wie UBR mit EPD und/oder ABR-EFCI.

Generell wird Bay Networks die in der Spezifikation TM 4.0 des ATM-Forums definierten ATM Service-Klassen unterstützen. Außerdem werden in die Switchsysteme Centillion 50, Centillon 100 und System 5000BH UBR mit EPD, ABR-EFCI und Warteschlangen für Verkehr mit unterschiedlichen Prioritäten implementiert. Bay Networks stellt derzeit ABR als Microcode-Upgrade für die ATM Routing Engine des BCN-Routers zur Verfügung.

Resource Reservation Protocol (RSVP)

Bay Networks hat seit einiger Zeit mit Stream II+ eine Vorversion von RSVP in seinen ATM-Komponenten implementiert, so daß ein großer Teil der Verkehrsmanagementfunktionen bereits vorhanden und getestet ist. Die endgültige Implementation erfolgte mit der Software-Version BayRS 12.0 im Zuge der Einführung von QoS-Komponenten. Gleichzeitig wird eine Protokollerweiterung von OSPF, Quality of Service Extensions to OSPF (QOSPF), eingeführt. Mit QOSPF wird das gesamte Netz QoS-fähig sein. Wird mit RSVP eine Bandbreitenreservierung signalisiert, können Switch- und Routersysteme im Netz mit QOSPF alle verfügbaren Wege beanspruchen, um diese spezielle Anforderung zu erfüllen. Ohne QOSPF stünden den Routern nur die Wege in ihren bisherigen Routertabellen zur Verfügung.

XIV LAN-ATM-Migration an Beispielen

Generelle Aspekte

Wie reine ATM-Netze auf Basis von Hub-, Switch- und Routersystemen realisiert werden können, wurde in den Beispielen im Produktteil beschrieben. Die Hauptanforderung der meisten Anwender heute ist allerdings nicht der Aufbau einer reinen ATM-Umgebung, sondern die Integration der vorhandenen Shared Media LANs in ein ATM-Backbone-Netz, das sukzessive in den Teilnehmeranschlußbereich erweitert werden kann. Erwartet wird in der Regel außerdem, daß die installierten LAN Hubs und Router weiter genutzt werden können.

Diese Standardsituation und Standardanforderungen können mit den auf dem Markt angebotenen ATM-Komponenten und mit den vorhandenen ATM-Spezifikationen und -Standards unter Kosten- und Technikaspekten zufriedenstellend realisiert werden.

Generell sind drei Lösungswege auf Basis von Standards bzw. Spezifikationen möglich:

- Multiprotocol Encapsulation over ATM (RFC 1483),
- Classical IP over ATM (RFC 1577),
- LAN Emulation (ATM-Forum),

wobei die LANE derzeit die größte Flexibilität bietet.

Standardkonfiguration entsprechend RFC 1483

In einer Konfiguration nach RFC 1483 sind die Shared Media LANs über Router an das ATM-Backbone-Netz angeschlossen (Abbildung 14.1). Die Ethernet- oder Token-Ring-Frames werden entsprechend dem in RFC 1483 definierten Verfahren eingekapselt, in Zellen aufgeteilt, über das ATM-Backbone-Netz übertragen und auf der gegenüberliegenden Seite wieder in das Originalformat zurückgewandelt. Das ATM-Netz dient in diesem Fall ausschließlich als Transportmedium zwischen zwei LAN-Teilnehmern. Die Verbindungen müssen fest eingerichtet werden; Wählverbindungen sind nicht möglich. Auch Kommunikationsvorgänge zwischen LAN-

ATM-Komponenten und ATM-Lösungen

und ATM-Direktteilnehmern, d.h. zwischen einem Teilnehmer in einem verbindungslos und einem Teilnehmer in einem verbindungsorientiert arbeitenden Netz, werden nicht unterstützt.

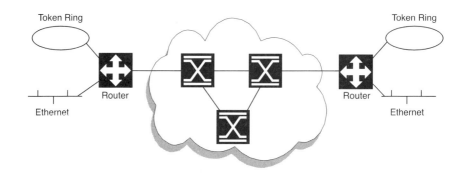

Abbildung 14.1. Konfiguration nach RFC 1483.

Standardkonfiguration entsprechend RFC 1577

Anders sieht es bei einem Netzaufbau entsprechend RFC 1577 (Abbildung 14.2) aus. Hier sind sowohl Fest- und Wählverbindungen als auch LAN-ATM-Kommunikation möglich, allerdings auf die TCP/IP-Protokollfamilie begrenzt.

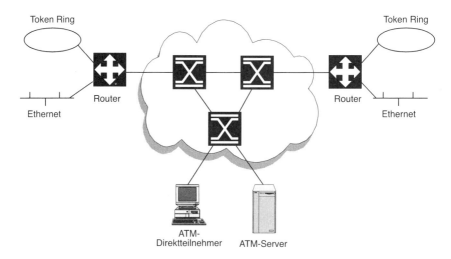

Abbildung 14.2. Konfiguration nach RFC 1577.

LAN-ATM-Migration an Beispielen

Standardkonfiguration entsprechend der LAN-Emulation

Im Vergleich zu den ersten beiden Verfahren bietet die LAN-Emulation den Vorteil, daß sie die verbindungslosen LAN-Dienste im ATM-Netz emuliert, protokolltransparent ist und daß Fest- und Wählverbindungen unterstützt wrden. Damit bietet sie dem Anwender derzeit die größtmögliche Flexibilität. Den Übergang zum Shared Media LAN-Bereich bildet ein Layer-2-Switch als Edge Device, der die LANE Client Software implementiert hat und die Servicefunktionen bereitstellt (Abbildung 14.3). Werden Netzschnittstellenkarten mit integrierter LANE-Client-Funktion verwendet, können die Client-Funktionen direkt im Endgerät implementiert werden.

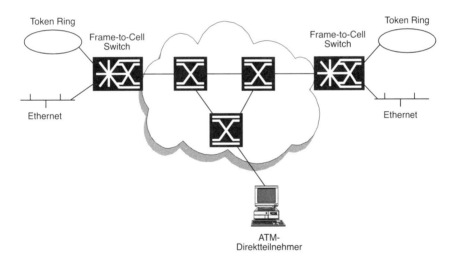

Abbildung 14.3. Konfiguration entsprechend der LAN-Emulation.

Vom Collapsed Backbone auf LAN-Basis zum ATM-Netz

Wie eine Migration auf LANE-Basis im Detail aussehen kann, zeigt das folgende Beispiel.

Ausgangssituation

Als Beispiel für eine schrittweise Migration nach ATM wird im folgenden eine typische LAN-Umgebung betrachtet, die aus einem FDDI-Ring mit 100 Mbit/s im Campus-Backbone besteht, an den mehrere Subnetze über Backbone-Router angeschlossen sind. Der FDDI-Ring selbst ist auf Lichtwellenleiter-Basis mit einer Entfernung von etwa 500 m zwischen den Routern ausgelegt. Die Verbindungen der Ethernet- und Token-Ring-Subnetze im Tertiärbereich zwischen Verteilerraum und Router sind kürzer als 100 m. Alle Server sind zentral aufgestellt und an die Router angekoppelt (Abbildung 14.4).

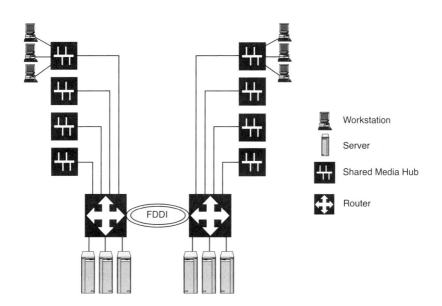

Abbildung 14.4. Ausgangssituation Collapsed Backbone mit FDDI und Ethernet- und Token-Ring-Segmenten auf der Etage.

LAN-ATM-Migration an Beispielen

Aufgrund neuer Applikationen und neuer Kommunikationsstrukturen sollen Abteilungsserver eingeführt und die unternehmensweiten Server direkt im Backbone eingebunden werden. Die Bandbreite des FDDI-Backbones wird durch die wachsende Teilnehmerzahl und durch bandbreitenintensive Applikationen überschritten, weshalb im Backbone ATM eingeführt wird. Die LAN-Technologien (Ethernet und Token Ring) in den Subnetzen bleiben aus Gründen des Investitionsschutzes erhalten.

Migrationsschritt 1

Da die Ethernet- und Token-Ring-LANs auf den Etagen unverändert genutzt werden sollen, bietet sich der Einsatz eines Multi-LAN/ATM-Switches, z.B. vom Typ System 5000BH oder Centillion 100, als Vorschaltung für die Router im Backbone an. Der Vorteil eines kombinierten LAN/ATM-Switches in dieser Anwendung ist, daß er sowohl Anschlußmöglichkeiten für die vorhandenen Ethernet- und Token-Ring-LANs bietet als auch zum Aufbau des ATM-Backbone-Netzes verwendet werden kann. Dadurch kann die gesamte Netzumgebung auf Basis eines einheitlichen Komponententyps realisiert und überwacht werden. Da die LAN/ATM-Switches die LANE unterstützen, können alle vorhandenen Protokolle transparent übertragen werden, wodurch die vorhandene Protokollstruktur ohne Änderung beibehalten werden kann.

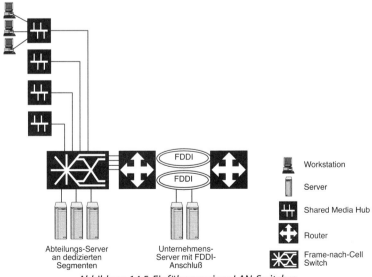

Abbildung 14.5. Einführung eines LAN-Switches.

ATM-Komponenten und ATM-Lösungen

LAN-Switching entlastet zunächst alle Teilsegmente. Die Schlüsselressourcen, wie Abteilungsserver und Backbone-Router, können dediziert an die einzelnen Switchports angebunden werden. Das Backbone-Netz wird dadurch wieder skalierbar, die Router werden von der abteilungsinternen Netzlast entkoppelt und somit entlastet (Abbildung 14.5).

Investitionsschutz ist dadurch gegeben, daß keine der installierten Komponenten entfernt bzw. ersetzt werden muß. Der Switch stellt in den Subnetzen in dieser ersten Ausbauphase zwar nur Frame-Switchingfunktionen bereit, dem Anwender steht aber dadurch, daß ein LAN-Switch mit ATM-Kern eingesetzt wird, jede Ausbaumöglichkeit in Richtung ATM offen. Die vorhandenen unternehmensweiten Server können durch Austausch der Anschlußkarte mit 100 Mbit/s direkt im FDDI-Ring eingebunden werden (Abbildung 14.5).

Migrationsschritt 2

Der nächste Schritt dient in erster Linie dem sukzessiven Ausbau des ATM-Backbone-Netzes als Ergänzung zum vorhandenen FDDI-Backbone (Abbildung 14.6). Dadurch erhöht sich die im Backbone zur Verfügung stehende Bandbreite um das Dreifache (Vollduplexbetrieb mit 155 Mbit/s im Vergleich zu 100 Mbit/s bei FDDI). Ein redundanter Lastausgleich ist gewährleistet, und die Anzahl der Router-Hops zwischen Client und Server ist auf einen einzigen Hop reduziert, was sich positiv auf die Ende-zu-Ende-Verzögerung auswirkt. Da die ATM-Switching-Technologie mit dem LAN/ATM-Switch eingeführt und über eine der entsprechenden Centillion-Betriebsarten der Vermittlungssysteme verbunden ist, können sukzessive Teilnehmeranschlußmodule installiert und schrittweise mit den Endgeräten bzw. Servern oder Hubs verbunden werden. Ein Parallelbetrieb des ATM- und FDDI-Backbones erleichtert den Übergang.

Migrationsschritt 3

Tauchen in dieser Phase neue Performance-Engpässe im Sekundär- oder Tertiärbereich auf, können die gleichen Systeme als Ergänzung im nächsten Schritt in die einzelnen Gebäude- bzw. Verteilerräume eingebracht werden. Als Sammelpunkt im Gebäudeverteiler bzw. auf Etagen mit gemischten Ethernet/Token-Ring-Segmenten und Bedarf an unterschiedlichen Anschlußtypen, z.B. 10/100-Mbit/s-Ethernet oder 4/16-Mbit/s-Token-Ring, eignen sich die modularen LAN/ATM-Switches Centillion 100 und System 5000BH, weil sie flexibel mit Modulen bestückt werden können.

LAN-ATM-Migration an Beispielen

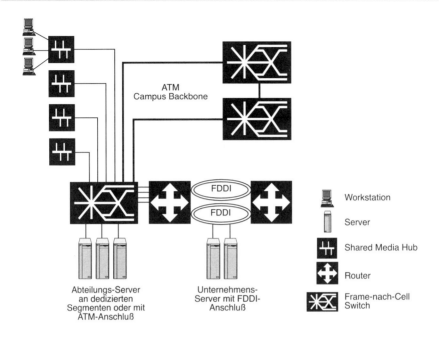

Abbildung 14.6. Schrittweiser Ausbau des ATM-Backbone-Netzes bei weiterer Nutzung des vorhandenen FDDI-Backbones.

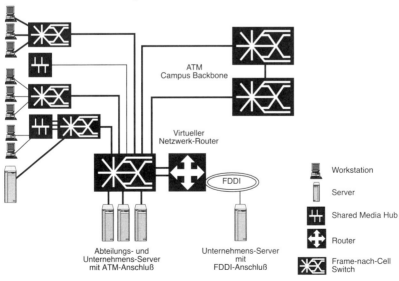

Abbildung 14.7. Ausbau virtueller Netze und Einführung von ATM in den Etagenverteilern.

ATM-Komponenten und ATM-Lösungen

In Netzen mit weniger Teilnehmern bzw. in reinen Ethernet- oder reinen Token-Ring-Umgebungen bieten die Centillion-Workgroup-Switches Centillion 50T und Centillion 50N eine kostengünstige Möglichkeit, ATM- und Frame-Switching bis in die Etagenverteiler zu bringen. Beide Workgroup-Switches arbeiten nach dem Centillion-Prinzip, d.h. haben einen ATM-Kern und entweder Ethernet- (Centillion 50N) oder Token-Ring- (Centillion 50T) Frame-Switching-Funktionalität.

In allen Fällen ist es möglich, jeden Teilnehmer entweder direkt über eine dedizierte 10-Mbit/s-Ethernet- bzw. 4/16-Mbit/s-Token-Ring-Verbindung an den Switch anzuschließen oder aber in Umgebungen mit weniger Bandbreitenbedarf pro angeschlossenem Teilnehmer die LAN-Segmente beizubehalten und den LAN Hub über eine dedizierte Verbindung mit dem LAN/ATM-Switch zu koppeln.

Die Endgeräte können mit Hilfe der LAN-Emulation direkt auf die im ATM-Netz angeschlossenen Server zugreifen, und die notwendige Bandbreite ist beliebig zuteilbar. In dieser Situation bieten sich dem Anwender alle Möglichkeiten, ATM, sofern benötigt, bis zum Teilnehmer zu bringen. Hierfür müssen die Centillion-Switches einfach nur mit dem entsprechenden ATM-Anschlußmodul ausgerüstet werden.

Zum Backbone hin werden die Etagen/Verteiler-Switches über eine 155-Mbit/s-ATM-Verbindung oder über Frame-Switching-Verbindungen angeschlossen (Abbildung 14.7).

Ein weiterer wesentlicher Vorteil bietet in diesem Stadium der Aufbau virtueller Netze mit Hilfe der LAN-Emulation, der einzigen bis heute standardisierten VLAN-Technologie, und die Einteilung der Teilnehmer in physikalisch voneinander unabhängige Arbeitsgruppen. Zur Kommunikation der einzelnen LANs untereinander wird der vorhandene Backbone-Router mit einem VNR/ATM-Interface ausgerüstet und direkt an das ATM-Backbone angebunden, wo er die Funktion des virtuellen Networking Routers übernimmt. Der virtuelle Networking Router dient gleichzeitig als Router zwischen herkömmlichen Ethernet- und Token-Ring-LANs sowie als performanter Übergang zu den Restbeständen des alten FDDI-Ringes, wo eventuell noch einige unternehmensweite Server oder aber ältere Systeme ohne ATM-Interface installiert sein können.

Migrationsschritt 4

Das wachsende ATM-Backbone-Netz kann jetzt, da ein modularer LAN/ATM-Switch eingesetzt wurde, sukzessive weiter mit ATM-Schnittstellenmodulen aus-

LAN-ATM-Migration an Beispielen

gebaut werden, um die reinen ATM-basierenden Ressourcen zu bedienen. Gleichzeitig können über entsprechende Einschübe weitere Technologien, wie Routing oder Remote Access, eingeführt werden (Abbildung 14.8).

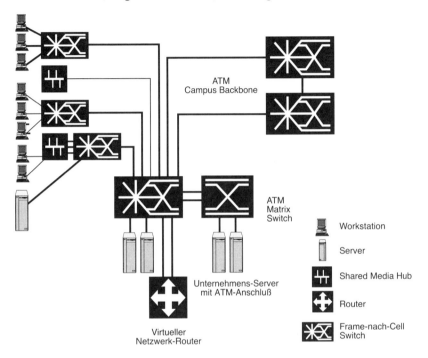

Abbildung 14.8. Überführung des Backbone-Netzes in eine reine ATM-Umgebung.

In dieser Ausbaustufe ist es möglich, alle Komponenten unternehmensweit in verschiedene logische Gruppen einzuteilen und über das Netzmanagement-Werkzeug Optivity einheitlich zu steuern und zu überwachen. Die Teilnehmer können wahlweise im Shared Media LAN bleiben, dedizierte Verbindungen mit 10-Mbit/s- oder 100-Mbit/s-Fast-Ethernet bzw. mit 4- oder 16-Mbit/s-Token-Ring erhalten oder aber direkt mit 155 Mbit/s im ATM-Netz eingebunden werden. Die Wahl des Anschlusses ist letztlich von den Anforderungen der Nutzer abhängig. Aufgrund der eingesetzten Multi-LAN/ATM-Komponenten kann ein abgestuftes Bandbreitenkonzept vom Backbone bis zum einzelnen Teilnehmer realisiert und das Netz so individuell auf jeden einzelnen Teilnehmer bzw. jede Anwendung zugeschnitten werden. Der Netzverantwortliche hat genügend Freiheiten und Möglichkeiten, um sich für die nächsten Jahre das optimale Netz einzurichten.

ATM-Komponenten und ATM-Lösungen

Migrationsschritt 5

Zwei Trends werden eine erneute Weiterentwicklung der beschriebenen Netze mit sich bringen (Abbildung 14.9). Zum einen wird die Ausdehnung von Client/Server-Applikationen in den Backbone-Bereich, hervorgerufen durch das Aufkommen immer leistungsfähigerer Server, sowie die Benutzung des Internets oder von Web-Browsern für die unternehmensinterne Kommunikation (Intranet-Applikationen) zu einer erheblichen Zunahme des Verkehrs im Gesamtnetz führen. Die alte 80/20-Regel, die besagt, daß 80 % des Client/Server-Verkehrs lokal, d.h. im Segment, und 20 % im Backbone-Netz anfallen dürfen, wird dann keine Gültigkeit mehr haben. Zum anderen steigt die Bandbreitennutzung durch die neuen Multimedia-Anwendungen, die eine weitere Anforderung – die nach Quality-of-Service von Ende-zu-Ende, und somit im LAN- und ATM-Netzbereich – mit sich bringen.

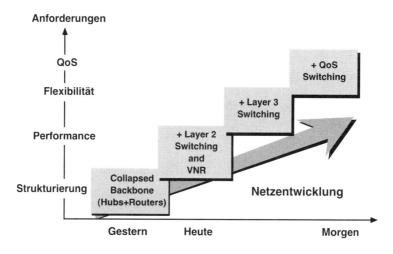

Abbildung 14.9. Netzentwicklung: Ausblick.

Die oben beschriebenen Lösungsansätze stoßen bei der Forderung nach sehr hoher Bandbreite im Gesamtnetz (und nicht nur in einzelnen Netzbereichen) sowie nach Quality-of-Service an ihre Grenzen. Die LAN-Emulation ist zwar im Hinblick auf ihre Protokolltransparenz und die Einrichtung von virtuellen Fest- und Wählverbindungen sehr flexibel, die Verwendung des virtuellen Networking Routers für die Weiterleitung des Inter-VLAN-Verkehrs kann aber leicht zum Engpaß werden, vor allem dann, wenn die Zahl der VLANs und die Anforderung an die Performance erheblich steigen.

LAN-ATM-Migration an Beispielen

Dieses Problem wird mit der Implementation des neuen Standards Multiprotocol over ATM (MPOA) als Ergänzung zur LAN-Emulation in die ATM-Komponenten gelöst. Dann stellen die Bay-Networks-Switches neben Schicht-2- auch Switching-Funktionen auf Schicht 3 bereit. MPOA integriert die Paketweiterleitung, die bisher in jedem Router im Netz erfolgte, in den ATM-Switch. Dadurch verringert sich die Gesamtverzögerung in einem Multiprotokollnetz, weil sich die Anzahl der Transitpunkte, an denen die Paketweiterleitungsfunktion bereitgestellt werden muß, reduziert. Außerdem kann mit MPOA ein LAN-Endgerät direkt mit der ATM-Umgebung kommunizieren, ohne ein System mit Routingfunktion passieren zu müssen.

Aufgrund des Architekturprinzips der Bay-Networks-Komponenten können die MPOA-Funktionen einfach über Software-Upgrades in die bereits installierten Komponenten implementiert werden. Die MPOA-Client-Software wird in den LAN/ATM-Switches, die MPOA-Server-Software im Virtual Networking Router (VNR) implementiert. Der VNR kann ein Stand-alone-Router, z.B. Backbone Node Router (BN), oder ein Routermodul im Multi-LAN/ATM-Switch System 5000 sein. Dieses Architekturprinzip sichert dem Anwender maximale Investitionssicherheit und Flexibilität.

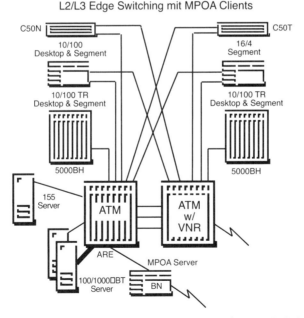

Abbildung 14.10. Ausbau des ATM-Netzes mit MPOA und Layer-2/3-Switching.

Ein weiterer Punkt, der in Zukunft berücksichtigt werden muß, ist die Bereitstellung von Quality-of-Services (QoS). Das Thema Quality-of-Services ist mit dem Aufkommen verzögerungssensitiver und geschäftskritischer Multimedia-Anwendungen aufgekommen. Während ATM QoS von sich aus bereitstellt, müssen für die lokalen Netze Wege für eine Bandbreitenreservierung und QoS-Bereitstellung gefunden werden. Denn daß ATM wegen der QoS-Anforderung in allen Netzbereichen eingeführt wird, ist wenig wahrscheinlich. Zur Übertragung von Verkehrsströmen mit QoS-Anforderungen von Ende zu Ende im LAN- und ATM-Netzbereich werden Bandbreitenreservierungsprotokolle wie RSVP eingesetzt. Bay Networks wird RSVP sukzessive in seinen Komponenten implementieren.

Anhang

Abkürzungen

AAL	ATM Adaptation Layer
ABR	Available Bit Rate
ACM	Address Complete Message
ACT	Activity Bit
AMI	Alternate Mark Inversion
ANI	Automatic Number Identification
ANM	Answer Message
ANSI	American National Standards Institute
API	Application Programming Interface
ARE	All Routes Explorer
ARP	Address Resolution Protocol
ASIC	Application Specific Integrated Circuit
ATD	Asynchronous Time Division
ATM	Asynchronous Transfer Mode
ATMARP	ATM Address Resolution Protocol
AUU	ATM User-to-User
B-ICI	Broadband Inter Carrier Interface
B-ICI SAAL	B-ICI signaling ATM Adaptation Layer
B-ISDN	Broadband Integrated Services Digital Network
B-ISUP	Broadband ISDN User's Part
BCD	Binary Coded Decimal
BECN	Backward Explicit Congestion Notification
BER	Bit Error Rate
BGP	Border Gateway Protocol
BIP	Bit Interleaved Parity
BISDN	Broadband Integrated Services Digital Network
BN	Bridge Number
BOOTP	Bootstrap Protocol
CAC	Connection Admission Control
CBR	Constant Bit Rate
CBR interactive	Constant Bit Rate interactive
CBR non-interactive	Constant Bit Rate non interactive
CCITT	Commité Consultatif International de Téléphone et Télégraphique
CCR	Current Cell Rate
CDT	Cell Delay Tolerance
CDV	Cell Delay Variation
CDVT	Cell Delay Variation Tolerance
CEI	Connection Endpoint Identifier
CER	Cell Error Ratio
CES	Circuit Emulation Service
CI	Congestion Indicator
CIP	Carrier Identification Parameter
CIR	Committed Information Rate
CL	Connectionless
CLNAP	Connectionless Network Access Protocol

Anhang

CLNP	Connectionless Network Protocol
CLNS	Connectionless Network Service
CLP	Cell Loss Priority
CLR	Cell Loss Ratio
CLS	Connectionless Server
CLSF	Connectionless Service Function
CME	Component Management Entity
CMI	Coded Mark Inversion
CMIP	Common Management Interface Protocol
CMR	Cell Misinsertion Rate
CNM	Customer Network Management
CO	Connection Oriented
COD	Connection Oriented Data
COS	Class of Service
CPCS	Common Part Convergence Sublayer
CPE	Customer Premises Equipment
CPG	Call Progress Message
CPI	Common Part Indicator
CPN	Customer Premises Network
CPN	Calling Party Number
Crankback IE	Crankback Information Element
CRC	Cyclic Redundancy Check
CS	Convergence Sublayer
CS	Carrier Selection
CSI	Convergence Sublayer Indication
CSU	Channel Service Unit
CTD	Cell Transfer Delay
CTV	Cell Tolerance Variation
DA	Destination MAC Address
DA	Destination Address
DCC	Data Country Code
DCE	Data Communication Equipment
DLC	Data Link Control
DLCI	Data Link Connection Identifier
DS-0	Digital Signal, Level 0
DS-1	Digital Signal, Level 1
DS-2	Digital Signal, Level 2
DS-3	Digital Signal, Level 3
DS3 PLCP	Physical Layer Convergence Protocol
DSU	Data Service Unit
DTE	Data Terminal Equipment
DXI	Data Exchange Interface
EFCI	Explicit Forward Congestion Indication
ELAN	Emulated Local Area Network
EMI	Electromagnetic Interference
EOM	End of Message
FC	Feedback Control
FCS	Fast Circuit Switching

FCS	Frame Check Sequence
FDDI	Fiber Distributed Data Interface
FEC	Forward Error Correction
FERF	Far End Receive Failure
FRS	Frame Relay Service
GAP	Generic Address Parameter
GFC	Generic Flow Control
GRC	Generic Reference Configuration
HDB3	High Density Bipolar 3
HDLC	High Level Data Link Control
HEC	Header Error Control
HEC	Header Error Check
HLPI	Higher Layer Protocol Identifier
HOL	Head of Line
IDU	Interface Data Unit
IE	Information Element
IEC	Inter-exchange Carrier
IEEE	Institute of Electrical and Electronics Engineers
IETF	Internet Engineering Task Force
ILMI	Interim Link Management Interface
ILMI	Interim Local Management Interface
IOP	Interoperability
IP	Internet Protocol
Ipng	Internet Protocol Next Generation
ISO	International Organization for Standardization
ITU	International Telecommunications Union
IUT	Implementation Under Test
IWF	Interworking Function
IWU	Interworking Unit
JPEG	Joint Photographic Experts Group
LAG	Local Address Groups
LAN	Local Area Network
LANE	Local Area Network Emulation
LAPD	Link Access Procedure D
LB	Leaky Bucket
LD	LAN Destination
LE	LAN Emulation
LE_ARP	LAN Emulation Address Resolution Protocol
LEC	LAN Emulation Client
LEC	Local Exchange Carrier
LECID	LAN Emulation Client Identifier
LECS	LAN Emulation Configuration Server
LES	LAN Emulation Server
LLC	Logical Link Control
LLC/SNAP	Logical Link Control/Subnetwork Access Protocol
LMI	Layer Management Interface
LOC	Loss of Cell delineation

LOF	Loss of Frame
LOS	Loss of Signal
LSB	Least Significant Bit
LSR	Leaf Setup Request
MAC	Medium Access Control
MBS	Maximum Burst Size
MCR	Minimum Cell Rate
MCTD	Mean Cell Transfer Delay
MIB	Management Information Base
MIR	Maximum Information Rate
MMF	Multimode Fiberoptic cable
MPC	MPOA Client
MPEG	Motion Picture Experts Group
MPS	MPOA Server
MSB	Most Significant Bit
MSN	Monitoring Cell Sequence Number
MSVC	Meta-signaling Virtual Channel
NBMA	Non-Broadcast Multi-Access-Adressen
NEBIOS	Network Basic Input/Output System
NHC	Next Hop Clients
NHRP	Next Hop Resolution Protocol
NMS	Network Management System
NNI	Network to Network Interface
NPC	Network Parameter Control
NSAP	Network Service Access Point
NSP	Network Service Provider
NT	Network Termination
OAM	Operations, Administration and Maintenance
OSI	Open systems Interconnection
OSPF	Open Shortest Path First
P-NNI	Private Network to Network Interface
PAD	Packet Assembler and Disassembler
PBX	Private Branch eXchange
PCM	Pulse Code Modulation
PCR	Peak Cell Rate
PD	Packetization Delay
PDH	Plesiochronous Digital Hierarchy
PDU	Packet Data Unit
PDU	Protocol Data Unit
PHY	Physical Layer of the OSI model
PHY	Physical Layer
PL	Physical Layer
PLL	Phase Locked Loop
PLPC	Physical Layer Convergence Protocol
PM	Physical Medium
PMD	Physical Layer Dependent sub-layer
POH	Path Overhead
POI	Path Overhead Indicator

PT	Payload Type
PTI	Payload Type Identifier
T1S1	ANSI T1 Subcommittee
TB	Transparent Bridging
TC	Transmission Convergence
TCP	Transmission Control Protocol
TCP/IP	Transmission Control Program/Internet Protocol
TCS	Transmission Convergence Sublayer
TDM	Time Division Multiplexing
TE	Terminal Equipment
TLV	Type-Length Value-Encoding
TM	Traffic Management
TM SWG	Traffic Management Sub-Working Group
UBR	Unspecified Bit Rate
UDP	User Datagram Protocol
UNI	User Network Interface
UPC	Usage Parameter Control
UTP	Unshielded Twisted Pair cable
VBR	Variable Bit Rate
VBR delay sensitive	Variable Bit Rate delay sensitive
VC	Virtual Channel (Virtual Circuit)
VC-Multiplexing	Virtual Channel Multiplexing
VCC	Virtual Channel Connections
VCI	Virtual Circuit Identifier
VCI	Virtual Connection Identifier
VCI	Virtual Channel Identifier
VLAN	Virtual Local Area Network
VP	Virtual Path
VP/VC	Virtual Path, Virtual Circuit
VPC	Virtual Path Connection
VPCI/VCI	Virtual Path Connection Identifier/Virtual Channel Identifier
VPI	Virtual Path Identifier
VS	Virtual Scheduling
WAN	Wide Area Network
XNS	Xerox Network Systems

Anhang

Index

SYMBOLE

10-Bit-Symbole	92
25-Mbit/s-ATM	250
4-Bit-/5-Bit-Konvertierung	89
4-Bit-Kode-Gruppen	89
4B/5B-Kodierung	88
4B/5B-Schnittstelle	88
5-Bit-Einheiten	89
5-Bit-Kode-Gruppe	89
8B/10B-Schnittstelle	92

A

AAL	
Diensttyp 2	147
Diensttyp 3/4	148
Diensttyp 5	152
Verbindung	118
ABR in 4.0	133
ABR-Service-Spezifikation	282
ABR-Signalisierung	131
Administrative Unit (AU)	56
Adreßauflösung	170
Adreßauflösungsprozeß	179
Adreßregistrierung	116
Adressierungsschema	46
ARE-Link-Modul	255
ARE-Prozessormodul	255
ARE/VNR Software Suite	254
ATM	
25 Mbit/s	249
Access Concentrator	261
Adaptionsschicht	36, 38, 143
Adreßformate	115
Adresse	116, 172, 198
Anpassung	87
Anwendungen	25
Anycast	131
Backbone	244, 291
Backplane	208, 224f.
Bitübertragungsschicht	53
Bridging	161

ATM
- Durchgangssysteme 171
- Edge-System 197
- Einrichtung 101
- Endgeräte 171
- Fehlermanagement 277
- Format an einer 4B/5B-Schnittstelle 91
- Format der ATM-Zelle 98
- Format des ATM-Zellkopfes 99-100
- Forum 112
- GIGArray 212, 229
- Grundprinzip 17
- Gruppenadressierung 132
- Hub 205
- Kanäle, virtuelle (VCCs) 166
- Managementeinheit 126
- Netze 25
- Netzmanagementsystem 269
- Plazierung der ATM-Zelle im DS-3-Rahmen 86
- Port-Adresse 115
- Protokoll-Referenzmodell 35
- Router 205
- Routing Engine 254
- Schicht 37, 95
- Service-Kategorien 282
- Standards 279
- Speed-Modul 214, 237f., 238
- Switch-Gruppen 235
- Switching Hub 205
- Switching-Tabellen 215
- Switchsysteme 205, 262
- Übertragung des ATM-Zellenformats über DS-3-Schnittstelle 85
- Verbindung 113
- Verkehrsmanagement 128
- WAN-Zugangssysteme 261
- Zellen 82
- Zellstruktur an der 4B/5B-Schnittstelle 90
- Zellstruktur an der 8B/10B-Schnittstelle 92
- Zellstruktur an einer DS-3-Schnittstelle 84
- Zugangsmultiplexer 266

Automatische Switch-Erkennung 271
Available Bit Rate (ABR) 134, 282

B

Backbone Node Router (BN)	295
Backbone	
Lösung	208
Netz	206
Node-Router	253
Switch	223
Banyan-Koppelnetz	30
Basis-Transportmodul	79
Basisrate bei SDH	79
Batcher-Banyan-Koppelnetz	32
Batcher-Koppelnetz	31
Betriebsarten	221, 239
Bit Interleaved Parity	65
Bitübertragungsschicht (Physical Layer)	38
Bridge Group	218, 233, 243
Bridging-Verfahren	248
Broadcast	248
Domain	166
Verkehr	273
Broadcast and Unkown Server (BUS)	173
Bussystem, zentrales	28
Byte Path Overhead	61
Byte Section Overhead	61

C

Call Admission Control (CAC)	140
Carrier-Netze	263
Cell Delineation	73, 78
Cell Discarding	109
Cell Header Error Control- (HEC-) Byte	79
Cell Loss Priority-Wert (CLP)	105
Cell Switches	205
Cell Switching	20
Cell Switching Hub	205
Cell Tagging	105, 128
Cellerator	224
Cellerator-Koppelnetz	208
CellManager	208, 224
Centillion 50	205
Centillion Circuit Mode	239
Centillion Turbo Mode	240
Centillion100	205, 207
Centillion50N	241

Centillion50T	246
Circuit Mode	221
Circuit Saver Mode	212, 221, 229
Classical IP over ATM	162
Classical IP over ATM (RFC 1577)	159, 285
Client-Registrierung	114
Collapsed Backbone	253, 288
Common Management Bus (CMB)	236
Concatenated	73
Congestion Control Messages	112
Congestion Indication Bit	108
Constant Bit Rate (CBR)	134
Container	56, 80
Convergence Sublayer (CS)	37, 144f.
Crankback	141

D

Data Country Code (DCC)	115
Datenbank, objektorientierte	274
Datensymbol	91
Datentransfer	179
Datenverbindungen	176
Datenweiterleitung	170
Delta	27
Delta-Koppelnetz	32
Designated Transit List (DTL)	140
Dienste der ATM-Adaptionsschicht	39
Dienstklassen	39
Dienstklassen und Verkehrsanforderungen	144
Diensttyp 1	144
Domain View	276
DS-1-Schnittstelle	82
DS-1-Dienst	82
DS-3-Dienst	82
DS-3-Rahmen	82
DS-3-Schnittstelle	82
DS-3-Standardrahmen	82
DS-3-Unterrahmen	82
DS-3-Verbindung	73, 82
DS-3-Verbindungsprotokoll	83, 85
DS-3-Zellkopf	84
Durchsatz, mittlerer erreichbarer	110

E

E.164-Adresse	115
E1-Kanäle	87
E1-Signal	86
E2-Kanal	87
E3-Kanal	87
E3-Übertragungsrahmen	87
E4-Signal	86
Echtzeit-Anwendungen	26
Edge Devices	201
Egress MPC	197
Egress MPS	196
Eins- und Null-Bit	38, 101
Emuliertes LAN (ELAN)	165, 172f.
Endeinrichtungen, ungesteuerte	102
Endpunkt- und Durchgangssysteme	95
Enterprise Command Center	277
Entfernung des Zellkopfes	107
Entkopplung der Zellenrate	107
Erweiterungssteckplatz	242
Ethernet/ATM-Switch	241
Expanded View	277

F

FDDI-Schnittstelle	88
Fehlerstatistiken	277
Festverbindung	95
Filter	248
Flow Layer	183
Flußkontrolle	97
Format des ATM-Zellkopfes	99f.
Format der ATM-Zelle	98
Frame Switching	20
Frame Switching Hub	205
Frequenzeinstellung	66

G

Generic Call Admission Control (GCAC)	140
Generic Flow Control	97
Generic Flow Control-Feld (GFC)	101

Generierung des Zellkopfes	97
Generierung und Anfügen der Header-Informationen	38
Gesteuerte Endeinrichtungen	101
Gigabit-Ethernet-Umgebungen	21
GIGArray	274

H

HDB3-Code (High Density Bipolar 3)	87
Header Error Control-Feld (HEC)	106
Hierarchical PNNI	280
Hierarchiebildung in einem PNNI-Netz	139
Hochleistungsarbeitsgruppen	244

I/J

ILMI 129	
Funktionen	129
Spezifikation	130
Imband- oder Außerband-Management	271
Informationsfluß durch die OSI-Protokollfamilie	51
Ingress MPC	195
Ingress MPS	196
Initialisierung	170, 177
Integrierte Switch-Steuerung	210
Interframe Gap	75
Interim Local Management Entity	103
Interim Local Management Interface	129
Interim Local Management Interface 4.0 (ILMI)	281
International Code Designator (ICD)	115
Intersubnetz-Kommunikation	201
Investitionsschutz	208, 290
ITU-T Q.93B-Empfehlung	112
JK-Symbolpaar	91

K

Kalkulation	63
Kalkulation bei einem SONET-STS-3c-Rahmen	74
Komponentenmanagementsystem	269
Konfiguration	272
Konfigurations-, Performance- und Fehlerstatistiken	277
Konfigurationsflüsse	192

Anhang

Konfigurationsmanagement	274
Konzentratoren (Hubs)	205
Koppelnetz	27
Koppelnetze, räumliche	29

L

LAN	
Emulation (ATM-Forum)	159, 285
Emulation 2.0	281
Emulation Client (LEC)	166, 171
Emulation Configuration Server (LECS)	166, 172
Emulation Network-Network-Interface Protokolle (LNNI)	182
Emulation Server (LES)	166, 173
Emulation User to Network Interface (LUNI)	168
ATM-Internetworking-Ansätze	185
ATM-Migration	285
Emulation	216, 230, 243
Emulation, Version 1.0	163
Emulation, Version 2.0	182
Emulationsdienst	166
ATM-Switches	206
LANE	
Basiskonzept	165
Clients	172
Dienste	169, 171
Komponenten	171, 174
Schicht	167
Schichtenmodell	167
Spezifikation des ATM-Forums	165
Verbindungen	174
LANET-Protokoll	263, 267
LECS-Konfigurationsdatenbank	172
LECS-nach-LES	184
Leerzellen	108
LE_ARP-Request	176
LE_ARP-Response	176
Line Framing	82
Line Overhead	59, 66
Link-State-Routing-Protokoll	137
LLC-Encapsulation	160
LLC/SNAP-Encapsulation	191
Local Management Interface	116
Logische MPOA-Komponenten	188
Lokale Netze	18
LUNI-Funktionen	182

M

Management Information Base (MIB)	129
Managementfunktionen der ATM-Schicht	125
Managementinformationsstrom	126
Master Control Processor (MCP)	210, 236
Media Operating Software (MOS)	250
Mehrpunkt-zu-Mehrpunkt-Verbindungen	24, 96
Message Mode Service	149
MIB-Erweiterung	272
MPC	
MPC-Datenflüsse	192
MPC-Steuerungsflüsse	192
MPS-Steuerungsflüsse	192
NHC-Datenflüsse	192
MPOA	185, 280
Clients (MPCs)	186, 188
Datenverkehr	191
Edge Device	190
Funktionen und -Dienste	194
Funktionsprinzip	198
Informationsflüsse	192
Kompententyp	194
Server	189
Server (MPS)	186
Server-Software	295
Steuerungsinformationen	191
MPS-MPS-Steuerungsflüsse	192
Multi-LAN/ATM-Switch	206
Multi-Service-Plattform	264
Multicast	182
Multicast Address Resolution Server Protocol (MARS)	281
Multicast-Pakete	180
Multimedia-Arbeitsgruppen	244
Multimedia-Switch	244, 249
Multiplexen	79
Multiplexer, statistischer	262
Multiplexer, synchroner	56
Multiplexen und Demultiplexen von Zellen	107
Multiplexstruktur nach CCITT	56
Multiprotocol Encapsulation over ATM (RFC 1483)	159, 285
Multiprotocol over ATM (MPOA)	185, 280
Multiservice-Switch	264
MX200	261

Anhang

N

NETarchitect	274
Configuration Editor	274
File Manager	274
Security Editor	274
Netz-Netz-Schnittstelle (NNI)	42, 100
Netzentwicklung	294
Netzüberlast	111
Netzzentrum	243, 259
Next Hop Resolution Protocol (NHRP)	185, 187, 282
Next Hop Server	197
Non Real-time VBR-Services (nrt-VBR)	134
Nutzerdaten	104
Nutzlast	18
Nutzlast (Payload)	59
Nutzlast in einem SONET-STS-1-Rahmen	67
Nutzlastreihe	68
Nutzlasttyp	104

O

Objektorientierte Datenbank	274
OmniView	277
Open Shortest Path First (OSPF)	137
Optical Carrier Signaling (OC)	56, 79
Optivity	269
Optivity Campus	269
Optivity Enterprise	269
Optivity Workgroup	269
Overhead-Informationen	62

P

Paketweiterleitung	186
Parity Byte	55
Path Overhead	59, 66
Path Overhead Offset	65
Path Overhead Pointer	65
Payload Indicator	105
Payload Type-Feld (PT)	104
Peak Cell Rate (PCR)	110
Peer Group (PG)	137

Peer Group Identifiers (PGIDs)	137
Peer Group-Bildung in einem PNNI-Netz	138
Performance-Analysen	277
Performance-Statistiken	277
Permanent Virtual Circuits (PVC)	95
Physical Layer Operations, Administration and Maintenance Cell (PLOAM)	92
Physical Line Convergence Protocol	82
Physical Medium Dependent Sublayer	53
Physikalischen Schnittstellen	54
Plazierung der ATM-Zelle im DS-3-Rahmen	86
Plazierung der Nutzlast im SONET-STS-1-Rahmen	69
Plazierung der Nutzlast im SONET-STS-3c-Rahmen	76
PLCP-Zellenanpassung	87
Plesiochronous Digital Hierarchy (PDH)	55, 86
PLOAM-Zelle	93
PNNI Topology State Elements (PTSEs)	139
PNNI-Charakteristika	135
Pointer	56
Pointer-Bytes	66
Positives/negatives Stopfen	64
Private Network to Network Protocol (PNNI)	135, 279
Private SONET-Netze	67
Proxy Signaling Agent (PSA)	132
Prüfsumme	66
Punkt-zu-Mehrpunkt-Verbindungen	24, 96
Punkt-zu-Punkt-Verbindungen	24, 96

Q

Q.2931-Signalisierung	269
Quality of Service Extensions to OSPF (QOSPF)	283
Quality-of-Service (QoS)	134, 140, 181
Parameter	131
Unterstützung	263, 267

R

Rahmenjustierung	66
Räumliche Koppelnetze	29
Raummultiplex	27
Real-Time Variable Bit Rate (rt-VBR)	134
Redundante Verbindungen	213, 230
Regenerator Section Overhead (RSOH)	55
Registrierung	170, 178

Anhang

Resource Reservation Protocol (RSVP)	283, 296
Rezirkulation	27
Rezirkulations-Architektur	33
Routing	256
Routing Protokoll-Interaktion	197

S

SAR Protocol Data Unit	147
SAR-Nutzlast	147
SAR-Schicht	147
Schnittstellen, physikalische	54
SCSP-Layer	184
SDH	79
Geschwindigkeitsstufen	79
Rahmen	80
Section Overhead	59, 65
Section und Line Overhead	65
Segmentation and Reassembly Sublayer (SAR)	37, 144, 146, 150
Segmentation and Reassembly-Einheit (SAR)	209, 225
Server-Architektur	183
Server-Server-Referenzmodell	183
Service Data Unit (SDU)	104
Service-specific Connection-Oriented Protocol (SSCOP)	111
Shared Bus-Konzepte	28
Shared Memory-Konzepte	28
Shortcut-Verbindung	189
Shortcuts	186
Signalisierungsfunktionen	112
Signalisierungsprozeduren	114
Signalling Adaptation Layer	114
Simple Network Management Protocol (SNMP)	130, 269
Slotted-cell Bus	210, 227
SONET	79
Einrichtungen	68
Endgerät	58
Managementinformation	58
Netze, private	67
Overhead-Komponenten	58
Rahmen	58, 62, 72
Plazierung der Nutzlast im SONET-STS-3c-Rahmen	76
Plazierung der Nutzlast in einem SONET-STS-1-Rahmen	69
Repeater	58
Signal	58
STS-1-Rahmen	59
STS-1-Rahmensequenz	60

Abkürzungen

STS-1-Verbindung	63
Übertragung eines SONET-STS-3c-Rahmens	78
Verbindung	58
Spanning-Tree Layer	184
Spanning-Tree-Protokoll	182
SpeedView	269, 271
Speicher, zentraler	27, 29
Spitzendurchsatz	110
Statistischer Multiplexer	262
Statusbit	66
Steuernachrichten	112
Steuersymbol	89, 91
Steuerungsbus, separater	210, 226
Steuerverbindungen	174
STM-n-Rahmen	55
Stopfbits	64
Stopfen, positives/negatives	64
Streaming Mode Service	150
Struktur der ATM-Zelle an der 4B/5B-Schnittstelle	90
Struktur des SONET-STS-3c-Rahmens	72
STS	
STM-Übertragungsgeschwindigkeiten	80
1-Hierarchieebene	57
1-Rahmenformat	58
1/OC-1-Übertragungsrate	57
3c-Hierarchieebene	72
3c-Rahmenstruktur	73
Basiseinheit	79
Leer-Signale	66
Rahmen	57
Signalisierung	56
STS/OC- und SDH-Signalstufen und Geschwindigkeiten	80
Supervisory Module	236
Sustainable Cell Rate (SCR)	110
Switches, modulare	206
Switch-Erkennung, automatische	271
Switched Virtual Circuits (SVC)	95
Switching-Architektur, verteilte	224, 227
Switching-Architektur, verteilte, parallele	208
Switching Hub	205
Synchrone Multiplexer	56
Synchrones optisches Netz (SONET)	54
Synchronisation	63
Synchronisierungssymbole	94
Synchronous Payload Envelope	80
Synchronous Transport Module (STM)	79
Synchronous Transport Signals (STS)	56, 79
System 5000BH	205, 223
System 5005BH	241

T

T-1- und T-3-Schnittstelle	82
T-Symbole	90
Takt	64
Taktsynchronisation	89
Target Resolution	195
TC Sublayer	38
Teilnehmer-Netz-Schnittstelle	41, 54
Token-Ring-/ATM-Switch	246
Traffic Management (TM)	132, 282
Traffic Management Specification (4.0)	269. 282
Traffic Policing	110
Traffic Shaping	109
Transmission Convergence Sublayer	53, 73, 78
Tributary Unit (TU)	56
Turbo Mode	221
Typ-0- und Typ-1-Zellen	104

U

Überlastkontrolle	108, 211, 228
Übersetzung der Kennzeichnungen	
des virtuellen Pfades und des virtuellen Kanals	49
Übersetzung des Zellkopfes	107
Übertragung, verbindungsorientierte	21
Übertragung des ATM-Zellenformats über die DS-3-Schnittstelle	85
Übertragung eines SONET-STS-3c-Rahmens	78
Übertragungsgeschwindigkeit	20
Ungesteuerte Endeinrichtungen	102
UNI	99
UNI 3.0	111
UNI 3.1	112
Protokoll	112
Signalisierung	111
Signalisierung 4.0	281
Version 4.0	131
Unicast-Daten	197
Unicast-Pakete	180
Unspecified Bit Rate (UBR)	134

V

VC-basierendes Multiplexen	161
VCC Layer	183
VCI-Feld	102
Verbindungsarten	23f.

Abkürzungen

Verbindungsauf-/-abbau	113
Verbindungsauf-/-abbau von VCCs	179
Verbindungsaufbau	47, 116, 140
Verbindungsmanagement	179
Verbindungsorientierte Übertragung	21
Verkehrsbeobachtung	273
Verkehrscharakteristika	144
Verkehrsfilter	273
Verkehrsmanagement für UNI 4.0	132
Vermittlungsknoten (Switches)	205
Vermittlungsprinzip	215
Virtual Channel (VC)	43
Virtual Channel Connection (VCC)	96
Virtual Channel Identifier (VCI)	96, 102
Virtual Connection Identifier (VCI)	43
Virtual Networking Router (VNR)	295
Virtual Path (VP)	43
Virtual Path Identifier (VPI)	43, 96, 102
Virtual Routing	186
Virtual Tributary	79
Virtuelle ATM-Kanäle (VCCs)	166
Virtuelle Container	81
Virtuelle Container (Virtual Container/VC)	56
Virtuelle Daten-Direktverbindungen	176, 179
Virtuelle Daten-Direktverbindungen (Data Direct VCCs)	180
Virtuelle Festverbindungen	42, 213, 229
Virtuelle Kanäle	43
Virtuelle Kanalverbindung	96
Virtuelle Konfigurations-Direktverbindung	175
Virtuelle LANs	218, 232, 248
Virtuelle Multicast-Sende- und Weiterleitungsverbindungen	176, 180
Virtuelle Networking Router (VNR)	253
Virtuelle Netze	243, 291
Virtuelle Pfade	43
Virtuelle Pfadverbindung (Virtual Path Connection/VPC)	96, 102
Virtuelle Ringe	248
Virtuelle Router	187
Virtuelle Steuer-Direktverbindungen	175
Virtuelle UNIs	132
Virtuelle Verbindung	46
Virtuelle verteilte Steuerverbindung	176
Virtuelle Wählverbindungen	42, 95
VLAN-Konfiguration	274
VNR-Module	253
VPI-Feld	102
VPI/VCI-Kombination	46
VPI/VCI-Werte	103
VRing	248

W

WAN-Zugangssysteme	261
Wegeberechnung	186
Weitverkehrsnetze	265
Well-known-Adresse	172

Z

Zeitmultiplex	27
Zeitmultiplex-Architektur	28
Zell-Scrambling und -Descrambling	73
Zellblock	92
Zellen fester Größe	18
Zellenfluß in ATM-Netzen	154
Zellenplazierung im SONET-STS-3c-Rahmen	77
Zellenverluste	181
Zellenfluß	118
Zellverlust	109

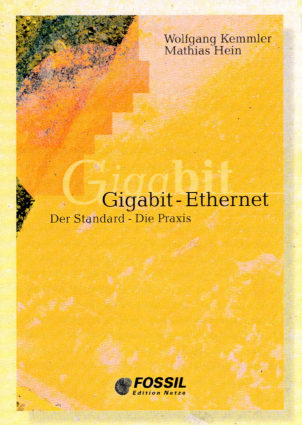

Aus dem Inhalt

- Migration bestehender LAN-Technologien in einen Gigabit-Ethernet-Backbone
- aktuelle Planungsaspekte für vernünftig strukturierte Netzwerktopologien
- physikalische und wirtschaftliche Aspekte von Kupfer- und Glasfaserverkabelungen
- alle für die Praxis relevanten Teile des IEEE 802.3z Gigabit-Ethernet-Standards
- detaillierte Ausblicke auf den IEEE 802.3ab-Standard (1000BaseT)
- genauer Vergleich mit den weitverbreiteten 10BaseX- und 100BaseX-Verfahren
- Erklärung und Differenzierung von Fullduplex-Repeater, Switches, Bridges, Router und PC-Adapterkarten

Es zeichnet sich ab, daß der Gigabit-Ethernet-Standard die gesamte auf dem Ethernet-Verfahren beruhende Netzwerktechnologie weit ins nächste Jahrhundert tragen und den größten Teil der hastig wachsenden Datenmengen im Inter- und Intranet transportieren wird. Bitraten von 1000 Gigabit/s stellen aber mit ihren extremen Anforderungen an Kabel und Hardware nicht nur technologisch eine neue Dimension dar. Preiswerte Hochleistungs-PCs mit Multimedia-Programmen und Internet-Browsern – für jedermann verfügbar – haben die Anforderungen an heutige Rechnernetze deutlich verändert, und die Netzwerkadministratoren werden mit einer Fülle neuer Konzepte und Methoden konfrontiert.

ISBN 3-931959-10-4, 410 Seiten, geb., DM 89,50

Hartwichstraße 101 | 50733 Köln

fon 02 21.72 62 96 | fax 02 21.72 60 67

fossil@netcologne.de

FOSSIL
Verlag GmbH